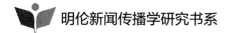

明伦新闻传播学研究书系

电视节目策划

乔新玉 —— 著

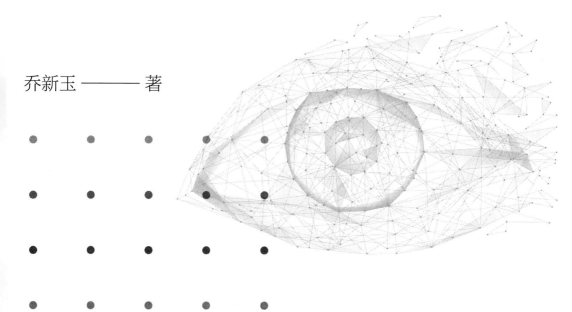

社会科学文献出版社
SOCIAL SCIENCES ACADEMIC PRESS (CHINA)

RESEARCH
into Planning
TV Program

序

　　电视节目策划与制片人制度自 20 世纪 90 年代兴起以来，成为推动中国电视市场化运作的重要手段。电视节目策划的发展以制片人制度为前提，通过理顺舆论引导、内容创作与市场竞争之间的脉络，协调电视在社会效益与经济效益之间的平衡，是电视事业"企业化"运作在激烈的市场竞争中保持传播优势的重要路径。电视在 20 世纪 90 年代以后经历的辉煌绝非偶然，既是坚持党性原则和社会主义市场经济发展规律的结果，也是电视人上下求索、努力奋斗的结果。电视节目策划正是集中体现电视人创新意识、竞争智慧的结晶。

　　进入 21 世纪以来，数字传播技术突飞猛进，网络传播、移动智能终端以及人工智能、虚拟现实技术为电视发展带来巨大的契机。新的信息传播、视听娱乐、虚拟社交平台的兴起，则为电视带来强大的竞争对手。回顾中国电视自 1958 年 5 月 1 日以来的发展进程，中国大陆和台湾、香港、澳门的电视业皆在竞争中不断前进，相互之间已形成宝贵的互动机制、有益的竞争体系和团队协作意识，为中国电视业的整体进步奠定了基础。面对新兴媒体对受众、广告、话语权的分流，中国电视业必须在坚持党性原则的前提下，在市场经济的发展规律中寻找出路，这虽是电视人解决前进中遇到的难题的一贯做法，但也面临众多新的问题和风险。基于此背景，电视节目策划理念、思路、手段必须及时更新，以应对新的问题，从而将竞争中的风险化解为前进的动力和获取成功的激励。

　　该书有两处重要创新：一是将节目策划纳入国际电视节目交易的视域，从而为节目创作的模板化、高效化、国际化提供方法和有益参考；二是将节目策划置于新传播生态的宏观视角下，从而为电视竞争提供可行的路径和思路创新。在电视作为传统媒体亟须转型的语境中，这样的创新十分宝贵。中国电视业既需应对新兴传媒带来的挑战，也需要寻求中国文化、中国故事国际传播的道路，而创新是解决这两个问题的必经之路。电

1

视作为叙事规模宏大的文化产业，所需要的创新必须是规模化的、可量产的。因此，电视所需要的与其说是创新，不如说是创新机制。

20世纪末，伴随省级卫视"上星"的热潮，24小时播出的卫视频道数量迅速增加，电视由此进入优质内容匮乏的时期。网络新媒体以技术优势，短期经历爆发式发展后，当前也面临优质内容匮乏的问题。近年来各方纷纷加大对优质内容、制作团队的扶持力度，对高品质内容生产、创新提供支持和帮助，以便更好地开发利基市场。无论是大众市场、利基市场，还是电视、新媒体，皆渴求优质内容。在全球化经济和新兴传播技术不断发展的今天，内容传播的物理阻碍迅速消退，优质是视听内容跨越语言、文化、民族界限，向全球"喊话"的"通行证"。

视听内容的优质应该以什么为标准？如果以此问题进行街头访问，答案恐怕千差万别。然而，纵观国际电视节目交易市场形成以来的情况，回答却是唯一的——娱乐大众的能力。无论是20世纪70年代自美国销售到欧洲的游戏节目，还是现今流行的真人秀模板，皆以娱乐为核心诉求。娱乐能力上佳者，可以将内容、节目模板通过国际电视节目贸易体系，销售到上百个国家或地区，赢利能力惊人，形成触目惊心的新殖民主义现象。由此，全球视听业呈现日趋严峻的同质化、娱乐化的趋势。这对国家、民族、地域文化的发展形成巨大的障碍，始终是传播学批判学派抨击的重要对象。从这一角度看，中国电视业迫切的任务不只是创新机制，更是确定优质内容标准的话语权。正如创新是创新机制形成的前提那样，强大的创新机制是确定优质内容标准的话语权的前提。创新、创新机制以及在国际市场中确定优质内容标准的话语权，有待中国电视学界、业界的共同努力。

王　甫

2019年3月12日于北京

目　录

1

第一章　电视市场的格局

在新媒体技术迅速发展的时代背景下，我国电视面临激烈竞争。"现象级"节目如走马灯一般令人眼花缭乱时，当红节目可能突然被新的节目取代。为争夺越来越有限的受众注意力，电视节目运营对市场越来越敏感。目前，绝大部分电视节目按市场规律运转。充分了解我国电视市场的格局，对收视率、受众需求、电视广告和节目经营的情况充分掌握，才能为电视节目策划奠定基础。

第一节　收视率市场的格局

崔永元在接受媒体采访时痛斥收视率是万恶之源。这种观点普遍存在，认为收视率调查对我国电视节目的娱乐现象负有重要责任。然而，从中外电视的发展情况看，收视率调查是电视业发展成熟后的必然结果，对电视的快速发展起到重要的推动作用。20世纪90年代前后，我国兴起了经典文学作品的翻拍热，四大名著纷纷被搬上荧屏，在神州大地刮起收视热潮。当时，电视剧的拍摄热潮，引起大讨论。时人严肃探讨类似这样的问题：电视剧拍摄工作体量庞大，动辄以年为时间单位，如果纷纷拍摄电视剧，是不是宝贵社会资源的浪费。回望这样的讨论，不禁令人哑然失笑，当下流水线式的电视剧生产工艺，可以在短短几个月内完成数十集电视剧的拍摄，并且资金来源丰富。电视剧生产在短短二三十年的重大变化，是我国电视市场化运作大背景下的缩影，而电视收视率调查在其中扮演重要角色。

一　收视率调查机构

收视率调查是市场经济环境中孕育的节目效果测量手段，指的是专业

1

调查机构对指定时段内收看目标电视节目、频道的人数占电视观众总人数的百分比的测量。

（一）基础概念：收视率与占有率

在收视率调查领域，有两个概念易产生混淆，即收视率、占有率[①]。收视率指的是在指定时段内，目标电视节目、频道的收看人数占被调查地区电视观众总人口的百分比。占有率指的是在指定时段内，目标电视节目、频道的收看人数占被调查地区同时段收看电视节目的人口总数的百分比。

收视率调查时往往需要测量并计算多项指标，以方便电视频道依据需要来决定时段的编排和广告销售。目前，我国电视广告的投放高度依赖收视率调查。随着新媒体技术的发展，这种做法自然而然地延伸到了网络视听领域。目前，网络视频的广告投放建立在大数据统计基础上。

（二）我国收视率调查的发展情况

1958 年中国电视诞生，依赖政府经费运转，在相当长的时间内并无广告。1979 年 1 月 28 日，上海电视台宣布即日起受理广告业务，并立即播出参桂补酒广告，成为我国大陆的首条电视广告。此时距离我国社会主义市场经济的到来，还有一定的时间。

1. 市场经济发展背景下的电视业变化

计划经济时代并未远去，物资匮乏的记忆仍停留在一些人的记忆中。1978 年 12 月，党的十一届三中全会决定我国将开始实行对内改革、对外开放的政策；1984 年，十二届三中全会通过了《中共中央关于经济体制改革的决定》，提出要在公有制基础上建立有计划的商品经济；1992 年，党的十四大提出建立社会主义市场经济；1993 年，粮油购销政策全面放开，在我国使用多年的粮票在各地相继停用；1995 年，十四届五中全会提出经济体制从计划经济体制向社会主义市场经济体制转变。

从 1978 年到 1991 年的 13 年时间内，中国电视媒体在经济管理模式和财务运作机制上，先后经历了从完全供给型阶段（国家财政提供全额资助金补助），到供给创收型阶段（国家拨款为主、媒体创收为辅），再到创收供给阶段（媒体创收为主、国家拨款辅助）的三次历史性跨越，并以较为稳健的姿态完成了中国电视管理体制由计划经济向社会主义经济新型运作

---

① 占有率又称收视份额、市场占有率等。

模式的转接和过渡。1992年后，上海东方电视台、广东有线电视台等按市场机制进行改革，实行企业化经营，取得明显成效。此后全国各地电视台纷纷走商业经营之路，电视经营管理体制发生了根本性变化，电视台之间的竞争也日趋激烈。[①]

2. 收视率调查的发展

改革开放后，我国传媒业与海外同行之间的联系加强，国外传媒业对受众调查的重视引起了我国传媒人的注意，复旦大学的郑北渭、陈韵昭开始将西方的传播理论引入中国。1981年，陈韵昭在《新闻大学》发表《传学浅谈》一文，介绍了西方传播学有关大众、受众的观念。此后陈韵昭、朱增朴、肖月、张隆栋等人在《新闻大学》《现代传播》等学术期刊上纷纷介绍西方传播学理论。在此背景下，对受众进行抽样调查的理念与方法传入我国。受众调查起源于美国。北京新闻学会于1982年组织中国社科院新闻研究所、《人民日报》、《中国青年报》、《工人日报》抽样调查了6月至8月北京市民读报纸、听广播、看电视的情况。这次调查收获颇丰，令北京传媒人深感满意。此后，一些零星调查偶然出现。

1986年，中央电视台对晚间黄金时段的收视率进行调查。1987年，中央电视台会同多省市电视台进行首次全国城乡观众调查。此后，全国城乡观众调查每五年进行一次，以便我国电视台对观众的人口统计学特征、收视偏好、节目传播效果进行宏观调查。

1990年，中央电视台以1987年的全国城乡观众调查的班底为基础，联合52家地方电视台建立了稳固的全国电视观众调查网。自此，全国电视观众调查网从各地收集收视数据，并反馈至中央电视台。1995年，这一调查队伍和数据网被剥离为专门的"央视市场咨询有限公司（CVSC）"，原本在中央电视台总编室负责观众研究的陈若愚成为该公司的法人代表和负责人。1996年，央视市场咨询有限公司和数据调查巨头——法国TNS市场研究公司合资成立了"央视－索福瑞媒介研究有限公司（CSM）"。这家公司常被简称为"央视－索福瑞"或"索福瑞"。2012年，陈若愚出任索福瑞总经理一职。从这家公司的情况看，央视在其中占据了相当的话语权和影响力。

---

① 蒋建国：《市场经济背景下我国电视消费文化的发展及其娱乐化特征》，《社会科学战线》2011年第6期。

（三）我国收视率调查现状

AC 尼尔森又被称为尼尔森，1984 年进入中国，与 TNS 市场研究公司一样同为数据调查方面的国际巨头。我国电视业在开启收视率调查后，常年由两大数据公司向电视台提供收视数据，即索福瑞和尼尔森。当时并没有大数据技术，因此抽样调查使这两家公司在数据方面常常出现说不清、道不明的数据误差。总之，按抽样调查的方法，两家公司对相同电视节目、频道给出的收视数据常常有差异。一定范围内的误差属于正常情况。通常，区别于近些年来流行的大数据，电视收视率调查所依托的抽样调查使任何频道、节目单次收视率数据的参考意义不大。数据购买方，需要历时性地连续观测，共时性地对比观察才能对一档电视节目、一个电视频道的收视情况建立较为科学、公正的认识。

2009 年，尼尔森从我国公共电视频道的收视率调查行业中退出。目前，尼尔森只负责对我国付费数字频道进行收视率调查。这部分频道的收视率极为有限，尼尔森在我国电视收视率调查市场中的业务份额被严重削弱。目前，我国大部分电视频道都属于公共频道，无论是地面电视台、央视多个卫视频道，还是各省的卫视一套节目，皆属于此类。这部分频道要么免费接收，要么作为有线电视的基本频道播出。那些付了有线电视收视费用后，需要再次付费才能收看的频道才是数字付费频道。尼尔森 2009 年退出我国公共电视频道调查时，媒体报道较为煽情，动辄以"退出中国""败走麦城"等词汇描述尼尔森。尼尔森和 TNS 市场研究公司的股权结构十分复杂。在多层股权架构后，TNS 市场研究公司可能以复杂、隐晦的方式持有尼尔森的股权。因此，所谓尼尔森从我国公共电视频道收视调查市场的退出，有可能与多种原因相关，例如可以避免 TNS 市场研究公司左右手互搏。无论如何，自 2009 年尼尔森退出后，我国公共电视频道的收视率调查有且只有索福瑞提供。

2017 年下半年，一些导演、制片方通过社交媒体公开批评收视率大面积造假的问题，引起了广电管理机构的重视。收视率造假和明星高片酬问题自此成为广电管理机构重点关注的对象。

1. 索福瑞调查网的基本情况

索福瑞收视调查主要由全国网、省级收视调查网、城市收视调查网组成，其中不同城市的收视数据经过权重计算后被称为"CSM + X"数据。CSM 是央视 – 索福瑞的简称，X 是城市数量，常用的城市网数据包括

CSM35（读为：索福瑞 35 城市网数据）、CSM48（读为：索福瑞 48 城市网数据）、CSM50（读为：索福瑞 50 城市网数据）、CSM52（读为：索福瑞 52 城市网数据）、CSM71（读为：索福瑞 71 城市网数据）、CSM117（读为：索福瑞 117 城市网数据）等。

CSM35 的数据来自 4 个直辖市、22 个省会城市、5 个自治区首府和大连、深圳、青岛、厦门。4 个直辖市是：北京、天津、上海、重庆。22 个省会城市是：石家庄（河北省）、太原（山西省）、西安（陕西省）、济南（山东省）、郑州（河南省）、沈阳（辽宁省）、长春（吉林省）、哈尔滨（黑龙江省）、南京（江苏省）、杭州（浙江省）、合肥（安徽省）、南昌（江西省）、福州（福建省）、武汉（湖北省）、长沙（湖南省）、成都（四川省）、贵阳（贵州省）、昆明（云南省）、广州（广东省）、海口（海南省）、兰州（甘肃省）、西宁（青海省）。5 个自治区首府是：呼和浩特（内蒙古自治区）、乌鲁木齐（新疆维吾尔自治区）、拉萨（西藏自治区）、南宁（广西壮族自治区）、银川（宁夏回族自治区）。其他套城市数据网在以这 35 个城市为主要构成的基础上相应减少、增加。

表 1 - 1　2017 年各城市收视调查网样本规模及推及人口[①]

次序	城市	固定样组规模（户）	推及户数（万户）	推及人口（万人）
1	北京	1000	840.9	2042.7
2	重庆	500	696.7	1786.9
3	上海	500	670	1644.4
4	深圳	500	491.5	1087.9
5	天津	500	481.2	1286.8
6	成都	400	300.4	771.3
7	广州	400	458.1	1167.7
8	杭州	400	254.2	635.9
9	南京	400	284.7	766.5
10	武汉	400	370.3	1003.8
11	长春	300	109.4	298.2
12	长沙	300	128.8	345.6

---

① 徐立军：《中国电视收视年鉴 2018》，中国传媒大学出版社，2018，第 701 ~ 704 页。

次序	城市	固定样组规模（户）	推及户数（万户）	推及人口（万人）
13	大连	300	155.6	382
14	福州	300	100.4	274.5
15	哈尔滨	300	229.9	620.4
16	合肥	300	119.4	322.6
17	呼和浩特	300	76	193.9
18	济南	300	151.7	418.2
19	昆明	300	129.8	309
20	南昌	300	107.3	338.6
21	青岛	300	170.8	443.7
22	沈阳	300	216.9	546.3
23	石家庄	300	135.3	421.1
24	苏州	300	146.4	397.5
25	太原	300	117.1	312.4
26	乌鲁木齐	300	135.8	321
27	西安	300	176.7	450.2
28	郑州	300	152.2	419.2
29	常州	200	121.7	323.2
30	东莞	200	274.7	695.3
31	佛山	200	152.5	407.4
32	贵阳	200	109.5	301.2
33	海口	200	53.7	166
34	兰州	200	91.5	241.8
35	南宁	200	99.4	267.1
36	宁波	200	145.2	345.5
37	泉州	200	34.1	88.7
38	温州	200	49.5	118.7
39	无锡	200	131.9	352.7
40	厦门	200	148.5	356.7
41	西宁	200	45.3	120.9
42	扬州	200	44.6	134.8
43	烟台	200	61.7	155.9

次序	城市	固定样组规模（户）	推及户数（万户）	推及人口（万人）
44	银川	200	49.6	130.9
45	安庆	100	29.3	76.1
46	鞍山	100	46.9	120.5
47	宝鸡	100	30.1	81.5
48	包头	100	70.1	179.1
49	北海	100	10.5	33.6
50	蚌埠	100	30.9	80.9
51	常德	100	48.1	142.2
52	常熟	100	50.6	146.7
53	潮州	100	22.8	69.9
54	滁州	100	10.8	28.7
55	大理	100	20.5	64.5
56	丹东	100	25.6	66.5
57	大同	100	43	115.9
58	达州	100	16.8	46.9
59	德州	100	22.8	65.2
60	抚顺	100	53.9	134.3
61	赣州	100	19.3	60.6
62	广元	100	19.2	52.8
63	桂林	100	31.7	84.9
64	衡阳	100	37.1	107.7
65	惠州	100	81.2	225.5
66	湖州	100	25.5	74.8
67	江门	100	31.7	94.2
68	嘉兴	100	22.6	58.5
69	揭阳	100	22.4	91.4
70	吉林	100	68.3	183
71	荆门	100	21.4	59.4
72	荆州	100	40.3	112.3
73	金华	100	31.9	74.3
74	济宁	100	41.6	120.6

次序	城市	固定样组规模（户）	推及户数（万户）	推及人口（万人）
75	锦州	100	36.6	94.5
76	九江	100	22.7	67.6
77	乐山	100	23.7	65.5
78	拉萨	100	11.3	27.3
79	丽水	100	17.7	42.3
80	柳州	100	53.5	148.4
81	龙岩	100	23.6	61.6
82	洛阳	100	46.6	131.7
83	泸州	100	47.1	133.9
84	梅州	100	29.8	92.2
85	牡丹江	100	34.7	92.8
86	南充	100	23.3	65.3
87	南通	100	41.7	110.2
88	平顶山	100	33.3	99.9
89	清远	100	24.8	79.2
90	秦皇岛	100	37.7	99.3
91	衢州	100	17.1	43.6
92	三亚	100	19.2	69
93	汕头	100	124	515.3
94	汕尾	100	11.7	48.5
95	韶关	100	34.4	97.9
96	绍兴	100	32.5	85.2
97	泰州	100	28.9	84.3
98	台州	100	64.5	175.5
99	唐山	100	59.3	164.2
100	铜陵	100	17.6	45.2
101	潍坊	100	68.5	196.3
102	芜湖	100	61.6	155.3
103	襄阳	100	37.5	106.8
104	西昌	100	23.7	73
105	徐州	100	69.6	200.1

次序	城市	固定样组规模（户）	推及户数（万户）	推及人口（万人）
106	盐城	100	53.3	153.6
107	阳江	100	21	66.7
108	宜宾	100	28	78.7
109	宜昌	100	31.7	85.2
110	宜春	100	28.6	99.7
111	营口	100	33.1	85.6
112	永济	100	12.6	43.4
113	岳阳	100	40.8	117.8
114	漳州	100	19	53.2
115	湛江	100	48.6	158.5
116	肇庆	100	22.3	64.2
117	镇江	100	32.2	88
118	中山	100	27.6	73.1
119	舟山	100	35.1	82.8
120	珠海	100	35.8	90.9
121	株洲	100	37.9	103.4
122	淄博	100	115.6	306.5
123	遵义	100	37.9	102.9

样本数量十分规整，与城市人口数量、户数自然分布的情况形成鲜明对比，索福瑞在城市地区抽取样本户数量的方法不得而知。收视率调查主要服务于广告商科学投放的需要，因此全国主要城市更受收视率调查公司的青睐。

2. 目前我国收视率调查可能存在的问题

20世纪90年代中期后，收视率调查体系在我国电视业迅速建立，这为此后我国电视业的快速发展提供了牢固的基础。然而，随着新传播技术的发展和传媒生态的变迁，目前我国收视率调查可能存在一些比较突出的问题。

（1）抽样调查有其科学性，但其科学性远逊于大数据

囿于调查技术和成本控制的局限，抽样调查曾是数据调查公司普遍的选择。网络技术的普及，改变了抽样调查的说服力，因为大数据更为精

9

准。一些人认为大数据可以造假，实际上无论是大数据还是抽样调查都可以造假。假设这两种方法都没有掺假，大数据的全样本当然比抽样调查的小样本更有说服力，这一点毫无疑问。科学的抽样调查毫无疑问地可以获得有效的数据。随着网络大数据技术的普及，建立在抽样调查基础上的收视率调查受到持续加剧的非议。

2017 年，索福瑞全国收视调查网样本规模为 10 400 户，推及户数为 437 497 000 户，推及人口为 1 286 679 000 人。从 1 万户的收视情况，推测 4.37 亿户、12.87 亿人口的收视行为，准确度如何？

有关抽样调查小样本的数据准确性，历史上不乏经典案例。例如 1936 年，美国总统大选，罗斯福和兰登是热门候选人，依据选情，二人中必有一人成为总统。在总统选举前夕《文学文摘》发放 1000 万份问卷，回收 200 万份问卷，得出的结论是兰登将高票当选；盖洛普美国舆情研究所抽样调查了 3000 个选民，预测罗斯福将以 60.8% 的得票率胜出。选举的结果是罗斯福以 54% 的得票率当选为总统。这被视为科学的小样本调查的正确性的典型案例（注意：这个案例只能说明科学的小样本调查，比不科学的相对较大样本调查更准确，仅此而已！它不能说明小样本调查比大样本调查更准确，更不能说明小样本调查比全样本调查更准确）。《文学文摘》之所以输得离谱，主要是因为它的抽样方法不科学，它按电话簿发放问卷，这导致调查对象相对富裕，因而抽样不具有代表性。盖洛普虽然胜利，但与实际得票率相差较大。科学抽样虽然相对准确，但它总有一定误差。如果盖洛普的样本是 30 000 选民，那么它的结论应该会更加精确。《文学文摘》的抽样方法虽然"愚钝"，但如果能覆盖全体选民，那么勤能补拙，其全样本数据一定高度精确。

目前，对一线卫视而言，其晚间黄金档的节目收视率如果能稳定在 1% 以上，就可以自称一线卫视了。在收视率激烈争夺的情况下，收视率相差 0.1 个百分点都会造成排名方面有几个位次的变化，并在广告收益方面反映为巨大的经济差异。此外，《文学文摘》、盖洛普面对的调查对象的选项十分简单，只有五项：热门候选人罗斯福、热门候选人兰登、冷门候选人雷姆克、弃选、没有票选资格。今天，我国电视频道竞争激烈，索福瑞的调查对象的选项也十分复杂。在此背景下，抽样调查虽然具备相对的科学性，但终将会在广告商的压力下，向全样本、大数据发展。

（2）索福瑞一家独大，或许不利于电视市场竞争

2009 年后，索福瑞在我国电视收视调查行业中一家独大，收视率数据只此一家。收视率调查行业的一枝独秀与电视台、电视频道、电视节目之间激烈的竞争形成鲜明对比。2017 年，网络综艺节目和电视节目市场都遭遇比较严峻的投资形势。曾火爆一时的网络节目广告融资，也遇到瓶颈。广告商持有更审慎态度的同时，在节目中的话语权越来越大。电视业在内部相互之间的竞争，在外部与新媒体之间的观众争夺，导致其出现为收视率马首是瞻的倾向。

收视率调查观念引入我国，在初始阶段，毫无疑问是电视行业的巨大进步，是更好地了解与满足受众需求、广告商诉求的市场化手段。然而，随着时间的推移，电视广告成为庞大的利益蛋糕。为大家切这块利益蛋糕的权威就是收视率调查。曾几何时，在并未远去的 20 世纪，电视广告业因为具有强大的说服效果，吸引众多广告商积极投资。随着新媒体的崛起，大众传媒不再是广告商向公众喊话的唯一渠道，广告商因此变得挑剔起来，而收视数据则成为指挥电视广告投资的重要指标。从一线卫视到地面电视，每个频道、节目都对收视率高度重视，并穷尽各种方法提高收视率。为此，一些饱受诟病的恶俗、低俗节目甘冒被广电管理机构惩罚的风险，纷纷出现。不仅如此，对一些在内容经营方面无望的时段资源，部分电视台更是直接向非法广告开放，例如深夜时段的假药广告。

电视台的竞争如此激烈，但决定大陆电视广告时段经济价值高低的只有一家——索福瑞，似乎不甚合理。当然，尼尔森在退出前，常常造成同时段数据"打架"的情况，这是抽样调查的必然结果。市场中有更多的竞争声音，可以促进广告商、电视节目制作和播放机构、观众更加理性地看待收视率，不失为一件好事。

在竞争高度白热化的电视行业，收视数据调查毫无疑问是一块美味的大蛋糕。一些机构已试水，例如酷云眼。[①] 北京一家传媒公司开发了这一系统，其号称大数据，一些数据收集自家庭用户的智能电视或机顶盒，数据实时回传。与索福瑞相比，酷云眼还处于"小打小闹"阶段，为了市场推广，开放了部分资源供众人围观。其网站公布卫视频道的实时收视数据和过去一段时间的收视成绩。索福瑞也在进行着有关大数据的尝试。这些

---

① 酷云眼收视数据发布的网址为：http://eye.kuyun.com。

新的变化，对我国电视市场的意义几何，还有待后续观察。

（3）数据污染的可能性较大

如果大陆地区电视业所有的优质广告资源，都依据索福瑞一家的数据进行投放，那么对于电视台、制片方而言，索福瑞数据会不会成为兵家必争之地呢？在收视率竞争激烈的情况下，一线卫视晚间黄金档的电视剧和综艺节目，早已进入了大片PK时代，其制作、购买费用动辄以亿元计。为了争夺有限的观众注意力资源，一线卫视不惜花重金请来"老中青"结合的各年龄段顶级明星撑场面，只为了能提高收视率，促进观众群体年轻化，以便提高电视台在广告商那里的议价权。

以《中餐厅》第二季为例，它既邀请了资深明星赵薇、苏有朋，也请到了小鲜肉王俊凯。浙江卫视的《王牌对王牌》更是星光熠熠。20年前，请一位明星就可以做一期节目了，而《王牌对王牌》可以将群星压缩到一期节目中。在明星高片酬的行业背景下，可以想象顶尖节目、频道的投资是多么的庞大。高投资，自然与高风险、高收益相关联。一线卫视出于频道收视率的考虑，往往与电视剧制片、发行和综艺节目团队签署对赌协议。2012年《中国好声音》的火爆使浙江卫视和灿星之间的对赌协议在电视业中广为人知并大为流行。广电管理机构禁止对赌协议，但这不妨碍一线卫视在黄金时间段的节目购买中普遍使用类似的手法。一旦节目没有达到规定的收视率，就要面临不付尾款的惩罚，还要被强行换下。

2016年底，《美人私房菜》在浙江卫视、安徽卫视播出后，收视率奇低，浙江卫视紧急撤掉这部电视剧，由《北上广依然相信爱情》代替。《美人私房菜》由浙江航美光影影视制作有限公司出品，以近几年盛行的古装、美食为元素，由当红花旦郑爽和小鲜肉马天宇加持。这部电视剧的收视率惨相，令制片方大跌眼镜，其制作人严从华在微博上公开控诉收视率造假问题，认为该剧的收视率惨败是没有同流合污所致。此后，多名电视剧制片人、导演在微博上公开斥责收视率造假，认为收视率造假已成为触目惊心的普遍现象。《美人私房菜》被卫视紧急撤下后，其在网络端的播放取得很好的成绩，三天点击量破亿次。一时间，收视率造假问题似乎得到了证实。针对此事，中国电视剧制作产业协会发布一份声明："目前我国电视剧市场上，在购买、播出电视剧业务中，普遍存在收视率作假现象，已形成了一个组织严密，操作有序的'地下黑产业'。这只黑手牢牢把握着中国电视剧的播出数据，即使是内容积极、制作精良、艺术精湛的作品，也必须千方百计花高价去购买假收视率数据，以保障达到电视台要求的播出标准，否则就将面临停播、降价，甚至是颗粒无收的境地。"①

我国电视剧制作行业对收视率的控诉，意外曝光了明星高片酬问题。以制作费用人民币2亿元的一流电视剧为例，假设一共60集，收视率造假每集的费用假设为30万元，明星男女主角的报酬各为5000万元。仅仅收视率造假和两位明星片酬的费用就接近1.2亿元。实际上这两项费用，在实际情况下有可能会更高。诸多导演、制片人、投资方纷纷借此吐槽我国电视剧制作行业的沉重负担。广电管理机构对此也予以重视，将之与明星高片酬一起视为重点规制对象。

在高额利润的诱惑下，收视率造假不仅动力十足而且回报惊人。然而，收视率造假的机会门槛并不高，与收视率调查所涉及的庞大投资规模相比反差强烈。2010年7月《人民日报》曾连续刊发有关收视率调查的深度报道，详见《人民日报》记者刘阳、曹玲娟《电视收视率发现造假行为》《电视台收视率造假追踪，专业人士揭秘"谁是样本"》《观众讲述被电视台收买配合收视率造假经历》等文章。收视率数据污染的可能性环节如下。

一、收视率调查公司内部人员对数据的非法篡改。2010年，《人民日报》记者刘阳、曹玲娟的系列调查报道中，引用了一个公开案例。2010年4月，西安市中级人民法院发布2009年度知识产权十大案件，位列第十名的就是索福瑞员工王某"侵犯商业秘密罪及附带民事诉讼案"②。王某是技术维护人员，被指按电视台、制片方的意愿收买样本户，污染数据。在数字技术发达的今天，索福瑞的小样本问题突出。心怀不轨的人，只需要影响、更改数户人家的数据即可以在收视数据中反映为极大的波动。

二、样本户数量少，调查公司隐藏样本户的能力存疑。如前文所述，修改数户的数据，即可在收视率数据中产生较为突出的波动。在此背景下，即便调查公司员工都能恪尽职守、不为高额回报所动，也难免一些歹徒在其中搅浑水。今天，与30年前相比，监控、交通、传播技术有了质的提升。因此，监视数据调查公司员工往返样本户的行踪，难度并不比登天

---

① 杨文杰：《收视率造假黑幕被坐实 电视剧买收视一集至少30万》（2016－12－13），http://media.people.com.cn/n1/2016/1213/c40606－28943962.html。

② 薛雯：《西安2009年度知识产权十大案件公布》（2010－4－27），http://news.163.com/10/0427/01/6588J8L5000146BD.html。

高。更何况以今日今时之技术，即便是想要登天，只要有足够的资源，也不是问题。数据调查公司定期更换部分样本户，这是否能缓解一些人士对数据污染的担心呢？

三、样本户在正常的调查活动中几乎没有利益关涉，因此主动保护数据的动力不足。数据调查公司对样本户往往馈赠以礼品，这些礼品以生活用品居多，并不昂贵，只是起到表达谢意、鼓励积极性的作用。因此，假设有人上门许以经济补偿，样本户保护数据的动力往往并不充足。此外，样本户往往并不了解自身在整个中国电视行业中巨大的作用，即便想要举报数据污染问题，恐怕也缺乏足够的警觉性和渠道。

四、调查技术落后，数据准确度存疑。在大城市和发达地区，索福瑞使用数据调查仪来搜集收视情况。然而，在剩余的广大地区，其仍采用日记卡式的纸质调查方法。纸质调查卡本身，是计算机技术普及前的不得已的选择，本身可能容纳大量的误差。观众对自我收视行为的记录，到底能有多精准？谁能在收看电视的同时，不断地看表，并在收看电视节目的过程中，准确填写日记卡？在人类发展的某些历史阶段，马车、驿站曾是政府、社会正常运转的利器。然而，当时代已进入大众传播时代的时候，似乎就没有必要继续用马车在驿站间运送政府公文了。因此，当移动智能终端已进入千家万户的时候，调查公司似乎可以重新考虑纸质调查卡的数字化问题。

（4）缺乏对受众群信息的分析

收视率调查是广告商、电视节目投资的重要参考。正是市场经济发展的需要，收视率调查才诞生于美国，并为世界多国所采用。单纯的收视率数据对广告商、电视节目投资的重要性，随着电视节目的分众化传播时代的到来而下降。目前，电视节目竞争激烈，能火遍全国、老少皆爱的节目越来越少，即便是《春节联欢晚会》也面临越来越挑剔的受众市场。因此，分众传播理念全面来临。无论是电视节目策划，还是广告商投资，都越来越需要建立在对受众群信息的获取基础上。

随着大数据的发展，传统抽样调查方法的弊端凸显，其中很重要的差别就是大数据可以轻松获取受众信息，并为广告的精准投放和节目内容的针对性编排、制作提供重要参考。以美国奈飞网的《纸牌屋》为例。这部网络剧虽然改编自小说，但在剧情修改、演员挑选甚至服装、化妆方面都建立在奈飞网对用户数据搜集、分析的基础上。相比之下，在不区分受众群体属性的情况下，给出节目的整体收视情况，对越来越注重精准投放的广告商而言，似乎有待改进。节目 A 与 B 的平均收视率分别为 0.5% 和 1.5%。仅看收视率，那么 B 的广告资源显然是更具优势的。然而，对于广告商而言，如果并非推广大众消费品的话，那么他就需要更多的信息支持，以便了解到底哪个节目更能接触其目标人群。节目 A 是中小学生竞赛类节目，收视率虽然相对较低，但观众以学生和家长为主。节目 B 是户外生存类真人秀节目，观众以大学生和都市白领为主。广告商 C 是针对中小学生的教育培训机构，那么其广告投放平台应该在节目 A 和 B 之间如何选择呢？很可惜，当前的收视率调查以收视数据为主，不能提供较为详细的受众信息分析。因此，广告商 C 一筹莫展，只好在收视数据的帮助下，根据经验猜测在哪个节目投放更有利。

随着大数据的发展，用户数据的开发成为富矿，为广告投放带来翻天覆地的变化。当然，在大规模商业应用前，它还需要解决一个重要的问题——用户隐私。过度搜集、滥用用户信息，可能会侵犯用户隐私，造成严重问题。进入 2017 年，随着 Facebook 在美国总统选举中用户数据泄露问题的发酵，西方社会对大数据环境中用户隐私的保护问题高度关注，已使之成为重要的、敏感的议题。

二　卫视频道收视率前二十名

表 1-2　2017 年全国收视调查网卫视频道入户覆盖率排名前二十位[①]

排名	全国		城域		乡域	
	频道	覆盖率（%）	频道	覆盖率（%）	频道	覆盖率（%）
1	央视新闻频道	93.4	央视一套	63.6	央视经济频道	93.7
2	央视经济频道	92.6	央视新闻频道	93.0	央视新闻频道	93.6
3	央视军事·农业频道	92.6	央视中文国际频道	91.6	央视军事·农业频道	93.3
4	央视一套	92.3	央视军事·农业频道	91.5	山东卫视	92.7
5	山东卫视	91.6	央视戏曲频道	91.4	央视社会与法频道	92.2
6	湖南卫视	91.4	央视经济频道	91.0	安徽卫视	92.1

---

① 徐立军：《中国电视收视年鉴》，中国传媒大学出版社，2018，第 265 页。

续表

排名	全国		城域		乡域	
	频道	覆盖率（%）	频道	覆盖率（%）	频道	覆盖率（%）
7	安徽卫视	91.4	湖南卫视	90.6	湖南卫视	92.0
8	央视少儿频道	91.2	浙江卫视	90.5	央视少儿频道	91.8
9	浙江卫视	91.1	江苏卫视	90.5	央视科教频道	91.8
10	央视中文国际频道	91.1	安徽卫视	90.4	浙江卫视	91.6
11	央视科教频道	91.1	央视少儿频道	90.3	央视一套	91.4
12	江西卫视	90.8	江西卫视	90.1	江西卫视	91.2
13	央视社会与法频道	90.8	北京卫视	90.1	天津卫视	91.1
14	江苏卫视	90.7	央视科教频道	90.1	江苏卫视	90.9
15	央视戏曲频道	90.5	山东卫视	90.0	北京卫视	90.8
16	北京卫视	90.5	上海东方卫视	89.9	央视中文国际频道	90.7
17	天津卫视	90.4	央视音乐频道	89.9	河南卫视	90.5
18	上海东方卫视	90.1	四川卫视	89.8	四川卫视	90.2
19	四川卫视	90.0	贵州卫视	89.4	上海东方卫视	90.2
20	贵州卫视	89.8	天津卫视	89.3	贵州卫视	90.1

表1-3 2017年全国样本城市市场份额排名前二十位的频道①

名次	频道名称	市场份额（%）
1	央视综合频道	4.4
2	央视中文国际频道	4.2
3	湖南卫视	3.4
4	央视电影频道	3.2
4	央视电视剧频道	3.2
6	央视综艺频道	3.0
7	央视新闻频道	2.5
7	浙江卫视	2.5
7	上海东方卫视	2.5
10	江苏卫视	2.0

---

① 徐立军：《中国电视收视年鉴》，中国传媒大学出版社，2018，第287页。

名次	频道名称	市场份额（％）
11	央视体育频道	1.9
12	北京卫视	1.7
13	央视少儿频道	1.6
14	湖南台金鹰卡通频道	1.5
15	安徽卫视	1.3
15	山东卫视	1.3
17	广东台珠江频道	1.0
17	央视科教频道	1.0
17	天津卫视	1.0
17	北京卡酷少儿频道	1.0

表1－4　2002年全国样本市（县）市场份额排名前二十位的频道①

名次	频道名称	市场份额（％）
1	央视综合频道	14.4
2	央视电影频道	4.5
3	央视体育频道	4.1
4	央视电视剧频道	3.0
5	央视综艺频道	2.3
6	上海电视台电视剧频道	1.8
7	央视财经频道	1.6
8	山东卫视	1.4
9	上海电视台新闻综合频道	1.4
10	安徽一套	1.2
11	东方电视台新闻娱乐频道	1.1
12	北京卫视	1.1
13	湖南卫视	1.0
14	福建电视台综合频道（一套）	0.9
15	天津台一套（天津12频道）	0.9
16	天津台二套（天津29频道）	0.8

① 王兰柱：《中国电视收视年鉴》，北京广播学院出版社，2003，第179页。

名次	频道名称	市场份额（%）
17	北京台二套	0.8
18	央视中文国际频道	0.8
19	黑龙江电视台影视频道	0.8
20	上海电视台卫视频道	0.7

　　信号覆盖情况是卫星频道收视率的基础，信号覆盖率越高，理论上能看到该频道的家庭越多。卫星频道需要租借卫星进行信号传输，并获得各地的落地权才能接入家庭用户。上海东方卫视2003年底开播，由上海电视台卫星频道整合而来。2004年，各地陆续实施卫星频道落地权拍卖制度。此后，省级卫视因为收视率竞争加剧，纷纷购买各地落地权，以扩大电视频道的信号覆盖范围。水涨船高，省级卫视在其他省份的落地费用越来越高，这对于部分非一线省级卫视而言成为沉重的经济负担。2002年，全国电视频道市场份额排名前20位中不乏地面频道，但央视综合频道占据十分显著的优势。此后，一线卫视的收视份额呈均摊之势。2002年和2017年全国电视频道市场份额排名前20位频道的份额总和分别为44.6%和44.2%。总体而言，卫视频道已成为全国电视业务中的优势获得者，其收视率、影响力、广告价值一般远超地面频道。一线卫视频道的收视率竞争非常激烈，份额比例相差不大，一档王牌节目就可能使频道整体在排名次序上发生较大变化。

第二节　广告市场的格局

　　巨额广告投资是我国电视业的重要驱动力。广电管理机构针对电视节目过度娱乐现象发布多条指令，在网络上获得众多民众的支持。即便如此，电视节目的娱乐现象愈演愈烈。是什么力量推动我国电视节目的娱乐现象呢？消费主义、广告投资、收视率调查、从业人员薪酬奖励体系所组成的动力链条值得高度关注。目前，我国电视广告业已成为巨鳄云集之处。每年，海量的广告资金倾泻到电视行业中，对整个行业生态起到不可忽视的作用。随着新媒体技术的发展，网络视频正在成为电视业的强烈竞争对手。即便如此，这仍改变不了广告投资在电视业中的重要角色与地位。甚至相反，新媒体对广告资源的争夺，使广告投资方在电视节目中或许拥有了更大的话语权。2017 年第一季度，部分一线卫视在 2016 年底已计划开播的一些新节目尚未开拍即停掉了。2016 年底，这些新节目已获得了广告商的赞助，并得到了先期的部分费用。进入 2017 年后，一些广告商出于种种原因，宁可损失先期费用，也不愿意按合同投资新的节目。这是前所未有的情况。因此，当前的电视节目策划必须建立在对广告市场具备一定认知的基础上。

一　电视广告招投标

1979 年 1 月 28 日，上海电视台播放大陆首条电视广告后，我国广告市场逐渐繁荣。然而，电视广告投放在相当长的时期内处于手工作坊式的无序状态，主要靠人际关系销售。随着电视广告市场的扩大，收视率数据调查适时引入电视行业后，电视广告销售渐入正轨。此后，伴随经济的快速发展和电视业的迅速成长，我国电视广告业迎来高度发展期。

1994 年 11 月，中央电视台率先进行电视广告时段销售方面的重大改革，在梅地亚中心举办大陆电视业的首次广告招标会。此举开启我国一线卫视对重要广告时段公开进行广告招投标的做法。广告招标成为我国电视广告的年度盛事。时至今日，包括中央电视台多个频道、湖南卫视、浙江卫视、安徽卫视、东方卫视在内的多家卫视，基本上会在每年 8 ~ 11 月对广告资源进行集中推介和招投标。其中，8 ~ 10 月主要是招标前的广告资源推介时间；11 月则主要是包括央视在内的一线卫视广告招投标的最终达成时间。在集中的时间段内进行广告招投标，不仅可以为广告商提供更好的服务，也可以为第二年播放的新节目进行有力的推广、销售。

广告招投标活动，也是电视人相互交流的重要渠道。为了顺利完成广告招投标，各大卫视往往会将第二年播放的电视剧、新节目资源在广告资源推介时集中发布。因此，通过参加各大卫视的广告招投标活动，行业内的相关人士，可以对第二年的电视节目趋势、特征有准确的了解，从而为电视节目编排、制作和广告投放获取充分的信息。

对普通观众而言，中央电视台在梅地亚中心举办广告招标会后，最为显著的感官就是年度标王的新闻。1994 年，随着央视广告销售的改革，首届央视"标王"产生，即孔府宴酒。后续的标王还有秦池酒、爱多 VCD、步步高 VCD、娃哈哈、熊猫手机、蒙牛、宝洁、伊利、纳爱斯、茅台、剑南春等。央视的早期"标王"，不乏后来命运多舛者，因难以承受市场变迁和巨额广告费所产生的压力，最终落败。造成这种现象最根本的原因是，我国企业在当时还未能掌握成熟、科学、理性的广告投放方式，使原本用于壮大其自身力量的广告投入，反过来成为削弱其发展势头的"绊脚石"。

一些标王的陨落，反映部分广告商尚未适应广告的市场运作规则，盲目投资。因此，随着时间的推移，电视广告投资的行为越来越科学，千人成本、到达率、平均暴露频次、接触率等数据成为广告商投资行为的重要考量。

获得巨大成功的"标王"往往是老少皆宜的大众快速消费品的生产商，例如日化企业宝洁、纳爱斯，乳业巨头蒙牛、伊利等。在"标王"时有陨落后，广告投放的研究成为大企业严谨规划的项目，这种做法不仅保障了企业广告投入行为的利益最大化，而且在整体上形成了对电视经营、管理的巨大压力。这反映了电视广告投资需要建立在受众群信息识别的基础上。对于那些非大众消费品的广告商而言，他们迫切地需要在获得节目收视率的同时，获取收视率背后的受众群信息，以便做出冷静、理智的广告投放选择。

随着电视业的繁荣，每到年末，重要媒体便纷纷报道各大卫视的王牌节目、重要新节目的广告招投标情况，乃至相互攀比。其中，晚间黄金时间段的电视剧场、综艺节目的独家冠名费更是皇冠上的钻石，成为众多新闻媒体的报道对象，而电视台本身也将之视为衡量自身广告招投标成败的重要指标。2012 年、2013 年我国电视广告招投标的市场情况发生了较为重大的转变。

第一，《中国好声音》《爸爸去哪儿》等节目第一季的火爆，使我国一线卫视晚间黄金档综艺节目的独家冠名费进入亿元时代。2012 年《中国好声音》第一季的独家冠名权由加多宝斥资 6000 万元购得，2013 年《爸爸去哪儿》第一季的独家冠名权由 999 感冒灵斥资 2800 万元获得。《中国好声音》《爸爸去哪儿》第二季的独家报名费分别暴涨至 2 亿元和 3.1199 亿元，较此前一年提升了 233.33% 和 1014.25%。用"饕餮"二字来形容这种暴涨都显得苍白、无力。这两档节目在吸引受众注意力方面确实能力突出，但并没有突出到鹤立鸡群的程度。一线卫视纷纷开启以独家冠名费为亮点的广告费盛宴。从《快乐大本营》《星光大道》《非诚勿扰》到《奔跑吧兄弟》《我是歌手》《中国达人秀》《中国梦想秀》等一线节目的独家冠名费纷纷以亿元为单位进行计算。2012 年底多家卫视的重点节目在销售第二年的广告资源时，收获颇丰。《新闻联播》作为我国广告收益最高的电视节目，其 2013 年的广告销售总额竟然高达 47 亿元之多。王牌节目的创收能力到了令人瞠目结舌的程度，因此电视台的资源相应地向少数节目倾斜，使电视节目内容、质量、风格呈现两极分化趋势。个别节目因为制作团队、经费、明星嘉宾、宣传资源的优质，成为观众和广告商的宠儿。剩余的绝大部分电视节目则因人才、经费、宣传等方面的劣势，处于被遗忘的状态，甚至勉强支撑。

第二，在经济环境平稳发展的同时，优质电视节目广告费用的暴涨，形成了黑洞效应，导致大部分节目的广告资源处于收缩的危险中。我国经济发展平稳，2012 年国内生产总值（GDP）为 54.04 万亿元，2013 年为 59.52 万亿元，同比增长 7.8%。2012 年 1186 家上市公司的广告费支出总额为 582.5 亿元，2013 年 1195 家上市公司的广告费支出总额为 603.85 亿元，同比增长了 3.665%。无论是国内生产总值还是上市公司广告额的增长比率，都远低于一线卫视王牌节目的独家冠名费增长情况。因此，可以大体得出这样一个判断：2012 年、2013 年我国王牌综艺节目开创的广告费盛宴，是行业发展的结果，与整体经济增长之间的关系并不直接相关。众所周知，广告行为与社会经济紧密相关，但整体经济环境和社会中的广告总额保持平稳增长之时，少数节目广告营收能力的爆发式增长，就意味着行业中的其他竞争者面临相对萎缩的市场资源。近几年来，众多电视台的广告销售增速不尽如人意，相关从业人员面临巨大的压力。然而，即便是那些拥有王牌节目、一线卫视的电视台，在 2017 年也普遍面临较为沉重的营收压力。

第三，电视节目广告资源的两极分化以及新媒体的成长，使广告商被新媒体分流的趋势显著增强。百度的营收能力高速增长，2013 年其总营收为 319.44 亿元，比 2012 年增长了 43.2%；2017 年，其总营业收入已高达 848 亿元，较 2016 年增长了 20%。2013 年时，百度的营业收入中，数字广告占有极高的比例，超过多年来始终处于领军地位的中央电视台。2017 年，调查机构 Zenith 发布《全球 30 大媒体平台》（*Top Thirty Global Media Owners*）报告，这份报告按营业收入、广告收入排名。在这份榜单上，谷歌母公司 Alphabet、Facebook、康卡斯特位列前三名，百度位列第四名，腾讯为第十四名，中央电视台则是第二十名。新媒体强劲的发展势头，可从这份报告一窥。在此背景下，电视台前幕后的从业人员跳槽到新媒体的新闻不绝于耳。

二　电视广告市场的相关情况

广告不仅是社会经济的重要组成部分，也是人们生活中无处不在的力量。1982年，我国的人均广告费为0.15元；2012年，我国的人均广告费已达到了346.96元。30年时间，我国的人均广告费提高了2312倍！如此海量的、快速增加的投资，相当一部分来自通过大众媒介说服人们进行各种商品、服务、理念的购买和消费。这对人们的生活产生重大影响的同时，对大众媒介本身也有重要影响。

不同的行业对广告投放的依赖程度不一样。化妆品、药品、食品、服装服饰、饮料等行业竞争激烈，品牌之间的可替代程度高，对广告高度依赖，因此税务部门会相应地调高这些行业广告宣传费的税前扣除比例。2001年后，一些特殊行业的扣除比例是8%，其他大部分行业的扣除比例则是2%。2007年，广告宣传费的税前扣除比例从2%提升到15%，一些特殊行业的扣除比例则在2012年调整为30%。2000年《企业所得税税前扣除办法》颁布前，企业的广告宣传费用在缴税时完全扣除，成为一些企业逃税、漏税的途径。此后，国家税务部门对广告宣传费的税前扣除比例进行统一的管理。2016年我国企业所得税的扣除沿用2000年制定的标准。

可以从国家税务部门的政策中看到，我国企业的销售收入对广告的依赖程度在增加。化妆品、医药和饮料等"广告大户"，重度依赖广告，其税前扣除比例，最高可达到30%。也有诸多行业的广告投放比例较低，例如重工业。

1983年，电视的广告经营额仅占全国广告经营额的6.9%；1990年，这一数字首次超过20%，达到了22.4%；2005年后，电视的广告经营额占全国广告经营额的比重超过25%，并处于不断的上升中。[①] 在四大传统

---

① 数据整理自中国广告年鉴编辑部《中国广告年鉴》，新华出版社，1988、1992、1994、1995、1996、1997、1998、1999、2001、2002。

媒体中，电视是广告经营的最大受益者。大手笔投入电视节目中的海量资金，背后是更为庞大的商业利益，这使电视一方面成为市场经济健康运行的重要支持力量，另一方面遭遇来自庞大商业利益方面的压力。2014 年，中央电视台广告信息中心主任、财经频道（CCTV－2）总监郭振玺，被检察机关采取强制措施，被指利用"3·15"晚会和"CCTV 中国经济年度人物"评选等资源，为自身谋取巨额利益。这已不是电视受到商业利益影响的问题，而是电视权力受到商业利益侵蚀的问题。

2017 年底包括央视在内的一线卫视，对 2018 年的广告资源进行招投标。不同于往年的高调，相当一部分电视台没有公布具体广告资源的销售情况，但人们仍可从有限数据中管窥电视强大的吸金能力。湖南卫视作为省级卫视中的佼佼者，其 2018 年的广告招标额超过 50 亿元。

为什么庞大的资金源源不断地注入电视广告业中？电视商业广告致力于销售，所谓助力品牌培养和成长，其最终目的也无非是销售。1994 年 11 月，首届央视"标王"由孔府宴酒花费 3079 万元拍得，此后"喝孔府宴酒，做天下文章"的广告词，在央视播出一年，创造了销售奇迹。孔府宴此次中标前，是当时众多小型国有酒厂之一。1995 年，孔府宴在央视的广告使之一炮打响，当年销售额达到 9.18 亿元。无论从生活常识，还是从对广告商的基本理性的判断出发，都可以得出这样的结论：在电视上科学、合理地投放广告可以提高产品、服务的销售。近年来，一线卫视每年的广告推介活动，都可谓惊心动魄的巨额资金争夺战，涉及百亿元甚至千亿元资金的流动。

如果承认电视在市场经济中扮演重要角色，那么我们就必须正视电视在制造消费方面的作用。如果电视可以制造消费，那么在被制造出来的消费观念、消费时尚中，民众的实际需求占几成，电视的操纵又有几分呢？例如，贵金属在我国民间婚礼中一直不可或缺。在传统时代，普通人家受限于经济能力，往往选择白银作为新娘嫁妆。改革开放后，随着人们生活水平的提高，黄金饰品以"三金""五金"的名头，越来越多地出现在婚礼上。近年来，钻戒作为"爱情恒久远"的象征，越来越普遍地代替了曾流行的黄金戒指。自古以来，钻石在我国并非达官贵人的宠儿，反倒是西方皇室、贵族之宝。如果说从白银到黄金，反映的是传统价值观念对人们的影响的话，那么从黄金到钻石，则更多地反映了电视、杂志、报纸等大众传媒对我国民众生活的干预。文化的影响既在生产中产生，也在消费中传播。① 再举一例，在我国传统社会中，婚礼大量地使用象征吉祥的红色，葬礼才普遍使用白色。如今，即便是在广大的农村地区，新娘也会普遍地使用白色的婚纱，而不觉得有何不妥。民国时期，上层开明人士开始使用西洋风格的白色婚纱。中华人民共和国成立后，这种风气戛然而止，并未能广泛地影响到全国各阶层人士。电视是这种文化习俗变化背后的主要推动者。电视剧里那些美美的女主角和飘飘然的白色婚纱，以及象征着幸福的种种暗示，是说服我国广大女性改变千年习俗、弃红选白的重要原因。

第三节　电视经营中的马太效应

资源优势累积，强者更强、弱者愈弱的现象即为马太效应，被认为普遍地存在于社会、经济、生活、教育等领域。各民族的神话传说、宗教文学、民俗故事中往往都包含大量寓言式智慧。欧美在市场经济中的领先优势，使欧美的神话传说、宗教文学、民俗故事广为流传，在世界各地受到瞩目，"马太效应"一词的来源即属于此情况。《圣经·新约》"马太福音"部分提到一个故事。主人远行前，按三个仆人的能力，分别交给他们五千、两千和一千的财富。拿五千的仆人，做生意又赚了五千；拿两千的仆人，做生意赚了两千；拿一千的仆人，把财富埋在地下。主人回来后，夸赞了前两位仆人，斥责第三位仆人，认为他懒惰无能，并将第三位仆人的一千交给第一位仆人。故事讲完，《圣经》做出点评和解释："因为凡有的，还要加给他，叫他有余。没有的，连他所有的，也要夺过来。"这句话后来被称为马太效应，广泛用于对经济、社会、生活等领域现象的分析。毫无疑问，今天的电视行业较之三十年前，两极分化现象显著。随着电视行业竞争激烈的加剧和新媒体的快速发展，它有愈演愈烈之势。

电视业竞争激烈，资源分布极为不均，一线卫视重点节目的投资动辄上亿元，而中西部省份地面电视台普通节目一集的成本甚至可以低于万元。这样触目惊心的资金投入差异，反映到制作团队、内容、质量、包装、定位方面即是两极化现象显著的特点。在受众注意力稀缺的市场环境

---

① 雷启立：《主体隐匿的景观创制——论"后世博"时代的文化表象》，《华东师范大学学报》（哲学社会科学版）2011 年第 7 期。

中，收视率是各种资源分配的重要依据。节目层面的两极分化，最终反映在电视经营活动的各个方面。

一 新媒体对电视广告经营形成挤压效应

2012 年、2013 年后，我国电视广告市场发生了重要变化。随着爱奇艺、搜狐、腾讯、乐视自制节目的增多，电视和新媒体在视频节目生产方面的格局发生改变。在传统媒体时代，电视、电影是能大规模接触人群的视频通道，而其中电视对大众产生影响的能力十分突出。随着新媒体技术的发展，优酷、土豆等视频门户网站崛起。它们支持并鼓励用户上传原创作品。对于习惯看电视、电影的民众而言，这是媒介使用经验的重大变革：人们可以像电视台、记者、导演那样发布视频作品了。一时间，"自媒体""狂欢"这样的字眼成为热门话题，反映人们对新传播技术所感到的新奇。随着时间的推移，当人们对技术进步短暂的狂热消退后，又重回对内容的渴望。爱奇艺、搜狐、哔哩哔哩等能提供更为专业化内容的平台取而代之，成为人们的新宠。此时，海外电视节目趁着这股东风，进入众多网民视野。因此，今天的网络视频巨头，不仅提供优质的海外电视节目、电影资源，还提供自制的视频内容，更兼有部分国内电视节目内容资源。两相比较，新媒体平台所能为观众提供的收看便捷性，较之电视有了极大提高。

传播学者威尔伯·施拉姆曾提出人们选择某种媒介的公式：报偿的保证/费力的程度 = 选择的或然率。[1] 人们对高费力程度事物的规避行为，不仅仅发生在媒介选择上，而是几乎发生在生活中的各个方面。当回报的程度一样时，低费力程度的选择往往受大众欢迎。包括移动终端在内的新媒体对"懒人"的妥协，其实有更加高端、大气的说法，即人性化的设计，友好型的界面。无论是人性化还是友好型，它们都取悦人的本能。电视的繁荣之所以没有引发传统大众媒体大规模的跨媒体互动，主要受制于不同类型的媒介间的技术壁垒。新媒体改变了这一点。

新媒体在技术上的突破，使其内容体验得到了质的提升，而大数据则为广告商的投资行为提供了精准的数据参考。在此背景下，新媒体受到广告商的高度重视。2015 年爱奇艺自制的《奇葩说》首播，美特斯邦威用

---

① 胡正荣：《传播学总论》，北京广播学院出版社，1997，第 268 页。

5000 万元买下其独家冠名权。这档节目，有台湾著名主持人蔡康永的加入。此前，由于台湾著名节目《康熙来了》，蔡康永在大陆地区已声名鹊起，为广大年轻网民所熟知。《奇葩说》迅速走红，冠名费破亿元。如果将造星能力视为媒介、节目影响力的重要考核因素的话，那么新媒体以及类似《奇葩说》这样高流量的网络自制节目，是不是已胜出了呢？

值得电视业警惕的一个现象是网络自制节目和电视节目在造星能力方面的变化。过去，电视、广播、唱片业是制造明星的常规渠道。2012 年后，一些高收视率的节目在造星能力方面比较突出，例如《中国好声音》。然而，当下的新生代明星往往由网络节目捧红，《奇葩说》《中国有嘻哈》《偶像练习生》无不伴随批量生产明星的过程。相比之下，电视节目的造星能力似乎相对不足，倾向于在大投资的作用力下使用明星而不是制造明星。这造成两个问题：一是普遍使用已成名的嘉宾，因此节目成本高；二是缺乏对新生代明星的影响力。湖南卫视之所以在电视娱乐领域影响颇深，与其过去突出的造星能力不无关系。

对广告商而言，新媒体造星能力的突出也意味着新媒体影响力传播效果的优势。不仅如此，从成本上考虑，目前网络综艺节目的广告费普遍低于同样话题价值的电视节目。另外，在广告付费形式方面，网络节目能提供更为多样化的服务和精准化的数据参考。

电视节目的广告费通常是在节目播出前便已确定，这意味着广告商需要根据经验来进行投资方面的判断。对广告商而言，其广告投资规模越大，面临的风险也越大。以《爸爸去哪儿》为例，它第一季的知名度最高，独家冠名权是 999 小儿感冒灵花费 2800 万元购得。作为第一季，电视节目充满风险，收视率难以预估，这 2800 万元的广告投入从事后看非常成功。然而，那些投资失败的广告，需要广告商自行承担，最为典型的就是某些"标王"。《爸爸去哪儿》第二季的独家冠名费高达 3.1199 亿元，由伊利集团拍下。显然，《爸爸去哪儿》第二季在各方面的影响力略低于第一季，与 999 小儿感冒灵比起来，伊利的投资回报程度就相形见绌了。然而，与其第三季高达 5 亿元的独家冠名费比起来，3.1199 亿元又显得"划算"起来。总之，电视节目广告投资中充满不确定和风险。

网络广告则不同，它基于数字技术和超链接，可以提供多个层次的广告付费体系，例如展示量、点击量、到达率、二跳率、转化率。广告展示量，指的是广告显示的次数；广告点击量，指的是网络用户点击广告的次数；广告到达率，指的是用户点击广告后跳转到相关产品网站的比例；广告二跳率，指的是用户点击广告并跳转到相关产品网站后，主动点击、浏览的比例；广告转化率，指的是用户点击并跳转到相关产品网站后，在该产品网站注册为用户或者购买产品的比例。网络广告，既可在对展示量、点击量、到达率、二跳率、转化率计算后收取费用，也可以像传统电视广告那样直接按约定付费，还可以将两种方法结合。一般而言，网络广告由于可以精确计算分层传播效果，因此在说服广告投资方面具备较强优势。

新媒体对电视广告形成挤压效应使广告商在节目策划、制作中的话语权增加。新媒体普及以前，电视台在与广告商的互动中处于相对强势地位。随着收视率调查的开展和电视节目竞争激烈程度的加深，广告商的议价能力提高。当新媒体获得极大发展后，广告商在节目策划、制作中的话语权迅速增加，这一点在网络节目中的表现尤为突出。电视作为传统媒体，具备清晰的条块式管理的权力架构，权责清晰。相较于电视，新媒体发展迅速，并没有形成稳定、完善的权力体系，为了争夺广告资源，容易向广告商屈服，按广告商的意愿对节目内容、形式做出调整。

二　富裕地区电视台的优势累积

虽然收视率竞争激烈，但由于当前优质节目的制作、宣传、维护费用居高不下，因此一线卫视梯队已形成相对稳定的格局。20世纪80年代，报刊经常组织各类知识问答比赛，而教学节目是电视上的重头戏。结合寓教于乐的理念，具备趣味性特征的知识竞猜电视节目出现。当时，知识竞猜类节目多以"智力竞赛"的名目出现。1983年中央电视台播出北京中学生史、地智力竞赛和大学生英语竞赛。1985年上海电视台播出《上海民间童装电视比赛》，让小朋友穿上父母自制的服装登上电视舞台。这个节目已是竞技类节目，可看度可与今天的真人秀相比。20世纪90年代前半期，北京电视台的《开心娱乐城》《黄金乐园》，上海东方电视台的《快乐大转盘》，上海电视台第8频道的《智力大冲浪》，都具备高度的娱乐特征，在播出地掀起电视娱乐浪潮。缺乏卫星频道、收视率调查数据的支持，这些娱乐性质较为浓厚的游戏、竞技类节目很快就像一阵风般消失不见了。

1994年，央视开始广告招投标、收视率调查。1996年，央视－索福瑞媒介研究有限公司组建。中央电视台在1994年开始实行广告与收视率挂钩的做法，用该台广告部原负责人的话说，就是"强制"广告客户和电视人建立收视率观念，优质优价。① 当时的电视生态面临依据收视率重新洗牌的机会，而湖南卫视《快乐大本营》的爆红，使湖南卫视凭借娱乐迅速稳居一线卫视阵营。刘宏在《收视率：启动中国电视改革的一个有力杠杆》中提到，1998 年 5 月在上海举办的有关电视收视率的会议上，多家省级电视台对收视率调查公司的数据的不准确表示不满，成为电视行业当时的重要事件。对收视率和广告投资的追逐，是当时多家电视台参观、模仿《快乐大本营》的重要动力。此后，一线卫视梯队稳定，由央视综合频道、央视少儿频道、央视新闻频道、央视体育频道、湖南卫视、上海东方卫视、安徽卫视、浙江卫视、山东卫视等频道牢固占据。《中国好声音》《爸爸去哪儿》第一季播出后，晚间黄金档的电视剧、综艺节目的高投资趋势使这一时段的收视率竞争成为"电视豪门"的游戏，其他频道只能望洋兴叹。众多普通频道，面临一线卫视、新媒体对收视率的争夺，所能做出的选择并不多。

富裕地区的地面频道，由于优质的人才、资金、广告商等资源优势，往往拥有较强的发展能力。以北上广、珠三角地区和长三角地区为例，它们地理位置优越，在政治、经济、文化方面拥有显著优势，有众多的人才和资金源源不断地流入。这些地区，不仅拥有优质的影视制作人才，也拥有数量可观的、需求层次多样化的受众群体，从而为这些地区的卫视、地面频道的发展提供丰富的养分。社会经济比较繁荣的地区，文化产业、事业发展也比较突出。以话剧为例，它在小地方由于受众少、赏识的人不多，难以生存。在北上广，话剧面临更为庞大、需求层次多样化的人群，因此好的话剧作品就能生存并获得较好的发展。同理，多样化的电视节目在经济发达地区更容易生存、发展。此外，经济优势不仅使所辖地域人口众多、产业规模更大，而且人群的消费能力往往也能吸引更多、更优质的广告商。因此，富裕地区的地面频道往往能优势累积，形成马太效应，获得强者恒强的发展机会。以电视剧为例，一旦上星播出，其经济价值基本发挥殆尽，第二轮销售价格远低于首次销售。因此，一些电视剧在发售时，会选择先在富裕地区的地面电视频道播出，然后再上星播出，如此便能在两次销售中获得更好的经济收益。

---

① 刘宏：《收视率：启动中国电视改革的一个有力杠杆》，《新闻战线》1999 年第 5 期。

富裕地区依赖地域产业聚集优势，可以有力地促进电视文化产业的发展。电视是综合性的艺术形式，与文学、戏剧、音乐、舞蹈、游戏、传播技术等关系密切。因此，富裕地区强大的产业聚集优势，往往可以为电视业的发展保驾护航，形成强强联合的优势。

三 经济不发达地区电视台的劣势累积

经济不发达地区的电视台基于经济发展、人才、广告投资、发展理念等方面的劣势，往往不利于优质节目的研发，从而导致收视率不佳的结果，并进而形成恶性循环。

一线卫视往往是央视频道或经济相对发达地区的频道，湖南卫视作为中西部省份的卫视频道属于特例。湖南卫视的快速发展，直接受益于其"快乐中国"的娱乐立台实践，饱受诟病。从发展结果看，正是由于娱乐内容，湖南卫视得以在收视率格局形成前迅速成长，成为一线卫视梯队中收视率最高的省级卫视。2012年《中国好声音》爆红，为浙江卫视的发展提供了较大的发展空间，使其成为观众瞩目的焦点之一，这为其接下来播出的电视节目和此后的品牌培育提供了良好的契机。冷静观察近些年来所谓一流的、现象级的电视节目的播出平台，便会发现，它们始终由少数卫视包揽。央视频道在收视率方面的突出表现，与其资源优势直接相关，资源优势与优质节目之间紧密相关。

中西部省份的卫视频道、地面频道，往往处于相对不利的地位。一线卫视梯队已固化，高话题节目具备高门槛，中西部省份的卫视因此处于相对劣势的地位。卫视频道信号的覆盖范围，与其经济能力往往成正比，经济条件好的卫视，信号可以在全国各个地区覆盖，拥有更好的收视条件。卫视的上星和落地费用较高，对一线卫视而言是其高额利润的必然成本。对中西部省份收视率表现相对较差的卫视而言，它是沉重负担。既然卫视可以面向全国播出，广告商自然选择覆盖率高、收视率有保障的优势卫视。因此，对中西部省份众多收视率成绩不佳的卫视而言，广告商对一线卫视、新媒体的投入，在很大程度上导致了其相对地被剥夺。新媒体强势发展，众多收视率不佳的中西部卫视面临更大的生存压力。一些卫视频道由于经济条件确实比较薄弱，享有政策补贴。

中西部省份的众多地面频道，节目质量堪忧，个别频道甚至处于勉强维持的状态。在四级办广播、四级办电视的政策支持下，我国广播电视业迅猛发展。然而，数量众多的电视频道普遍面临年轻、优质观众流失的问题。一些频道充斥大量廉价而粗糙的情感类调解节目。这些节目所能贡献的收视率和广告价值有限。出于生存需要，一些频道依赖假冒伪劣产品的广告维持，成为电视节目生态中的不良现象。一些频道、时段饱受观众的批评，观众认为这些时段的广告以欺骗中老年人为主，电视台作为广告的播出平台，成为假冒伪劣产品的帮凶。

美国本土存在大量的低质节目，它们是如何生存下去的呢？这有赖于依据经济规律而制定的市场退出规则：一旦节目的收视率实在不可救药，就及时退出，通过不断尝错的机制，留下相对较好的节目。这样的竞争、筛选机制，可能导致大部分电视节目趋向娱乐、低俗。美国电视业采取两个重要的手段遏制这一趋势：一是行业工会、协会的高度自律；二是公营电视体制与私营电视体制并行。欧美电视业工会、协会倾向于保持高度自律的原因是西方的电视监管奉行事后审查制：一旦节目在播出后被证实存在问题，相关企业就面临高额赔偿、罚金，直至破产清算。出于趋利避害的原因，而非由于道德高尚，相关工会、协会成员选择高度自律。

四 优质广告商向一线卫视的少数节目集中

马太效应在一线卫视内部十分显著。一线卫视节目众多，能为人们津津乐道的节目在数量上属于绝对少数，而相应的资源、薪酬奖励向这些节目高度倾斜，频道内部两极分化的现象突出。一线卫视往往有更高的追求，出于频道整体运营的考虑，它不仅要为晚间黄金档的收视率冲高做严密的规划，也要为频道整体的收视率、占有率考虑。为避免整体品牌形象受损，不能在深夜时段随意播放假冒伪劣产品的广告。以江苏卫视为例，其2018年8月晚上零点至早上七点之间的内容，以纪录片和节目重播为主。目前，我国广电管理机构出于鼓励原创、文化类节目的考虑，要求在播放比例上对此类节目予以倾斜。一些频道为了符合政策要求，在深夜时段播放纪录片、文化类节目。与晚间黄金档的节目比起来，深夜时段的盈利能力极为有限。然而，目前一线卫视的播出往往是24小时不间断式的，因此在内容经营上倾向于对深夜时段放任，专注于优质时段的经营管理。

第四节　制播分离的趋势

20 世纪 80 年代初，英国提出制播分离，以提高公营电视台的活力。制播分离是电视产业发展到一定阶段时的产物，是适应电视观众品位不断提高的结果。制播分离是市场经济环境中生成的良方，既能促进电视竞争的良性发展，又能满足观众不断提高的需求。

一　制播分离政策

1999 年，国务院办公厅发布〔1999〕82 号文件，提出广播电视"无线有线合并，网台分营"，开启我国广播电视发展的新方向，制播分离渐成行业热门话题。2003 年，国家广电总局公布《关于促进广播影视产业发展的意见》，提出："可以把电台、电视台、广电集团（总台）的除新闻宣传以外的社会服务类、大众娱乐类节目，特别是影视剧的制作经营从现有体制中逐步分离出来，按产业发展的方向和现代产权制度、现代企业制度的要求组建公司，实行所有权与经营权分离，自主经营、自负盈亏、依法纳税。"① 此后，民营电视节目制作公司、电影制作企业快速发展，光线传媒由此壮大。2014 年 9 月 23 日，光线传媒策划制作的电视剧《蝎子网络》在美国哥伦比亚公司旗下的电视台首播，成为同时段全美收视冠军。

随着数字技术的发展，三网分离、媒介融合、多屏互动等新词不断涌现，制播分离所受到的关注有所下降。从竞争的角度看，数字技术对电视而言，"福兮祸所伏，祸兮福所倚"。20 世纪 90 年代末，我国广播、电视行业的数字化尝试初见端倪。2001 年，广电总局制定《广播影视科技"十五"计划和 2010 年远景规划》，深刻洞察 21 世纪的信息革命，对数字技术的普及、网络新媒体的迅猛发展、无线上网技术、人工智能设备等问题展开了科学的规划。《广播影视科技"十五"计划和 2010 年远景规划》指出："2010 年，全面实现数字广播电视。2015 年，停止模拟广播电视的播

---

① 国家广电总局：《印发〈关于促进广播影视产业发展的意见〉的通知》（2013 – 12 – 31），http://www.chinafilm.org.cn/cinema/xingyebiaozhun/201106/08 – 2782.html。

出。"① 数字技术在广播电视行业中的广泛普及，极大地提高了广电节目的生产效率和音视频质量。数字技术在促进广播电视行业巨大进步的同时，为广播电视行业带来新的问题：网络、手机等新媒体对受众的争夺、分流。在以数字技术攻城略地为背景的新的传播生态下，制播分离有了更多的含义。

在制播分离理念产生效用前，我国电视台既是电视节目的播出平台，也是电视节目的制作方即内容源。制播分离首先是一种物理切割，旨在拆分节目播出平台和内容源之间原本"浑然一体"的关系，促进电视节目产业链条的成熟，形成更加完善、多赢的电视竞争环境。

值得注意的是，制播分离理念在我国提出和推进的预设前提是：电视是大众传播活动的第一终端。1988年，我国只有35家电视台，观众总计8000万，每千人只有3台电视机。② 1989年，军工企业——长虹，在国内率先促销彩色电视机，引发普通民众的电视机购买热潮。这种今日看来稀松平常的促销活动，在当时的历史空间里却极具话题价值。此后，我国电视事业快速发展，成为传统大众传媒的第一终端。1999年，我国的电视综合人口覆盖率首次超过90%，2000年，电视综合人口覆盖率超过广播。从广告价值、受众收视时间、影响范围等维度看，电视也是当仁不让的第一终端。

按设想，制播分离完全实现后，电视台不仅保留新闻宣传节目的制作功能，同时还是电视节目播出的第一终端。在没有网络新媒体、智能手机的传播环境中，电视节目的播出平台就是终端，终端就是平台。在网络新媒体、智能手机快速发展的今天，终端和平台可以分离。制播分离是电视行业在多屏互动盛行前才会提出的理念。假设今天我国的电视节目并不存在外包的情况，那么在面对新媒体的挑战时，电视还会有制播分离的强烈动力吗？恐怕很难，因为未经制播分离理念改造过的电视台，往往集内容源、平台、终端为一体。这样的电视台在面临新媒体的挑战时，无疑拥有更多"弹药"。

---

① 国家广电总局：《广播影视科技"十五"计划和2010年远景规划》（2001-11-13），http://news.xinhuanet.com/zhengfu/2001-11/13/content_113535.html。
② 欧阳宏生、段弘：《广播电视概论》，北京大学出版社，2013，第47页。

二 制播分离导致的电视生态变革

将制作与播出环节分离，对于促进电视业内部的竞争，提高电视节目生产的市场化程度而言至关重要。在制播分离政策的引导下，我国电视生态发生了一些相应的变化。

（一）民营电视节目制作机构崛起

1994 年，北京嘉实广告文化发展有限公司成立，成为大陆承接电视节目制作、发行、广告代理业务的第一家民营机构。进入 21 世纪后，随着制播分离政策的推行，民营电视节目制作机构快速发展，其中表现最为突出的当属王长田旗下的光线传媒。光线传媒是我国电视节目制作领域中最大的民营机构，已于 2011 年在深交所上市，在娱乐新闻、综艺节目等方面极为抢眼，向国内多个电视播出机构提供内容，其《娱乐现场》《音乐风云榜》等节目曾销量甚高。随着电影行业的崛起，其较之电视节目更为高额的利润，使光线传媒的业务向电影业倾斜。民营公司的电视节目成品在与电视台交涉时，往往处于相对劣势的地位，议价能力不高，导致制作公司的利润有限。电影则不同，一旦获得广电机构的发行许可，即能在院线公开上映，利润由市场决定，好的电影往往可以产生高额回报。光线传媒在积累了电视节目制作经验后，近年来将主要精力放在电影制作、发行方面，推出众多高票房作品，赚得盆满钵满，例如《泰囧》《致青春》《三生三世十里桃花》《美人鱼》等。根据公开的新闻材料，2017 年上半年光线传媒的电影及其衍生品贡献了该公司 47% 的毛利润。

此外，北京唐德、上海剧酷、新丽影视、慈文影视、唐龙国际等民营机构在我国电视行业中有重要影响。目前，我国电视节目制作机构已形成较为激烈的竞争态势。中央电视台下属的中国国际电视总公司和中视传媒，以及各省广电集团下属的节目制作、发行公司表现突出，例如山东广电集团旗下的山东卫视传媒。山东卫视传媒有限公司，成立于 2012 年，其参与制作、发行的多个节目在国内获得了良好的传播效果，例如《红高粱》《大刀记》《搭错车》《女人不容易》等。大量企业参与电视节目制作、发行，例如央企中国华录集团旗下的北京华录百纳影视股份有限公司。北京华录百纳影视股份有限公司制作、发行的电视剧有《汉武大帝》《双面胶》《王贵与安娜》《媳妇的美好时代》《金太郎的幸福生活》等。

（二）电视剧是制播分离政策执行得最为彻底的领域

按制播分离的规划，除新闻节目以外，其他类型的电视节目可由其他机构制作，播出机构负责采购即可。在我国，电视剧是制播分离政策执行得最为彻底的领域，新闻、专题节目、综艺节目等领域仍以电视台自制为主。

2009年，湖南卫视金鹰剧场播出《丑女无敌》，这部由湖南卫视自制的电视剧取得上佳的收视成绩。此后，在湖南卫视的带领下，电视台的自制剧繁荣。在制播分离实施前，众多电视台都生产电视剧。中央电视台旗下的中国电视剧制作中心始终是我国电视剧生产的重要力量。中央电视台作为国家级的电视播出机构，承担大量主旋律电视剧的播出任务，而这些电视剧往往具有较强思想性、政策性，民营制作机构难以担此重任。中国电视剧制作中心自1983年成立以后，始终是我国电视剧制作领域的高水平团队，每年生产大量的电视剧，并达到在中央电视台播出的水平。

目前，除缺乏制作力量的电视台以外，众多的综艺节目也由电视台自制。灿星和浙江卫视在《中国好声音》中的合作启发了我国电视业。包括中央电视台在内的多家频道，近些年来纷纷选择与制作团队、制作公司合作的模式共同生产综艺节目。

（三）国内的节目采购市场逐步形成

没有制播分离的推进，那么制作与播出的紧密结合就会导致节目交易市场的发育不足。自制播分离政策执行以来，不仅民营制作力量迅速发展，电视节目采购市场也快速崛起，成为共同推动我国电视业进步的重要因素。当然，伴随电视节目采购市场的兴起，一些不良因素也随之出现。2015年安徽广播电视台原党委书记、台长张苏洲，因为在电视剧采购中收受贿赂而被起诉。

（四）制片人中心制和主持人明星制崛起

制播分离的核心主旨在于促进电视节目的良性竞争和商业化运作，而电视节目竞争的加剧和商业化运作又使制片人中心制和主持人明星制在电视业崛起。制片人中心制和明星制由好莱坞发明，被证明在商业运作体系中有强大生命力。制片人中心制，指的是电视节目的核心控制权由制片人把控，节目制作的过程按财务经营、营销的需要展开，以确保节目充分实现其商业价值。中国大陆电视业在相当长的时间内，由政府全额拨款，电视节目按导演意愿制作。随着制播分离理念的推行，越来越多的电视节目以市场为导向，执行制片人中心制。

主持人是电视节目中最为鲜活的视觉标识。主持人明星制，对主持人的定位显著区别于电视节目的播音员，将主持人培养为明星，使之成为电视节目品牌经营和受众忠诚度培养的商业手段。湖南卫视、凤凰卫视在推动我国电视主持人明星制方面表现突出。

第二章　电视节目策划的要素

"短视频推广策划案"应该怎么写呢？这个问题换种问法，或许更易解答，即：你准备怎样把这个短视频炒红？随着新媒体的发展，适应网络推广需要的网络节目策划案、短视频推广策划案、事件营销策划案在传媒业频繁出现。与此相关的各类策划案，核心诉求皆是受众注意力的合理规划，并据此获得相关经费、许可，电视节目策划案也不例外。[①]

第一节　电视节目策划概述

电视节目策划案并非八股文，没有一定的章程、套路可遵循，以获得节目立项为根本目的。一般而言，电视节目策划及其相关文案，应该包括立项基础分析、节目的设计、拍摄计划、资金预算、版权约定、营销推广等部分。

一　概念界定

《现代汉语词典》对策划的解释是："动词，筹划；谋划。例子：幕后策划；这部影片怎么个拍法，请你来策划一下。"[②] "策"字，有多重意思：第一种，名词，指古代赶马用的一种棍子，远端有刺，能让马飞奔；第二种，动词，指用带刺的木棍赶马前行，例如策马前进；第三种，名词，指拐杖；第四种，名词，指古代书写用的竹片、木片；第五种，指古代考试的一种文体，问题多与政治和经济相关，并要求应试者作答，例如对策，

---

① 参见附录策划案案例。

② 中国社会科学院语言研究所词典编辑室：《现代汉语词典》（第6版），商务印书馆，2012，第132页。

现代常见词"策论"也是这个意思；第六种，名词，我国古代的数学计算工具。与"策划"一词紧密相关的另外一个词汇是"出谋划策"，"划策"是"动词，出主意；筹谋计策。也作画策。"① 总之，策划是一个动词，指的是与筹谋相关的行为，以智取胜，目标是促成被策划对象朝一定的方向发展，达成某些效果。

《辞源》认为，"策"字除上文所列含义外，还指"占卜用的蓍②草"③。根据"策"的字意可能形成的前后顺序看，策最古老的意思应该是占卜用的蓍草，是古人从其当下处境，窥视未来的一种方法、渠道。随着历史推移，上古的神话色彩逐渐淡化，人类社会生活趋于世俗化，人们倾向于通过智谋干预未来，而"策"字则逐渐与谋略、计划相关联。好的谋略、计划，类似于用带刺的木棍激励骏马奔驰，起到四两拨千斤的作用。胡智锋主编的《电视节目策划学》认为："'电视策划'就是对于电视的某一种行为，借助特定电视媒体信息、素材，为实现电视行为的某种目的、目标而提供的创意、思路、方法和对策。"④

策划的目的，是通过人类智慧产生的谋略、计划，干预未来。随着电视竞争的加剧，电视节目策划作为应对市场风险的重要手段，得到普遍重视。

电视节目策划，指的是电视从业人员在充分调研的基础上，依据节目市场的规律，为节目未来的制作、营销所展开的智力活动，并以计划、谋略的形式体现在电视节目策划文案、配套的幻灯片（PPT）、制作和经营策略中。电视节目制作分为前中后三个时期，即前期的规划，中期的拍摄，后期的加工、营销。目前，电视节目策划往往按项目制推进。电视节目策划是电视节目制作前期最为重要的部分，主要目的是积累调研信息和节目思路，以获得投资方、权威人士首肯。

随着电视节目和网络节目之间资源争夺赛的加剧，作为主要资金来源的广告商，在策划阶段的话语权扩大，这在传统媒体时代难以想象。新媒

---

① 中国社会科学院语言研究所词典编辑室：《现代汉语词典》（第 6 版），商务印书馆，2012，第 560 页。

② 蓍［shī］，多年生菊科草本植物，古人用它的茎占卜。古时有"龟卜筮蓍"，指的就是上古时期人们常用甲骨、龟壳、蓍草预知吉凶。

③ 高凤谦、方毅等：《辞源》（修订本），商务印书馆，1979，第 2353 页。

④ 胡智锋：《电视节目策划学》，复旦大学出版社，2017，第 1 页。

体加入注意力争夺战前，电视以其视听兼备的特征，作为最为生动形象的媒体，深受广大人民群众欢迎。这一时期，电视作为视频类资源日常播出的唯一渠道，在整个视听节目生态链条中具有绝对话语权。收视率竞争加剧，收视率高的电视频道成为炙手可热的广告平台。广告商不太可能在节目策划阶段"指手画脚"。这还要得益于传统电视业广告与节目制作部门的分割，广告部门是广告资金流入电视台的通道，而内容制作由专业团队完成。网络节目则不同，作为后起之秀，它普遍执行扁平化的管理方式，以市场为导向，积极响应资方需求。这一方面使广告商对其更加青睐，另一方面导致节目策划、内容制作的独立性下降。

二　电视节目策划的必要性

电视文化产业，应该具备流水线生产、标准化制作、高效率的特征，以区别于手工作坊式的生产。如今，电视频道众多，电视就像是一头巨大怪兽，张着血盆大口，需要电视从业人员 24 小时不间断地、轮番地向其投喂作品，才能满足日常播出的需要。在电视文化产业的流水线上，电视节目策划作为驱动、指挥骏马奔驰的"带刺的木头"，对节目的制作和营销起到四两拨千斤的作用。

第一，电视节目策划是将创新高效率地转化为收视率的必然过程。标准化的流水线生产方式越成熟，创新所能带来的市场突破和利润越诱人。因此，在手工作坊盛行的封建时代，创新并不是什么了不起的伟大举措。工业革命后，标准化的流水线生产方式成熟，可向市场源源不断地提供商品。在市场经济的环境下，全球化经济的发展和连锁型企业的繁荣使看不见、摸不着的服务在"统一标识"的规划下，整齐划一。拥有多季、多集播出机会的电视节目，就像是"统一标识"规划下的普通商品和服务那样，需要在整体上为观众提供统一可视化、可听化的品牌形象。在此背景下，拥有市场推广价值的创新，能很快地引起人们的注意。电视节目制作的方式越是成熟，就越有能力将创新通过电视节目策划转变为收视率。

第二，电视节目策划是说服投资方立项的基本活动。目前，众多电视节目按自负盈亏的方式运营，收视率差、市场潜力不足的电视节目，因缺乏电视台、广告商的投资而逐渐被制片方抛弃；收视率成绩好、市场潜力大的电视节目，则凭借良好的收视率价值受到电视台、广告商等投资方的青睐。在市场经济的规则下，投资趋于理性，投资方对电视投资的风险判断、价值评估需要建立在多个参照体系上，而电视节目策划就是制片方为说服投资方所进行的重要智力活动。空口白牙、临阵磨枪，在渐趋成熟的电视节目市场中难以说服投资方。

第三，电视节目策划是确保电视节目按市场规律提高竞争力的前期准备。电视节目策划的重要部分之一是市场调研。所谓市场调研，指的是电视节目制片方对节目市场潜质的多个方面所进行的调查行为。目前，电视节目市场竞争激烈，无论是电视台、制片方还是广告投资方，都趋利避害，希望能在节目真正开拍前，尽可能地对未来的收视率状况进行各方面的预估和调控。电视节目的制片方，希望目标节目的收视率越高越好，但市场充满风险和难以预估的变量。前期的市场调研，即便严密、周全，也难保将来的收视率一定可观。正因市场充满风险和不可控因素，能提高节目效果和可控程度的部分，才受到高度重视，例如电视节目策划。电视节目策划，在很大程度上可以确保电视节目制作、营销按市场规律展开。虽然"谋事在人，成事在天"，但电视节目策划可以对风险应对和收视率干预进行有效规划。

第四，电视节目策划是确保电视节目按既定计划准确执行的基础。电视节目管理呈现层级化的特点，节目运作的权力自上而下。电视节目策划完成后，节目的主要创意、创新部分即告一段落。换言之，创新主要发生在电视节目策划阶段，在电视节目策划完成后，最重要的是高效执行，而非创新。就像是普通工厂那样，创新主要在设计阶段完成，一旦产品设计宣告完成，剩下的主要工作就是任务拆分和标准化执行。同理，电视节目策划就像是工厂里的产品设计，需要创新才能完成。一旦策划阶段完成，进入真正的节目生产阶段，合理的任务拆分和标准化执行就更为重要了。

第五，电视节目策划是样片制作的必要准备。目前，除电视剧、广告以外，其他类型的电视节目往往有赖于样片制作，才能真正获得投资方、播出方的许可。样片制作的必要准备就是电视节目策划。这种做法起源于美国。美国的电视节目制作高度市场化，高质量的电视节目主要由好莱坞制作力量提供，他们通行的做法是先策划再制作样片。样片是电视节目策划的直接结果和体现，既能向投资方、播出方展示节目的真正样貌，以便获得立项，也能为立项后的电视节目制作提供样板，确保电视节目的标准化生产。样片的作用类似于代工厂的样品。它既能形象地展示产品设计的结果，以便获得投资、采购许可，也能为后续的产品制作提供标准化生产的参照。

三　电视节目创意生产的日常方法

电视节目讲求实效，需要策划人员高效率地提供节目创意。无论是古人提倡的"十年磨一剑"，还是卡梅隆制作《阿凡达》十数年的精心准备，都不适用于电视节目策划。为了实现电视频道连续播出的需要，电视节目策划人员，需要寻找到创意生产的日常、高效方法。电视节目策划人员，需要为一个问题提供多样化的解决方案。可以批量产生电视创意的日常方法如下。

第一，头脑风暴，通过小组讨论打破固化思维对节目创意现有的禁锢。"头脑风暴"随着创新的流行，变得泛滥、模糊，似乎无所不包，又什么都不是。所谓头脑风暴，指的是美国广告公司发明的一种创意方法，它要求小组人员在开放、没有任何拘束的氛围中充分讨论，以便打破相互之间固有的思维模式和成见。在众多教科书和资料中，头脑风暴的关键似乎总是与小组讨论和自由的氛围相关。对于电视节目策划而言，头脑风暴除包括小组讨论、自由氛围以外，更为重要的是小组成员的混杂。虽然精确传播已成为热门词汇，但电视节目所面对的观众仍是海量的。好的电视节目，应该既通俗易懂，又出人意料，这样才能在激烈的收视率竞争中脱颖而出。电视节目策划所需要的头脑风暴，要求小组人员最好是"杂乱"的，策划人员应尽可能地将职业、年龄、喜好、价值观等方面具有巨大差异的人聚拢在一起，鼓励他们畅所欲言，从而为电视节目策划人员的灵光一闪做足准备。节目策划将在多个方面反差极大的人放在一起，让思维、知识相互碰撞，很容易打破相互之间的固化思维，获得大量的新想法。

第二，开阔视野，通过杂糅的方法，拼贴出全新的结构，进而形成新的创意。后现代主义有一种看似灰心丧气的想法，认为人类几千年的文明史，尤其是中世纪以后的经济、文化、社会的大发展，使各种各样的创意、想法层出不穷，以至于留给后人创新的空间不多了。在此基础上，消费主义文化所支撑的后现代理念提出有关文化创意的重要路径，即将人们习以为常的元素从原有环境中脱离出来，并组合成全新的东西。例如，厕所、食堂为人们所熟知。在创意的过程中，两者相结合，便形成了全新的思路：厕所主题的食堂、食堂主题的厕所。由于饮食比厕所更容易盈利，因此厕所主题的食堂数年前便已出现。这是与后现代文化紧密相关的一种创意方案。按这种方法，电视节目策划人员可以在短时间内提供大量的游戏创意、节目创意。任意两个节目，经过杂糅后，即可诞生数档新节目。

第三，阅读古今中外的著作，站在"巨人的肩膀上"，形成新思路。此前的著作、期刊，乃至于过去的电视节目，对社会的方方面面都有所回应。《舌尖上的中国》第一季在前期策划的过程中，从旅游、地理杂志中搜集了各地大量的素材。如果这些素材不从已有资料中获取，而是靠节目组亲身发掘，所需成本高昂。迪士尼在进行创意时，取材范围往往十分广泛。花木兰的故事作为语文教科书中的名篇，为国人所熟知，却没能转化为受欢迎的电影。我国历史悠久，从上古神话、《山海经》，到元杂剧、明传奇和清代的小说，包含多元化的内容与哲思。

第四，跳跃性思维，通过内容、色彩、结构、类型等方面的相关性"大开脑洞"。随着网络段子的流行，跳跃性思维所构成的创意广为流传。跳跃性思维，往往依靠相关性，在夸张手法的帮助下，推动思维的拓展和跳跃。网络著名段子："中午下班看到路边上有捆芹菜，不知道谁掉的，捡起来准备回家炒肉，忽然一想需要去买肉，有肉还得要买个锅，买了锅还要弄个厨房，有了厨房还得配个媳妇，有了媳妇就得养丈母娘，有了丈母娘她就要房要车要彩礼。吓死了！幸亏扔得早，不然亏大了。回家！"这个段子即是跳跃性思维的典型案例，并按相似性原则和夸张手法层层推进。

第二节　电视节目制作管理规定

电视节目策划必须按我国电视节目制作管理的各项规定展开，否则审查不通过的风险很可能会导致电视节目出资方巨额损失。在网络视听节目迅速发展的背景下，电视节目策划出于提升行业投资价值的目的，必须严格遵照电视节目制作管理规定进行。

电视节目策划案如果能成功立项，便可以获得投资、拍摄或播出所需要的支持。随着网络技术的崛起和数字技术的发展，拍摄设备便利化程度提高，视频的影响力在网络的助推下不断拓展。目前，包括广告、宣传片、微电影在内的多种类型视听节目的制作市场不断扩大，节目策划案的应用范围相对拓展。目前，从电视节目的数量和时长看，我国毫无疑问是电视节目制作大国，这与电视频道众多的现实密切相关。然而，无论是电视剧、动画片还是纪录片，大量节目无法通过层层审核，也就不能播出，投资方损失巨大。电视节目策划不仅面向市场，也需通过行政审批与规划，必须在电视节目制作的上游——策划阶段，就对立项的通过可能性进行评估。

一　审查制

我国影视作品的面世需要经过多重的行政许可，包括行业准入制度、产品准入制度。大众传媒是国之利器，在包括欧美在内的世界各国，都需要经过一定形式的审查，广电行业尤其如此。在我国，广播电视节目具有较严格的行业准入制度，在制播分离政策颁布后，相关投资方必须具备相应的资质才可进入行业。出于保护本土文化等需要，我国对国外传媒机构进入我国广电行业有详尽的规定。目前，出于频道资源有限的原因，众多国家对开设电台、电视台的审查严于创办报刊的审查。另外，包括我国在内的众多国家对电台、电视台的投资者身份拥有较多的审查和要求。1985年传媒大鳄默多克为成功收购美国电视台，放弃澳大利亚国籍，加入美国国籍，就是为了符合美国相关广电法规的要求。

随着网络技术的发展，网络论坛发达，部分舆论对西方政府审查媒体的现状有误解，认为欧美发达国家主要依靠媒体自查、媒体工会的力量确保媒体内容合法、合规。英国是世界上最早对大众传媒进行事前审查的国家。英国作为老牌资本主义国家，在大众传媒诞生后基于信息管控的需要，对报刊进行审查，要求报刊必须经行政审批后才能刊印。然而，随着市场经济的发展和印刷技术的提高，英国政府逐渐放弃了报刊内容事前审查制度。这绝不意味着报刊、大众传媒可以完全自由地决定内容。恰恰相反，英国政府使用了一种更为高效而"润物细无声"的审查制度：事后问责制。

一般而言，英国政府并不会直接干预大众传媒的内容生产，然而一旦报刊文章、广电节目刊播后，如遭遇举报并被查实存在内容方面的问题，政府会启动问责。政府对大众传媒内容的问责形式多为巨额罚款，此举令自负盈亏的私营媒体机构胆战心惊，这些传媒机构出于投资者利益、公序良俗的考虑，往往会高度注意节目内容的自我审查。为此，大众传媒机构不仅有内部的审查机制，往往还有力量强大的行业自查机制，通过相互监督来保护行业的良性发展。英国不仅有私营媒体，还有强大的公营媒体例如英国广播公司 BBC。作为公营媒体，BBC 的主要经费来自从英国家庭中强行收取的收听、收视费用。费用来源决定了 BBC 必须将公益性质放在首位，多年以来 BBC 实行董事会制度。BBC 董事会的成员利益多元化，以确保 BBC 的节目运营以社会效益为优先，并在此基础上保持节目的市场效益。2005 年，BBC 取消了实行多年的董事会制度，由 BBC 信托（BBC Trust）和执行委员会（Executive Board）取而代之，前者负责 BBC 收视、收听费用的收取并监督 BBC 履行公共职责，后者负责为 BBC 制定发展战略，确保政府投资、收视、收听费用的支出符合公众利益。

我国对电影、电视剧等视听内容实行双许可证制度，即通过开机前的立项审查后可获得拍摄许可，拍摄完成后再次通过审查可获得公映、播出许可。1986 年广播电影电视部发布《关于实行电视剧制作许可证制度的暂行规定》，要求 1986 年 6 月 1 日后电视剧制作单位向电视台提供电视剧时，必须持有电视剧制作许可证。1990 年 8 月 4 日广播电影电视部颁布《〈关于实行电视剧制作许可证制度的规定〉的补充规定》，要求电视剧必须先获得制作许可证再开拍、销售，否则电视剧制作单位以及播出的电视台将受到惩罚。1994 年后，我国电视节目市场逐渐形成，民营节目制作机构不断出现，其中不乏表现优异者，如嘉实传媒、唐龙国际、欢乐传媒、光线传媒等。随着我国电视行业制播分离进程的推进，产生了一大批实力雄厚的、优秀的民营电视节目制作机构。目前，国营、民营的电视节目制作机构获得拍摄许可证和发行许可证才能播出。

事前审查制度存在明显的优点和缺点。优点是：第一，确保节目内容在公益、社会效益、政治层面符合要求；第二，通过对拍摄、播出的管控，倒逼节目生产在上游的策划阶段主动地调整内容、题材，以便符合拍摄、播出许可的预期要求；第三，确保各年龄段观众不受非健康内容的负面影响，从而利于青少年的身心健康。缺点也是多方面的。第一，节目内容考核标准难以量化带来许可证获得的不确定性。伴随经济全球化的发展，娱乐浪潮席卷全球大众文化。然而，娱乐浪潮中色情、暴力、血腥、恐怖等问题的程度往往难以量化，而节目的公益性、思想性也同样如此，这就造成了拍摄许可证、发行许可证颁发的标准存在可变性。20 世纪八九十年代，电视节目制作的周期比较长。伴随拍摄技术的提升和节目制作行业的成熟，电视节目制作的周期较之以往已极大地缩短。然而，众多电视节目的制作仍需要长达数月才能完成，而许可证获得的不确定性使电视节目的巨额投资处于高度的政策风险下。为此，娱乐、明星成为提高节目收视率、审查通过可能性的重要避险选择。相对而言，轻松的娱乐内容往往比较容易通过审查，而颇具"流量吸引力"的明星因为脸熟能使节目受到观众的注意。这在一定程度上推动电视节目的娱乐浪潮。当然，广电管理机构通过题材规划、评奖评优等机制可以对电视台、电视节目制作机构形成舆论引导，鼓励文化类、公益类节目的播出。第二，审查者在理解和执行标准方面存在不确定性。欧洲俗语说：一千个读者有一千个哈姆雷特。同理，审查者对于审查标准的理解往往会产生差异，或者可能因尺度过宽导致过度低俗的内容流向市场，或者可能因尺度过严导致观众向网络端流失，给电视节目投资者造成巨额损失。

二 电影审查标准

针对电影、电视剧等内容的审查，我国有较为完善的审查管理制度。在中华人民共和国成立之初，我国就已建立起了较为全面的电影审查制度。1949 年 4 月中共中央宣传部成立中央电影局，中华人民共和国成立后改由文化部领导，而担任局长的正是大名鼎鼎的"鬼才导演"袁牧之。当时的电影生产按计划经济的要求，由电影局统一规划后再交各个电影厂制作、生产，并由电影局统一收购、放映。1950 年，文化部"电影指导委员会"成立。1953 年 12 月 24 日，中央人民政府政务院第 199 次政务会议通过《关于加强电影制片工作的决定》《关于建立电影放映网与电影工业的决定》，《关于加强电影制片工作的决定》提出社会主义现实主义是文艺创作和批评的最高标准，要求电影为社会主义建设服务。1996 年国务院出台《电影管理条例》，2002 年对这一条例进行修改。

依据《电影管理条例》精神，1997 年广播电影电视部发布《电影审查规定》，明确表明我国实行电影审查制度，"未经广播电影电视部的电影审查机构审查通过的电影片，不得发行、放映、进口、出口"[①]。广播电影电视部下属的电影审查委员会和电影复审委员会负责对我国电影审查、复审。当时规定禁止以下电影：（一）危害国家的统一、主权和领土完整的；（二）危害国家安全、荣誉和利益的；（三）煽动民族分裂，破坏民族团结的；（四）泄露国家秘密的；（五）宣扬不正当性关系，严重违反道德准

---

① 广播电影电视部：《电影审查规定》，《新法规月刊》1997 年第 8 期。

则，或内容淫秽，具有强烈感官刺激，诱人堕落的；（六）宣扬封建迷信，蛊惑人心，扰乱社会公共秩序的；（七）渲染凶杀暴力，唆使人们蔑视法律尊严，诱发犯罪，破坏社会治安秩序的；（八）诽谤、侮辱他人的；（九）有国家规定禁止的其他内容的。[①] 该《电影审查规定》规定如有下列情形，电影应该删减、修改：夹杂有淫秽庸俗内容，不符合道德规范和观众欣赏习惯的；夹杂有凶杀暴力内容的；夹杂有宣扬封建迷信内容的。2004 年国家广播电影电视总局通过《电影剧本（梗概）立项、电影片审查暂行规定》，放宽了相关标准，建立剧本备案制度。2006 年 6 月 22 日《电影剧本（梗概）备案、电影片管理规定》正式生效，1997 年的《电影审查规定》、2004 年的《电影剧本（梗概）立项、电影片审查暂行规定》废止。《电影管理条例》要求持有《摄制电影许可证》的电影制作机构，在开拍前需要将电影剧本（梗概）送广电总局或相应省级广电部门备案，领取《电影剧本（梗概）备案回执单》。制作完成后，电影制作机构需要向广电总局电影审查委员会提出审查申请，电影审查委员会在二十个工作日内发出《影片审查决定书》，对审查合格的电影发放《电影片公映许可证》；对审查不合格的电影，在《影片审查决定书》中做出明确说明。

《电影剧本（梗概）备案、电影片管理规定》基本奠定了我国电影审查现行的规范，而我国电影审查制度又对电视剧、电视节目的审查起到了重要示范作用。

三　电视节目审查

2004 年国家广播电影电视总局通过《广播电视节目制作经营管理规定》，要求广播电视节目制作机构需获得《广播电视节目制作经营许可证》，"电视剧由持有《广播电视节目制作经营许可证》的机构、地市级（含）以上电视台（含广播电视台、广播影视集团）和持有《摄制电影许可证》的电影制片机构制作，但须事先另行取得电视剧制作许可。电视剧制作许可证分为《电视剧制作许可证（乙种）》《电视剧制作许可证（甲种）》两种，由广电总局统一印制。《电视剧制作许可证（乙种）》仅限于该证所标明的剧目使用，有效期限不超过 180 日。特殊情况下经发证机关批准后，可适当延期。《电视剧制作许可证（甲种）》有效期限为两年，有

---

① 广播电影电视部：《电影审查规定》，《新法规月刊》1997 年第 8 期。

效期届满前，对持证机构制作的所有电视剧均有效。"①

1997 年，国务院颁布《广播电视管理条例》，并于 2013 年和 2017 年两次修订。《广播电视管理条例》明确禁止制作、播出包含以下内容的节目：（一）危害国家的统一、主权和领土完整的；（二）危害国家的安全、荣誉和利益的；（三）煽动民族分裂，破坏民族团结的；（四）泄露国家秘密的；（五）诽谤、侮辱他人的；（六）宣扬淫秽、迷信或者渲染暴力的；（七）法律、行政法规规定禁止的其他内容。②

《广播电视节目制作经营管理规定》禁止制作包含以下内容的广播电视节目："（一）反对宪法确定的基本原则的；（二）危害国家统一、主权和领土完整的；（三）泄露国家秘密、危害国家安全或者损害国家荣誉和利益的；（四）煽动民族仇恨、民族歧视，破坏民族团结，或者侵害民族风俗、习惯的；（五）宣扬邪教、迷信的；（六）扰乱社会秩序，破坏社会稳定的；（七）宣扬淫秽、赌博、暴力或者教唆犯罪的；（八）侮辱或者诽谤他人，侵害他人合法权益的；（九）危害社会公德或者民族优秀文化传统的；（十）有法律、行政法规和国家规定禁止的其他内容的。"③

1999 年 4 月 7 日，国家广播电影电视总局颁布《电视剧审查暂行规定》，明确我国实行电视剧审查制度，并设立电视剧审查委员会和电视剧复审委员会，电视剧需要获得《电视剧制作许可证》《电视剧发行许可证》才可播出。2010 年国家广播电影电视总局颁布《电视剧内容管理规定》（广电总局令第 63 号）。

2010 年 7 月《电视剧内容管理规定》实施，2004 年 9 月 20 日国家广播电影电视总局发布的《电视剧审查管理规定》（广电总局令第 40 号）、2006 年 11 月 14 日国家广播电影电视总局发布的《〈电视剧审查管理规定〉补充规定》（广电总局令第 53 号）同时废止。《电视剧内容管理规定》禁止电视剧包含以下内容：（一）违反宪法确定的基本原则，煽动抗拒或者破坏宪法、法律、行政法规和规章实施的；（二）危害国家统一、主权和

---

① 国家广播电影电视总局：《广播电视节目制作经营管理规定》，《司法业务文选》2004 年第 8 期。
② 国务院：《广播电视管理条例》（2005 - 8 - 21），http://www.gov.cn/banshi/2005 - 08/21/content_25111.htm。
③ 国家广播电影电视总局：《广播电视节目制作经营管理规定》，《司法业务文选》2004 年第 8 期。

领土完整的；（三）泄露国家秘密，危害国家安全，损害国家荣誉和利益的；（四）煽动民族仇恨、民族歧视，侵害民族风俗习惯，伤害民族感情，破坏民族团结的；（五）违背国家宗教政策，宣扬宗教极端主义和邪教、迷信，歧视、侮辱宗教信仰的；（六）扰乱社会秩序，破坏社会稳定的；（七）宣扬淫秽、赌博、暴力、恐怖、吸毒，教唆犯罪或者传授犯罪方法的；（八）侮辱、诽谤他人的；（九）危害社会公德或者民族优秀文化传统的；（十）侵害未成年人合法权益或者有害未成年人身心健康的；（十一）法律、行政法规和规章禁止的其他内容。①

除相关法规、条例外，国家广播电影电视总局往往会依据节目播出的实际情况和节目管理的需要发布通知，例如 2010 年发布的《广电总局关于进一步规范婚恋交友类电视节目的管理通知》《广电总局办公厅关于加强情感故事类电视节目管理的通知》；2015 年发布的《关于进一步加强真人秀节目管理的通知》；2016 年《关于进一步加强电视上星综合频道节目管理的通知》，要求严格控制未成年人参与真人秀节目等。

国家广播电影电视总局 2011 年出台《广电总局将加强电视上星综合节目管理》，2013 年出台《关于做好 2014 年电视上星综合频道节目编排和备案工作的通知》。《广电总局关于进一步加强电视上星综合频道节目管理的意见》要求提高新闻类节目的播出比例，防止节目过度娱乐的和低俗的倾向，要求从 2012 年起卫视综合频道每日 6：00 至 24：00 新闻类节目不得少于 2 小时；18：00 至 23：30 必须有两档以上自办新闻类节目，每档新闻节目时间不得少于 30 分钟；各电视上星综合频道还要开办一个弘扬中华民族传统美德和社会主义核心价值体系的思想道德建设栏目。②《关于做好 2014 年电视上星综合频道节目编排和备案工作的通知》要求："优化节目结构，丰富节目类型。进一步扩大电视上星综合频道新闻、经济、文化、科教、生活服务、动画和少儿、纪录片、对农等类型节目的播出比例，总播出时长按周计算不少于 30%。……每季度总局通过评议会择优选择一档歌唱类选拔节目安排在黄金时段播出，其余不得安排在 19：30—22：30 之间播出；总局将对电视晚会进行调控，原则上重要节假日期间每

① 国家广播电影电视总局：《电视剧内容管理规定》（2010 – 5 – 20），http：//www. gov. cn/zhengce/2010 – 05/20/content_2603306. htm。

② 《广电总局关于进一步加强电视上星综合频道节目管理的意见》（2011 – 10 – 25），新华社，http：//www. gov. cn/jrzg/2011 – 10/25/content_1977909. htm。

日不超过 3 台。……凡拟在 2014 年 1 月 1 日起每天任何时段播出的新闻类、道德建设类、歌唱选拔类、晚会类、引进境外版权模式节目需要提前两个月申报备案；每天 19：30—22：00 播出的婚恋交友类、才艺竞秀类、情感故事类、游戏竞技类、综艺娱乐类、访谈脱口秀、真人秀等类型的节目，需按规定履行备案手续。"[1]

在一些国家和地区，内容分级制度已成为电视节目、电影市场中的重要规则。市场经济的发展和本土文化国际传播的需要，促使包括我国在内的很多国家和地区文化政策整体趋向于宽松。目前我国广电节目的审查制度已平稳运营多年，积累了丰富的经验，在操作过程中，能有效地管控电视节目，确保电视节目市场的良性竞争和大众文化的健康发展。

第三节　策划的主要内容

假设，现在准备研发一档文化普及类的电视节目，核心创意是：让人们意识到惯用输入法所导致的"提笔忘字"问题。以此为例，可以分析电视节目策划过程中立项的基础、节目的设计、拍摄计划、资金预算、版权约定、营销推广等方面的问题。立项的基础旨在回答一个问题："本电视节目、作品成功的可能何在？"立项的基础，十分重要，反映了制片方对市场、作品的把握程度和能力。一个连立项基础都不能充分挖掘的团队，绝不可能提供好的策划方案。

一　立项的基础

电视节目策划与市场、项目紧密相关，抛开具体的市场情况和项目需要来谈立项的基础更是空中楼阁、无稽之谈，即便看起来颇能唬人，往往也缺乏实践指导意义。

（一）市场分析

电视节目收视市场竞争激烈，策划必须建立在充分认识市场的基础上。基于市场分析的需要，电视节目策划可以对以下内容进行分析：同类

---

① 郑娜：《被"限娱"的电视会好起来吗？》（2013 - 10 - 25），http：//paper. people. com. cn/rmrbhwb/html/2013 - 10/25/content_1314813. htm。

节目的收视市场、同类节目的广告市场、管理部门近期的指导意见、播出平台与节目的契合度等。需要特别指出的是，电视节目策划并非八股文，并无固定样式。

1. 同类节目的收视市场

知己知彼百战百胜，电视节目策划必须对同类节目的收视市场进行充分了解。时势造英雄，电视节目也是如此，只有符合时代、受众需要的节目才受欢迎。

以《中餐厅》为例，其在策划阶段必然要考虑同类节目的收视情况。作为明星真人秀节目，它在当前的电视市场环境中具有普遍的收视潜质。目前，一线卫视重金打造的王牌节目，往往明星云集，例如《奔跑吧》《王牌对王牌》《高能少年团》《向往的生活》《真正男子汉》《欢乐喜剧人》等。被重点培养的电视节目往往使用"自带流量"的明星加持收视率。为了充分发挥明星效应，湖南卫视在《我是歌手》中率先启用明星选手做主持人。"明星＋真人秀"的做法在当下一线卫视的重点节目中十分常见。《舌尖上的中国》第一季播出后，美食类节目爆发式发展。与精耕细作的纪录片《舌尖上的中国》不同，大部分有关美食类的电视节目，倾向于才艺展示而在真人秀方面的表现不足。为此，《中餐厅》"明星＋美食＋真人秀"的元素组合，可谓巧妙，能在晚间黄金档中具备较强的识别度。

研发有关提笔忘字问题的新节目时，需要慎重考虑同类节目的收视市场情况。

（1）市场中有同类节目吗？

在广电管理部门的推动下，文化类节目、诗词听写类的节目渐渐增多，其中不乏荧屏佳作，例如《汉字英雄》《中国汉字听写大会》《中国诗词大会》《中国成语大会》《中国谜语大会》等。这类节目曾引发话题，有利于优秀传统文化的传播。从收视率角度看，其收视率虽然显著低于王牌综艺节目，但作为文化类节目，已是佼佼者，取得较好的成绩。出于节目赛制的需要，这些节目的选手往往来自中小学，在中小学取得较好的传播效果，增强了中小学生学习传统文化的积极性。

美国福克斯电视网曾有一档电视节目叫作《你比小学五年级学生聪明吗》。它邀请成年人回答小学五年级程度的 11 个题目，凡是全部答对的选手，即可获得一百万美元的奖金。可惜，来自各行各业的成年人往往败下阵来。节目选取的题目，往往不仅难倒参与节目的选手，也令电视机前的成人观众汗颜，极具话题价值。国内有类似的节目，例如张小燕主持的综艺节目《百万小学堂》，汪涵曾在湖南卫视主持的《五年级救助队》。这样的竞技设计，需要处理的一个敏感问题，就是如何抚慰成年人脆弱、敏感的自尊。《五年级救助队》吸引包括中小学教师在内的成人参与。凡是答错者，立即退出游戏，并对着镜头承认"我确实不如小学五年级的小朋友。"得益于节目组营造的轻松、游戏氛围，这些失败的成年选手，往往并不过于尴尬，反而颇有趣味。

（2）新节目与同类节目相比的优劣势分析

随着互联网技术的普及，大大小小的屏幕成为人们的挚爱。人们对智能手机的迷恋越来越像瘾君子对毒品的依赖。人们睡前玩手机的景象，与民国时期瘾君子吸大烟的姿态神似。网络技术的发展不仅带来了移动智能终端的普及，也促进了办公无纸化。越来越多的文字工作，借助输入法在电脑上完成，笔、墨、纸简直成了古董，使用者寥寥。然而，在有升学压力的中小学，情形完全不同，严格的书写练习使中小学生在汉字读写方面拥有超强的能力，令提笔忘字的成年人难以望其项背。如果研发一档新节目，致力于展示成年人在文字书写能力方面的退化和不足，使一些受到正规、良好教育的成人在中小学生面前错字百出，不失为一种有趣的创意。

这样的新节目与《汉字英雄》《中国汉字听写大会》《中国诗词大会》《中国成语大会》《中国谜语大会》相比，平易近人。以《汉字英雄》为例，节目从中小学校中集结了一批优秀的学生，他们在字词方面十分了不得。当这些同学汇聚在节目中时，节目题库的难度必然极高，这样才能起到竞技比赛的作用：大浪淘沙，留下最优秀的选手。否则，字词不够生僻，每位选手都能回答上来，不仅节目的竞技环节无法推进，也使节目失去了可看度。新研发的节目，致力于展示成年人对日常字词掌握能力的退化，因此以日常使用的字词为考核内容，提高节目的亲和力。

为了加强观众对成年人书写能力退化的直观认识，可以借鉴《你比小学五年级学生聪明吗》《百万小学堂》《五年级救助队》的做法，将成年人与中小学生进行对比，提高节目的冲击力和话题价值。与《你比小学五年级学生聪明吗》《百万小学堂》《五年级救助队》相比，新节目不只是竞技游戏，而且将日常生活中成人世界每每体会到的提笔忘字问题视觉化，这既有利于呼吁社会对新媒体应用的思考，也有利于号召人们加强对传统文化的学习。

没有同类节目，意味着竞争压力小，节目市场广阔，可以有效地聚集潜在的收视率；有一些或者有大量同类节目时，意味着节目的收视市场成熟，新节目只需要稍做创新，既可以满足审美疲劳的观众，有效地将收视市场"为我所用"。

2. 同类节目的广告市场

这部分需要解决的问题是，有广告商愿意投放广告吗，什么样的广告商愿意投放广告。在广告资源竞争激烈的情况下，这个问题非常重要，是投资方、播出方、制片方共同关心的重要问题。"拉广告"一词曾十分流行，当时的市场环境有两个重要特征。一、大众传媒的影响力大，广告一旦投放，往往会取得较好的效果，因此广告商向电视等传统媒体进行广告投资的愿望强烈。否则，再怎么巧舌如簧"拉广告"也难以大规模奏效。二、广告投资尚未完全市场化，存在不成熟的地方，这为人际关系在其中的游说作用奠定了基础。现在，广告投资十分成熟，"拉广告"极难奏效，必须以实力为基础说服广告商投资。

《中餐厅》因为"餐厅+明星"的元素，在广告投放方面具有广阔前景。目前，生活类慢综艺节目，在广告推介方面较受广告商欢迎。生活类节目，极具亲和力，再经由明星的加持，适合多类广告的投放。慢综艺节目节奏缓慢、风格温馨、叙事自然流畅，容易让观众产生舒缓的情绪，从而为广告的说服效果奠定基础。《中餐厅》第二季的广告商众多，涉及的产品和服务众多，包括冠名商美拍 App、首席合作伙伴拼多多、官方合作伙伴飘柔、光明牛奶，合作伙伴老板电器，等等。细数《中餐厅》第二季的广告可以发现，它们品类众多，用处各异，但在生活类真人秀节目中却能融为一体，与节目内容紧密相关。这既得益于广告植入的设计，更与节目的选题、定位相关。

《汉字英雄》《中国汉字听写大会》《中国诗词大会》《中国成语大会》《中国谜语大会》等文化类节目的广告，相对《中餐厅》节目的广告空间而言虽然比较狭小，但作为上星节目，仍具有广阔的市场前景。这类节目与中小学教育关系密切，因此与中小学教育、学生、家长密切相关的产品、服务都有可能成为节目潜在的广告商和投资者。假设研发成人提笔忘字类的电视节目，并将成人与中小学生在写字方面的能力进行比较，那么与教育、学校、网络办公相关的产品、服务都可以成为节目潜在的广告商、投资者。

　　3. 管理部门近期的指导意见

　　21 世纪之前，广电总局针对电视娱乐现象，便已发布相关禁令，例如 1998 年 8 月《关于在广播影视节目中做好保护青少年身心健康宣传的通知》，要求影视节目严格控制暴力、恐怖、色情、不文明举止等镜头。2000 年广电总局下发《关于加强动画片引进和播放管理的通知》。2002 年 4 月，《新闻导刊》转载《新闻实践》，透露广电总局制止电视节目的七种娱乐倾向，例如戏说热点问题、语言低俗、挖苦女性身体、性话题以取悦观众、高额奖励竞猜获胜者、主持人港台腔等。在这一背景下，2002 年热播的《流星花园》被停播。据《财经时报》2002 年 6 月 21 日《限播古装剧令影视业缩水？》的报道，从 2001 年下半年开始广电总局内部电视会议要求电视台、影视制作公司严格控制古装剧的播出数量。

　　2004 年，广电总局发出《关于加强涉案剧审查和播出管理的通知》《关于认真对待"红色经典"改编电视剧有关问题的通知》《关于禁止播出电脑游戏类节目的通知》《关于加强对情感类电视节目管理的通知》《广播影视加强和改进未成年人思想道德建设的实施方案》《关于加强译制境外广播电视节目播出管理的通知》《广播电视编辑记者、播音员主持人资格管理暂行规定》，涉及内容广泛，包括黄金时间段的内容管控、主持人形象包装、国内节目播出比例、禁播部分电视节目、杜绝戏说红色经典、严管格调和内容导向存在问题的 DV 片播放等。2004 年 4 月，广电总局集中下发了多项通知，要求电视台控制节目低俗、影响青少年健康的问题。2005 年国家广电总局发出《关于禁止播出电脑网络游戏类节目的通知》和《关于禁止以栏目形式播出境外动画片的紧急通知》。

　　湖南卫视《超级女声》于 2005 年席卷全国，引发了一轮娱乐类的真人秀节目热潮，至今未消。自 2006 年开始，广电总局多次下发限制电视娱乐的通知。2011 年后广电总局的部分管理文件，被网民称为"限娱令"。广电总局以通知的形式，对电视娱乐的管控，最早在 1998 年即有尝试，2004 年比较突出，2006 年以后成为常态性的存在。

　　"限娱令"指的是网民对广电总局制止卫视频道过度娱乐问题所出台的管理要求的戏称，特别是指 2011 年的《关于进一步加强电视上星综合频道节目管理的意见》、2013 年的《关于做好 2014 年电视上星综合频道节目编排和备案工作的通知》、2016 年的《关于大力推动广播电视节目自主创新工作的通知》。以上文件从节目类型、内容、编排、艺人等多个角度，限制卫视频道过度娱乐化的趋势，并积极提倡原创节目、文化类节目的研发。

电视行业与政策密切相关，节目的研发和策划如符合广电管理部门近期的要求，必定能在说服投资方、播出方时更有底气。作为制片方，节目从策划阶段就必须符合政策要求，以免高额投资付诸东流。

4. 播出平台与节目的契合度

在相对固定的市场格局中，播出平台与节目的契合度是节目策划阶段需要重点考虑的问题之一。一档优秀的电视节目，如果不能获得与之契合的播出平台，收视效果往往不理想；一档平淡无奇的电视节目，如能获得优秀播出平台的加持，有可能获得不错的收视成绩。

青海卫视由于电视经营的马太效应等原因，多次尝试引入外部资源进行改组。2003年，共青团中央网络影视中心以每年3000万元的价格买断青海卫视的广告经营权。相对于高昂的卫视上星费用，这个价格堪称"捡漏"。然而，经营状况仍不佳。2004年底，默多克旗下的新闻集团与共青团中央网络影视中心合作，共同经营青海卫视的广告。虽然合作经营的对象是青海卫视的广告，但自2005年以后青海卫视的节目结合新闻集团旗下星空传媒的资源优势，进行大规模的改版。改版后的青海卫视节目焕然一新。星空传媒的节目在青海卫视播放时，因出现了不符合规定的海外频道标志而受到处罚，新闻集团由此退出青海卫视。2009年底，湖南广电集团与青海台合作运营青海卫视。改组后的青海卫视由湖南广电集团占股49%，青海台占股51%，管理和运作以湖南广电集团为主。

2011年，在湖南广电集团人员的力主下，青海卫视推出两档与湖南卫视重点节目风格相近的《花儿朵朵》《嘎嘣爆米花》。这两档节目，由湖南广电集团的优质团队斥重金打造，尤其是《花儿朵朵》既与当时的选秀浪潮相契合，又结合了青海、甘肃一代的传统山歌形式，在资深团队的打造下，被寄予厚望。可惜，在天时地利人和兼备的情况下，这档节目的收视率仍欠佳，远没有达到合作双方的期望。此后，双方对收视率不高的原因产生了重大分歧，最终于2013年解除合作。湖南广电集团和青海台解除合作后，仍保留了一定形式的深度交流，不仅湖南广电旗下原有的一些成员继续留在青海卫视，青海卫视也保存了在湖南广电中心的办公地。后来，中央电视台也曾对口支援青海卫视。青海卫视的经营几经周折，内容经历数次大的改版，收视成绩时有起落，但终究未取得亮丽的成绩。

《花儿朵朵》《嘎嘣爆米花》从名字、内容到节目形式、风格，在当时都比较时尚，符合年轻观众的审美，如果在《湖南卫视》播出很可能取得更好的成绩。虽然这两档节目由湖南广电集团的优势团队打造，但奈何彼时的卫视收视已形成固定格局。换言之，受众、广告商既有的偏见，使节目的收视成绩深受播出平台影响。对于相对弱势的频道而言，想要通过一两档节目以小博大，获取平台发展质的变化，在现今的环境中变得越来越困难。也正因此，电视节目必须在策划阶段，即考虑播出平台。

播出平台不仅有优劣势之分，还有特色差异方面的分别。在频道专业化理念的支持下，一线卫视频道的品牌形象逐渐分化，它们不只是收视率高低的差别，也有内容特征、风格方面的差异。因此，电视节目必须在策划阶段，就将播出平台的收视情况和传播特色充分考虑进去，并尽量促使节目与播出平台高度契合。马东团队打造的《汉字英雄》，在与河南卫视合作后取得较好的收视效果，这与《汉字英雄》节目特色和河南卫视品牌形象的高度契合紧密相关。

（二）项目背景

节目研发、改版时的策划，需要对项目背景进行充分的了解和阐释，这既能帮助策划人员制订有针对性的方案，也有利于向投资方、播出方、制片方高层反映策划人员对项目的理解能力。项目背景分析，需要依据具体情况展开。此外，不同团队、策划人员的偏好也决定了这部分内容不可能有固定的、唯一的标准答案。

项目背景部分，可以从整体到局部、从局部的形而上部分到局部的形而下部分展开，即项目的生存背景分析、项目的整体定位分析、项目的战略性对策分析。其中，项目的生存背景分析，指的是项目所处的大环境如何影响项目的成败，对项目形成的便利和障碍分别是什么；项目的整体定位分析、项目的战略性对策分析都专注项目本身，但前者专注抽象部分的研究，后者专注具体的策略方面的分析。这一思路可以广泛地应用于包括电视策划在内的多种问题的分析。例如"你如何看待人工智能的发展前景？"该问题就可以按这个思路分析，先研判人工智能所处的社会大环境对其有利和不利的方面，再研究其本身的定位、当前的发展策略，最后依据此前分析对其前景做出论断。再例如"某节目应该如何改版？"该问题同样可以按这个思路回答，先分析节目所处的生存背景，然后分析其整体定位，最后依据此前分析制定相应的改版策略。再例如"研发新节目《X》的可行性如何？"该问题就像此前的两个问题那样，有多种答案，但按当前示例所提思路回答如下：新节目《X》的生存环境分析，节目自身的整体定位分析，具体战略性对策。简言之，这种思路是一个结构合理的瓶子，可供电视节目策划人员合理地填充内容，展开说服行动。

项目的生存背景分析，亦即项目的环境分析，可以从多个方面展开，例如政策环境、市场环境（受众/收视市场、广告市场）、文化环境、社会环境、经济环境、技术环境等。

项目的整体定位分析，研究电视节目自身在多个层次、方面的差异化品牌运营策略，包括内容定位、风格定位、形象定位、审美趣味定位等。2002 年，美国营销经典著作《定位》出版，这本书首次提出"定位"一词。定位指的是产品、服务在消费者心目中的形象，是在品牌塑造过程中对产品、服务进行差异化运营的一种策略。

战略性对策包括并不局限于以下内容：内容、形式、包装、风格等。这部分内容的展开建立在前两项分析的基础上。

（三）创作团队

这是一个充满竞争的年代，单打独斗在多个行业中都不再流行，尤其是电视行业。一档电视节目的完成，必须建立在团队协作的基础上。目前，新媒体发展迅速，在新媒体基础上崛起的自媒体十分繁荣。相对于自媒体，电视节目有一个显著的优势，即内容方面的优质。如果失去了团队协作力，仅仅依靠单打独斗制作节目，那与自媒体何异呢，这不仅会导致节目内容质量无法保障，也会导致电视生态恶化。

创作团队最好有相关资质和经验，例如代表作品。具有成功经验的创作团队，在节目策划阶段是说服投资者的重要因素。随着新传播技术的发展，媒介融合成为显著的趋势。媒介融合不仅体现在组织层面，也体现在从业人员的技能方面。随着媒介融合技术的发展，过去需要多人分别完成的采、编、播，目前因为技术门槛的快速降低而成为融合的前沿。团队代表作品既可以是在电视频道公开播出过的，也可以是在网络媒体上播出过的。目前，团队资质的说服力，主要体现在作品的影响力、传播力方面，而不是作品的播放渠道。

如果创作团队相对青涩，缺乏代表作品，那就需要团队的核心人物具有很强说服力的资历。创作团队资质是说服广告商投资的重要因素。电视节目投资充满风险，在收视率竞争激烈的环境下，制作团队的核心人物如果资历丰富，往往会给投资方、播出方更多的信心，使节目策划更容易成功。

二　节目的设计

在节目研发中，创新主要体现在节目策划阶段。节目策划完成后，电视节目制作剩余的流程主要专注于执行而非创新。一档节目的核心创新和主要创意体现在节目的设计中。在策划阶段，节目的设计可以从节目构成、节目风格等方面展开。

（一）节目构成

在电视节目策划阶段，节目构成主要包含节目内容、节目形式、广告三个方面。

1. 节目内容

内容是电视节目的核心部分，是电视创意集中体现的领域。人是叙事性的动物，需要精彩的故事。真人秀节目专注的是"秀"，它要将"真人"的所思、所想乃至灵魂、价值观方面的特质通过叙事、故事表现出来。2007 年美国真人秀节目《与卡戴珊一家同行》[①] 播出，引起西方社会高度关注，它以卡戴珊一家的真实生活为拍摄对象。普通家庭生活充满着油盐酱醋茶的平淡和无聊，不足以持续吸引大量的观众。然而，《与卡戴珊一家同行》播放以来，已连续更新至今，其秘诀无非是不断地抛出令人目瞪口呆的奇葩人、事和经历。以处于配角地位的凯特琳·詹特为例，既可一窥该节目的制胜法宝，也可侧面观瞻消费主义浪潮中受众的审丑需要。凯特琳·詹特曾是卡戴珊姐妹的继父，在继女们走红后，先是变性、交男朋友，然后又转而找女朋友，一举一动皆受娱乐媒体关注。配角尚且如此，卡戴珊姐妹混乱、奢靡的生活更是深受大众关注。

受众的审丑需要是不是意味着电视节目可以无底线地恶俗呢？美国电视行业高度成熟，公营电视机构 PBS 专注于高质量公益节目的提供。除公营电视机构外，美国电视还有宗教、教育机构开设的公益频道，其节目往往不会为了取悦观众而无底线地恶搞、低俗。低俗节目需要有足够的话题

---

① 该节目名称为 Keeping Up With the Kardashians，又译为《与卡戴珊姐妹同行》。卡戴珊（Kardashian）是姓氏，该节目以卡戴珊一家的几个年轻姐妹的生活为核心看点。

价值、注意力价值才能盈利，这就决定了它的收视率必须足够高才能办下去。用恶搞、低俗手法取悦受众的节目，质量不高，必须通过收视率拼杀，但能持续产生效益的案例不多。与那些恶搞、低俗节目时时处于收视率压力下，朝不保夕的情况不同，高质量节目、频道往往有优渥的市场环境，例如推出《黑道家族》《权力的游戏》《欲望都市》的 HBO。HBO 电视网在美国乃至世界范围内是高品质电视节目的代名词，作为极为成功的付费频道，其优质客户的订阅费用足以保障频道的运营，使之不至于到大众市场上凭借奇葩内容博眼球。总之，市场决定了恶搞、低俗节目的运作人员时时处于收视率的高压下，而高质量节目、频道则有更广阔、从容的运作空间。他山之石可以攻玉，这对我国电视节目的运营可以起到参照作用。

（1）节目核心创意

节目核心创意，指的是电视节目在内容方面区别于其他节目的关键差异点。节目创意既可以体现在内容上，也可以体现在形式上，但将一档节目从群体中区别开来的核心创意常常来自内容。节目的核心创意最好能一句话概括，以便为营销推广奠定基础。

（2）目标受众

目标受众，指的是在分众传播理念指导下，电视策划人员出于营销需要，为节目所设定的收视人群。目标受众是电视节目的理想收视人群，与实际受众之间可能存在偏差。例如新节目《乡村致富经》在策划阶段设定的收视人群是农民，但在实际播出后，由于在专业性方面不足、故事性方面比较突出，收看人群主要是中老年妇女。那么，对这档节目而言，其目标受众与实际受众之间的差距就比较显著。

（3）节目名称

节目名称，是电视从业人员为便于观众区别电视节目，给作品提供的独特文字标志。节目名称的主要作用是便于观众从众多的电视节目中分辨个体。节目名称，就像人名那样，往往有时代痕迹，在不同年代有不同的风格。1958 年 5 月 1 日，中国电视诞生当晚的节目单是：新闻《工业先进生产者和农业合作社主任庆祝"五一"节座谈》；纪录片《到农村去》；诗朗诵《工厂里来了三个姑娘》《大跃进的号角》；舞蹈《四小天鹅舞》《牧童与村姑》《春江花月夜》；科教题材电影《电视》。该节目单中不少节目有时代痕迹，表现出比较强烈的政治取向。进入 21 世纪以来，电视节目名称倾向于突出个性、特色，例如《奔跑吧兄弟》《延禧攻略》等。

（4）节目宗旨、节目目标

节目宗旨，指的是电视节目的核心意图，又称为节目目标。在一些节目策划文案中，节目宗旨、节目目标被做了区分，被认为是不同的事物。人文学科在众多概念上皆有争议，电视节目策划可以在一定的范围内自由发挥。

（5）节目定位

定位一词于 2002 年首先被广告界用于营销，指的是产品、服务在消费者心目中的形象，是在品牌塑造过程中产品、服务差异化运营的一种策略。电视节目定位指的是节目策划人员依据营销需要，对节目在观众心目中的品牌形象所进行的规划和预设。从定位的理念看，电视节目策划阶段所做的努力都是为了在实践阶段成功地进行品牌形象的塑造和对受众心理的干预。

（6）主持人设置

主持人设置，指的是电视节目依据节目推进需要对主持人的有无、任务分配所做出的安排。一般而言，电视剧不需要主持人。再出名的主持人，其作用也是为了推进节目而不是自我展示。目前，综艺节目、真人秀节目出于内容饱满程度的考虑，往往选择以主持人团队的形式推进节目，例如《天天向上》。主持人团队以一个主持人为核心，其他人承担不同的角色和任务。

（7）嘉宾设置

嘉宾设置，指的是依据节目需要对出镜的节目参与者进行的任务、角色安排。《中餐厅》中的明星在角色分配上有明显差异，以第二季为例，赵薇担任店长职务，起到组织作用；白举纲作为资历最浅的明星则承担了更多的服务工作和逗乐功能。

（8）解说词

解说词指的是电视节目中以配音、文字的形式对内容进行解释、说明的文本。无论是电视剧、综艺节目还是新闻节目，都有可能使用解说词对内容加以解说。

2. 节目形式

（1）节目推进手段

节目推进手段，指的是推动电视节目完成整个流程的方法、架构，它是将节目核心创意转化为节目流程的主要部分。假设需要研发一档"明星＋真人秀"的节目，那么怎样设置叙事手段才能有效推进节目进程呢？《我是歌手》选择了明星歌唱技艺的展示和比拼，然后由大众评审团打分，最终由节目组按戏剧化效果的需要当众宣布名次以使之升级或淘汰。《王牌对王牌》则围绕一个主题，由两支明星团队在才艺、游戏等方面竞技。

（2）节目形态

电视节目形态，与电视节目的内容相对应，指的是电视节目中相对稳定的形式要素共同构成的外部特征。电视节目的内容与形式高度相关，不能彻底分离。无论是学术研究还是电视实践，将电视节目进行内容、形式等方面的划分，主要出于研究、表述的需要，并不意味着电视节目的形式和内容相互独立。

（3）节目包装

电视节目包装指的是字幕、动画、图表、特效等后期编辑手段对电视节目视听感官效果的修饰。随着媒介融合趋势的推进，电视节目包装的手段趋于融合化、复杂化，动画、特效等手段愈来愈频繁地出现在电视节目中。

（4）演播室设置

演播室设置，与后期编辑手段相对应，指通过控制室内光、声、电、色彩，对电视节目视听感官效果加以修饰的专业拍摄的管控。随着后期包装技术的进步，虚拟演播室成为电视节目提高传播效果的利器。

（5）节目时长

人的注意力有限，过长的电视节目，往往因观众的注意力涣散而难以获得目标传播效果，因此需要有效规划节目的时长。电视节目时长，指的是一期电视节目的播放所消耗的时间。随着移动智能终端的普及和碎片化传播的流行，受众的媒介使用素养发生了一些变化，人们忍耐无聊的程度越来越低。为此，电视节目的时长、段落需要充分考虑受众需要的变化，提高叙事节奏。

（6）节目期数

电视节目期数，又称为电视节目集数，指的是叙事体量较大的电视节目被分成不同的部分，按一定的逻辑次序播出，这些依次播出部分的数量之和即为节目期数。

随着节目市场的变化和"限娱令"对上星电视剧播放管理的变化，电视剧集数出现了显著变革。2006年30集的《士兵突击》播出，收视率、口碑、经济效益三丰收。电视剧的价格与多种因素有关，其中集数是重要因素之一。《我的团长我的团》，作为《士兵突击》原班人马打造的第二季，饱受市场期待，高达 43 集。2009 年《我的团长我的团》"一剧四星"，即同一部电视剧可以在四家卫视同时播出。东方卫视、江苏卫视、北京卫视、云南卫视为了在同步播出的过程中争得先机，八仙过海各显神通，引发争议。广电总局为规范上星电视剧的编排，要求从"一剧四星"转变为"一剧两星"。所谓"一剧两星"，指的是按广电总局要求，自2015 年 1 月 1 日起实施的同一部电视剧最多只能在两家卫视的黄金时间档同时播出，并不得超过两集的政策。"一剧两星"实施后，晚间黄金档的电视剧集数显著增加，例如因为演员突发丑闻而暂缓播出的《巴清传》共66 集。

3. 广告

广告是电视节目的重要组成部分。电视节目策划在进行节目内容规划时，应当同时对广告收益进行预判和规划。

（1）广告价值预判

对电视节目潜在的广告价值进行预先的判定，以便于投资方、制作方、播出方对电视节目的经济价值进行判断。

（2）广告形式

广告指的是电视节目播出过程中附带的商品宣传内容，形式多样，包括贴片广告、标版广告、植入式广告、口播广告、冠名广告等。

（3）广告收益分账方式

目前，我国电视节目的主要收益渠道为广告，因此在电视节目策划阶段应该对广告收益的分账方式进行约定，以便厘清节目的各项投入、收入的义务与权利。

（二）节目风格

风格是电视节目能从万千竞争者中脱颖而出的重要因素，可以从视觉和听觉两个方面入手进行规划。对节目的视觉刺激和听觉刺激进行规划，使电视节目可以轻而易举地拥有特色风格。

1. 视觉刺激

服装、道具、主持人等视觉元素是强化电视节目风格，突出品牌特色的重要渠道。以浙江卫视为例，其与中国蓝相匹配的频道包装使之在中国电视频道中成为一种独特的视觉标识。湖南卫视的"芒果"标志也有同样的功效。

2013 年，蔡康永在主持金马奖时，以扛着一匹马的造型引起普遍关注。这在电视节目收视率竞争激烈的环境中，不失为一种高明的营销手法。我国一线花旦身着东北大花布走红毯，通过简单、低成本的视觉刺激收获了大量注意力。当年火遍亚洲的小虎队共三名成员，分别是苏有朋、吴奇隆、陈志朋，其中前两人仍是演艺界一线明星，而陈志朋则资源鲜少。近年来，陈志朋以大胆、奇葩的服装、化妆引人关注，有"妖孽"之称，这是通过低成本的视觉刺激提高品牌关注度的做法。视觉刺激必须和电视节目相契合，过度夸张、奇葩的做法并不符合市场需要。

2. 听觉刺激

音效、配乐、人声、嘉宾的大放厥词都属于电视节目的听觉刺激。《非诚勿扰》的女嘉宾曾说："宁愿坐在宝马车里哭，也不愿意坐在自行车上笑"，这句话作为听觉元素为观众带来了巨大价值观冲击，在引来如雷般滚滚骂声的同时，也使这位女嘉宾和这档电视节目知名度暴涨。电视节目《爸爸去哪儿》中包含了大量卖萌的音效，起到刺激听觉的作用，与这档亲子真人秀的定位相契合。好的音乐、听觉刺激能和画面一起形成互动，共同推动叙事的铺展，有效拉动观众情绪。浙江卫视主持人华少极具特色的口播方式，成为《中国好声音》重要的听觉刺激，在节目品牌培育、受众忠诚度培养方面具有较高价值。

三　拍摄计划

策划书对拍摄计划的规划，一般是为了向投资方、播出平台等利益各方起到说明的作用，并不是为了指导制片方的拍摄活动。一定要明确这一点，策划才能有的放矢，在相关的信息搜集和文案撰写中具有明确的针对性。为此，策划书中的拍摄计划应该包含并不局限于以下部分：制作单位、制作团队、制作设备、制作规划。

第一，制作单位。制作单位可以是电视台、影视公司、政府、其他的企事业单位，也可以是个人。在策划书撰写时，应该明确罗列出资的单位、个人。对于正在沟通，并需要策划书说服的投资方，策划书也应将其作为拟出资方罗列出来。例如，制作单位是：某某政府（拟定）、某某股份有限公司（拟定）、某某影视传媒公司（拟定）。

第二，制作团队。策划书的目的，决定了策划书各项要素的撰写方法。策划书最为重要的目的是说服投资方、播出平台等利益各方，以便获得投资、立项。为此，制作团队这一要素，必须突出团队的经验和实力。电视节目策划文案应该着重强调制作团队成员与本项目相关的社会职务、制作经验。例如，总编剧：某某某，中央电视台高级编辑、资深制片人，中国传媒大学电视学院博士生导师，参与过的大型纪录片有⋯⋯为了详略得当，可以一一介绍重要职务担任者的概况，例如制片人、制作总监、总编剧、总导演、策划总监、统筹等。对于具体的工作人员，则以拍摄团队、单位的形式出现。

第三，制作设备。电视节目的质量，由人决定。然而，在技术革新的背景下，不同设备的费用天差地别，所能产生的画面质量往往也具有较大差异。在这一部分可以将制作设备的型号予以罗列。

第四，制作规划。按前期调研情况，开列分级大纲、撰稿编排、拍摄、后期所需要的时间、计划和安排，向投资人、播出平台明确项目的完成时间。

四　资金预算

电视节目策划的资金预算有重要意义。资金预算可以把控电视节目筹备、制作、营销等流程的费用，确保电视节目的成本符合预期。随着电视节目市场的成熟，无论是设备的租借、人员的配备，还是营销宣传都有相应的、较为公开透明的价格体系。在具备一定从业经验的基础上，依据节目需要，即可根据不同地域相关消费情况，制定相对比较准确的预算，从而为节目广告的招投标、运营成本核算奠定坚实的基础。目前，北京、上海等地聚集了大量的电视从业人员。人才资源的聚集优势，为电视节目在北京的制作、营销提供重要的支撑，有利于相关成本的控制。随着网络技术的进步，电视行业普遍抛弃了磁带，依靠数字技术传输节目。以《汉字英雄》为例，来自北京的团队和河南卫视合作进行前期的筹备、策划和拍摄，在上海完成节目的剪辑、后期，由北京团队和河南卫视共同确定最终的播出版本。在网络技术普及前，这样的往来必定大费周章，提高节目成本的同时，导致制作效率低下。

资金预算作为电视节目策划阶段的重要组成元素，需要遵守以下原则。第一，依据节目需要和实际情况，科学制定预算。狮子大开口的做法，无疑会使投资方对策划人员、制片方产生不信任。电视节目制作市场已成熟，相关成本为业内广大人士所熟知。地域、团队、节目内容等方面的差异对预算的影响，有合理的偏差估算。优秀的电视节目策划建立在合理预算的基础上。第二，不能为了获得立项，人为压低预算。节目一旦开拍，投资方的资金注入后就会源源不断地用于节目内容生产。如果刻意压低节目预算，制片方势必会在节目制作过程中要求追加投资。这无异于挟天子以令诸侯，投资方考虑到前期成本沉没的风险，往往不得不追加投资，以便节目播出。这种做法或许令电视节目制作团队一时收益，但后患无穷。电视节目制作行业市场相对狭小，制作团队、策划人员的名誉受损，将在未来的发展中付出沉重的代价。通过不合理低价获得节目投资，无异于饮鸩止渴。第三，与投资方充分沟通，尽量确保节目的重要支出符合投资方意愿。这是节目预算的重要规则。电视产业需要理性对待资本、投资行为。在尊重相关法律、管理规定的同时，电视节目的重要支出应该符合投资方的意愿。

在电视节目策划过程中，策划人员通常需要以表格的形式将预算开支列出，以清晰明了的形式核算成本。通常而言，成本核算应当包括人员费用、设备或场地租借费用、后期制作费用、营销推广费用等部分。

人员费用。制片人、导演、编剧、策划人员、摄像师、编导、灯光师、化妆师等多工种的费用需要按市场实际情况进行规划，并预留一定的空间，为可能存在的合理变化留足费用。一般而言，工作地点、资质水平差异会影响薪水、报酬。从这个角度看，人员费用的预算似乎很难把握。解决方法是根据投资方可能的投资意愿、所在市场同类节目的预算情况，来进行人员费用的预算。

设备、场地租借费用。随着数字技术的进步，影视节目相关制作技术不断提高，有关拍摄、灯光等的设备更新换代速度加快。为能合理预算设备、场地租借费用，策划人员需要根据节目的形态、创意的需要合理编撰。

后期制作费用。后期制作费用对电视剧成本而言并不高。在我国电视节目当前的制作环境中，后期制作费用通常不高，但涉及 3D、4K 节目时，由于制作难度提高，费用会随之上升。

营销推广费用。受众注意力资源稀缺，营销推广对电视节目的意义重大，成为一线节目十分看重的环节。营销推广的费用，根据实际需要和总体投资规模开列，其具体数字和比例可高可低，反差极大。

其他费用。电视节目制作过程中往往有交通、食宿等多种费用的支出，在策划阶段可以"其他费用"的名目为杂项支出做好规划。

五 版权约定

电视节目的投资方式趋于复杂，往往是多家公司、团队、单位合作的结果。现今大量的电视剧、综艺节目、宣传片、纪录片由多家机构合作完成。团队合作的趋势十分显著：第一，影视节目高投入、高风险，团体协作可降低风险；第二，影视节目的制作越来越精细，需要多家术业有专攻的公司、团队进行合作，以提高影视节目的质量。在团队合作的背景下，一定要根据实际情况，提前约定版权归属。

版权归属既决定了收益的分享方式，也决定了亏损的承担方式。无论电视节目的投资情况如何，版权约定十分必要，并应该责权清晰，符合法律规定，符合投资方、利益各方的利益，以免后续产生难堪的纠纷。一般情况下，按照出资比例约定收益的分享方式和亏损的承担办法。

六 营销推广

创意，伴随市场经济在我国的发展，弥足珍贵。随着网络新媒体的全面崛起，受众注意力在大众传媒之间再次分配，电视观众无可避免地受到市场挑战者——新媒体的分流。包括电视在内的大众传媒的格局，受到技术的驱动。伴随传播技术向虚拟现实、全息投影、物联网方向的快速革新，大众传媒生态充满了可能性。然而，唯一可以确认的是，随着传播技术的发展，受众注意力争夺赛将进一步加剧，各行各业的营销推广必然愈演愈烈。

王国维在《人间词话》中说，古今成大事业、大学问的人，一定要经过三重境界。第一重境界：昨夜西风凋碧树，独上高楼，望尽天涯路；第二重境界：衣带渐宽终不悔，为伊消得人憔悴；第三重境界：众里寻他千百度，蓦然回首，那人却在灯火阑珊处。做人、做事、做学问有境界的差别，营销效果也是如此。在传统媒体时代，营销追求的是美誉度和知名度。随着新媒体时代的来临，"审丑"突然成为潮流，"审美"的主流地位在众多网络论坛中受到了挑战。这种现象、案例越来越多，因此"审丑"在吸引受众注意力方面的能力受到关注，其在营销方面的作用随之受到有意识地开发。

在新媒体时代，营销有四种效果：第一种效果是人人说好；第二种效果是众口纷纭，有人叫好有人叫骂；第三种效果是人人都骂；第四种效果是悄无声息。自媒体狂欢时代，较之传统媒体时代，更容易产生舆论骂战。想要获得人人都夸赞的效果，在自媒体迅速发展的背景下极为困难，几乎成为不可能完成的任务。在当下的传播环境中，最为常见的营销效果是有人叫好有人叫骂，或者是人人都骂。一些情形下，即便是人人都骂，往往比悄无声息要好。以湖南卫视为例，有关"马桶台""山寨台"的批评之声不绝于耳。然而，它在各种非议声中，收视率多年位于省级卫视第一的名次。

信息冗余的本质是人们传播技术进步和大脑进化停滞不前之间的矛盾。视听节目的营销必须以创新为关键力量，进而获取受众注意力。当前，电视剧面临剧烈的市场竞争，在吸引海量投资的同时，成功者了了。在此背景下，"炒作"成为普遍选择。从市场营销角度看，"炒作"绝非简单的贬义，是资本吸引受众注意力的策略。电视剧的炒作，往往紧紧围绕明星、绯闻、剧情展开，郭靖宇导演在《娘道》播出过程中就以批判收视率造假这样的话题成功赢得了关注，并为电视剧的收视率成功奠定基础。虽然这部电视剧在豆瓣上的评分低，但收视率、网络关注度都有不错的表现。如果说这是有意识的炒作、营销推广的话，它确实是一种极具创新性的手法：挑起行业乃至公众普遍关心的话题，引发人们对电视节目本身的讨论、争吵，进而成功为节目争取受众注意力。谴责收视率造假这样的问题，看似特立独行，实则不过是将广电总局自2016年已高度关注的问题再炒热而已，风险低而成功概率高。

2011年"禁娱令"后，网络在通俗文化、娱乐方面的相对优势，使其在制造名人、明星方面的力量爆发。波普艺术大师安迪·沃霍尔曾说，每个人都会成名15分钟。在网络时代，这已成为现实，从凤姐、芙蓉姐姐开始，网络炒红的名人越来越多，已有了专属称呼"网红"。从"蓝瘦香菇"、冯提莫、MC天佑，到papi酱、眉毛哥，越来越多的人因为团队包装或意外而一夜之间火遍大江南北。自《超级女声》后，竞技类选秀节目捧红了一批明星，例如李宇春、梁博、吴莫愁、吉克隽逸等。然而，随着电视节目收视率竞争的加剧和节目类型更新的需要，明星真人秀节目近几年兴起，电视节目捧红的新人简直到了"罕见"的程度。与此同时，爱奇艺《奇葩说》《偶像练习生》，腾讯的《创造101》等自制综艺节目捧红的新人则到了"众多"的程度。电视话语权的相对衰落和网络新媒体话语权的崛起可见一斑。

伴随网络话语权的崛起，电视节目营销推广必然需要重视网络端的操作。目前，湖南卫视、浙江卫视等一线省级卫视，高度重视其播出节目在网络平台上的推广，其中微博、微信、门户网站、重要论坛成为重要推广平台。网络是宽阔的海洋，在注意力营销方面已形成了一定的格局，众多电视频道将网络推广的重任交由专业的公司来运作。网络营销推广与电视节目传统时代"广而告之"的营销思路差异较大。传统媒体建立在二元主义对立思维下的营销观念，往往直奔电视节目的美誉度而去。随着网络时代的崛起，多元主义盛行，各种观念杂合，网络营销推广为了成功地吸引受众注意力，往往需要通过话题炒作，吸引人们讨论、争吵，从而不断推高电视节目的关注度。为此，专业的网络推广公司，不仅不会降低、删除目标电视节目的批评声，反而可能会组织人力、社交账号同时对营销目标进行夸赞和痛骂。正因如此，话题营销才越来越受到网络推广的重视。

第四节　节目策划书

电视节目策划需要形成节目策划书，通常还会制作与节目策划书相匹配的幻灯片（PTT）。节目策划书、PTT 必须建立在前期调研的基础上，如果闭门造车，将一堆看似与项目相关的文字、图表罗列在一起，无疑是误读了节目策划书和 PTT 的作用。为此，在节目策划书、PPT 形成前，必须有扎实、有效的前期调研。

一　前期调研

《舌尖上的中国》建立在大量前期调研的基础上。在确定分集主题前，《舌尖上的中国》做了丰富的调研，其中道理十分简单：中国幅员辽阔，好的食材、美味与故事散布，没有大量的调研必然不能按最佳的方案挑选节目素材。贸然前往拍摄，又可能一波三折，浪费经费。电视节目拍摄，一旦需要长途奔波，成本便会迅速上升，大量人员的住宿、交通费用以及专业设备的租借与保护都会增加开销。在此情况下，扎实、有效的前期调研可降低节目成本，提高节目制作效率。即便电视节目不需要长途奔波，在演播室内就可完成，前期调研也十分重要。演播室资源紧张，一旦安排好了录制时间，就需要在规定时间内尽快完成。

（一）纸面调研

所谓纸面调研，指的是节目策划人员对项目、题材相关的文字资料进行收集、挑选、分类后进行研究，为接下来的策划案撰写和节目制作提供决策准备。《舌尖上的中国》第一季的总导演任长箴，非常强调纸面调研，认为扎实的纸面调研在《舌尖上的中国》第一季的成功中发挥着重要作用。为了广泛获取资料，从图书馆到知网，再到淘宝上的各种旧杂志、报纸都是《舌尖上的中国》纸面调研阶段的材料。在获取大量的材料后，挑选、裁剪与题材相关的部分，按省份做出剪报，以满足节目策划的决策需要。

丰富的纸面调研，是高效率、低成本地深入了解题材、选题的关键步骤。生活经验、体验往往是形而下的，而智慧、体悟则常常是形而上的。电视节目的拍摄内容可以分为真实、虚构两类，真实的部分从生活中选取，虚构的部分依据生活改编而来。电视节目内容与生活紧密相关，从科幻类电视剧到美食节目都是如此。这里需要思考的一个严肃问题是：观众需要的电视节目与生活是什么样的关系？如果电视节目仅仅将人们目所能及的事物搬上荧屏，往往难以吸引观众。麦克卢汉说媒介是人体的延伸，他将人类的一切发明创造都视为媒介，继而认为：人类所有的发明创造都是为了拓展人体的功能，弥补人的不足。例如，人们发明汽车，弥补人类脚力、行动力不足。电视节目应该具有"人体的延伸"的功能，满足人们生产、生活中可望而不可即的梦想。

（二）实地调研

电视台在市场经济的环境下，必须充分考虑节目传播力、影响力，在各个环节体现经济效益与社会效益之间的平衡。电视节目实地调研应遵守以下原则。

第一，实地调研围绕节目的创作意图展开。《舌尖上的中国》第一季是进入 21 世纪后我国最为成功的纪录片之一，不仅在国内产生了轰动性的传播效果，在国际上也声名鹊起，成为我国传统文化通过电视节目"走出去"的经典案例。《舌尖上的中国》第一季共分七集，分别是《自然的馈赠》《主食的故事》《转化的灵感》《时间的味道》《厨房的秘密》《五味的调和》《我们的田野》。每一集都需要到全国多地取景。现代传播手段的丰富、交通的发达以及电视产业的繁荣，使《舌尖上的中国》可以做这样高成本的分集方式。《舌尖上的中国》在策划以及执行时，要求每一集有8至10个地域差别较大的故事填充，以在广度上代表中国人与美食、自然、社会之间的关系。为此，大量的实地调研不可避免，而人员的调度、天气情况、故事主人公的状态等各种因素，变成了节目成本控制的重要元素。第五集《厨房的秘密》拍摄了顺德村宴烤乳猪、新疆烤全羊、北京烤全羊、四川开水白菜、扬州大煮干丝、南昌瓦罐煨汤、云南香格里拉尼西蒸饭、昆明汽锅鸡、北京爆肚、北京狮子头、郑州蜜汁葫芦，并以一系列炒菜镜头结束，作为提升主题的手段。这一集的拍摄地，跨越大江南北，从北国风光到中华腹地、从吴地扬州到云贵高原，节目拍摄者所到之处只为了拍摄一两道美食，这样的行程安排，在21世纪前的中国电视业堪称奢侈。然而，在市场经济的背景下，《舌尖上的中国》在拍摄地挑选、安排、筹划的过程中，为了以点带面，通过归纳法向观众、世人展示美食背后中国人的文化和日常而做出这样的规划。

第二，实地调研应当依据节目实际拍摄需要设计。《舌尖上的中国》第一季第七集《我们的田野》展现的美食故事中，包含了北京屋顶种菜和相关美食，调研、拍摄各用3天，此后又在秋种、秋收时各花1天时间取景，再用1天时间拍摄秋天种下的蔬菜生长的镜头。《我们的田野》对大连獐子岛海下珍品采收、西藏日喀则青稞丰收的拍摄，为了压缩成本，将调研和拍摄连续完成。山东微山湖莲藕的相关故事，先经2天的前期调研，工作人员数月后在微山湖拍摄了采藕人寒冬劳作的情景，并在冬天来临前在北京圆明园拍摄了荷塘、莲子、荷花的部分镜头。在北京的拍摄，动用了摇臂，这些设备如果要搬运到山东微山湖或者节目组在当地租用，相应的制作费用便会大幅度提高。

第三，依据经费情况，合理设计前期调研的过程与规模。随着国家事业单位体制改革的推进，大部分电视台已成为自负盈亏的实体，不再完全依赖政府拨款。同时，我国电视节目制作逐渐从编导负责制向制片人负责制过渡。目前，除新闻节目以外，众多的电视节目产品按制片人负责制的形式运转。为此，节目前期策划、中期拍摄、后期制作和营销推广都需要建立在合理的成本预算的基础上。不同节目的成本差异巨大，前期调研的过程与规模必须建立在经费合理分配的基础上。《舌尖上的中国》作为国家级频道播出的重点纪录片，在前期调研时关注全国多地的情况十分必要。相反，如果是市级电视台、县级电视台播出的普通节目，相关制作经费当然会大幅下滑，而前期调研所着眼的对象、过程、规模就必须相应缩减。

二　节目策划书撰写

所谓电视节目策划书，又叫作电视节目策划案，指的是为了获得节目立项、制作、播出的许可、授权、经费而将节目创意、流程、内容、形式、宣传策略固定下来的文体。电视节目策划是创意集中的领域，与市场运作密切相关，实战性极强，因此节目策划书、节目策划文案绝非八股文，没有固定的格式可以遵循，一切以获得节目相关程序的立项、通过为目标。为此，不同类型、对象、传播环境下的电视节目策划书，存在巨大差异。虽然如此，作为电视节目创作过程中重要的文本，电视节目策划书存在一些基本的要求。

第一，无错别字，语法正确，格式合理。随着网络技术的推广，电子办公极为普遍，提笔忘字或者输入法的操作失误，导致文案中错别字频频现身。电视节目策划书多次修改后才能最终成型。如果出现错别字，节目策划书容易给人仓促写就、质量不高的感观。中英文标点符号虽然形状相似，但前者是全角符号，后者是半角符号。另外，页眉、注释格式、行间距、字体等需要整体规划，符合正式文体的要求。

第二，条理清晰、符合逻辑。电视节目策划书的说服对象是领导、电视台、投资方，因此电视节目策划书必须建立在条理清晰、符合逻辑的基础上。绝不能为了达到说服的目的而强词夺理、故弄玄虚，将基本逻辑置于不顾。合理的目录、分节方式是提高电视节目策划书条例清晰程度的重要手段，例如按节目生产流程的顺序来撰写策划书，使用 Word 文档对每一部分进行分节，然后各部分的名称放置在页眉上，起到随时提醒读者的作用。因果关系、时间线顺序、并列关系是电视节目策划书在组织文字过程中提升说理清晰度的重要手段。此外，演绎法、归纳法和图表在提高电视节目策划案可视度的同时，可以提高文字、结构的说服力和逻辑性，给阅读者留下好印象。

第三，包含核心创意、节目样式、创作团队、拍摄进程安排、营销推广等基本内容。电视节目策划书最基本的目的，是将节目的核心创意进行文字上的描述，并将创意变成现实的可能性、过程、规划进行展示。进入21 世纪十年后，《达人秀》《中国好声音》等一系列版权引进节目流行，使越来越多的人了解到节目制作宝典的存在。在前期策划过程中所产生的电视节目策划书，就是简略版的节目制作宝典。欧美电视界在节目制作过程中，原本并没有将节目内容、制作方法进行详尽的文字描述的习惯。随着经济全球化的崛起，越来越多的优质节目提供商倾向于将电视节目模板作为商品销售到全世界。贝塔斯曼传媒集团旗下的 Fremantal Media 公司是其中的佼佼者，是最早买卖电视节目模板的公司之一，将美国的游戏节目模式成功卖到世界上的众多国家，并最终导致新世纪前后真人秀节目模板买卖的浪潮。按各国版权法，电视节目模板并不享有版权保护。在欧洲早前的判例中，法官认为简单的电视节目策划案只是大致描述了节目的形式，不能获得知识产权保护。为此，众多优质电视节目的制片方、模式代理商为能获得版权保护，倾向于详尽描述节目的每一个环节，以期受到版权保护。版权引进节目详尽的制作宝典，就是繁复版的电视节目策划书。当然，随着网络平台的崛起和话语权的重新分配，电视节目策划书在众多情况下都会添加营销，特别是网络营销的内容。

第四，务实严谨、可执行度高。电视节目策划书切忌为了获得项目通过、达到说服的目的，就大吹大擂，许诺超越现实条件的创意。当前环境中，传播技术进步很快，1986 年版《西游记》艰难完成的特效、动作，借助今天的电脑合成技术和重型机械，可以简单地实现。然而，这并不意味着节目策划可以不考虑播出平台、经费预算规模的限制，随意许诺较高规格、较大支出的节目安排。2013 年《中国星跳跃》《星跳水立方》播出，这两档明星竞技类节目将专业运动项目以真人秀的方式呈现在荧屏上，并在节目宣传过程中频频将节目环节、明星参与和爱国主义的价值观相关联。2013 年 4 月 19 日，《中国星跳跃》的嘉宾明星释小龙的随行人员彭姓男子，溺亡于节目训练基地。一档室内竞技类节目，竟然导致了意外死亡的事故，完全违背节目初衷。据当时的媒体报道，这位去世的彭姓男子年仅 18 岁，当他独自在游泳池中时，现场人员的注意力都放在了明星和训练上，待众人注意到溺水事故时，为时已晚。这一事故不仅导致了这两档节目的整改，并导致类似节目创作望而却步。水上竞技类节目并不罕见，例如湖南卫视的《智勇大冲关》、浙江卫视的《冲关我最棒》、安徽卫视的《男生女生向前冲》等。在这些水上乐园节目中，泳池的水并不深，不能完全淹没站立的成人。然而，《中国星跳跃》《星跳水立方》使用的跳水元素，就决定了池中水深达几米，以便为跳水者提供足够的缓冲力量。江苏卫视的《星跳水立方》引进自德国，江苏卫视的《中国星跳跃》引自荷兰，在节目制作宝典的指导下，仍没有避免死亡事故的发生，引人深思。从节目成本、安全、投资回报、社会效益等多方面考虑，电视节目策划书必须脚踏实地。

第五，使用专业词汇，体现职业素养。再复杂的综艺节目或电视剧，也可以一句话描述。在好莱坞编剧行业中，编剧使用一句话描述新电视剧的创意是基本素质要求。美国黄金时间段播出的电视剧，有相当一部分由好莱坞电影机构的电视部门制作。这些电视剧每周播出一集，而最先想到电视剧核心创意的编剧拥有最高署名权。美剧中有大量涉及不同行业的剧集，专业词汇的规范使用极大地提高了电视公众的审美体验。电视剧本尚且如此，电视节目策划书更应该将新闻学、传播学、社会学、营销学等词汇、理论，融会贯通合理地体现在电视节目策划书中。如果电视节目策划书的创意很好，但通篇都是大白话，这样的团队很难驾驭高质量的电视节目。网络技术盛行，注意力营销已成为重要课题，大量病毒式营销的低俗内容轰炸人们的注意力。然而，成功的病毒式营销，无论内容本身有多俗，往往有精英团队的操作和优良推广方案的支持。垂直市场开发、分众传播、大数据、多屏互动以及古代的经典著作、现代的科学理论、政策条文、会议精神，如果合适、恰当的话皆可以体现在电视节目策划书中，以提高电视节目的审美品位和说服力。

三　配套的PPT

电子办公系统是当代人重要的工具，电视节目策划也不例外。为了获得电视节目项目的通过，电视节目策划不仅需要准备一份思维清晰、具备强大说服力的电视节目文案，还需要再制作一份与电视节目文案配套的幻灯片。

电视节目文案和配套的PPT在目的上都是为了帮助节目创意立项，在策略上、用途上略有差异。一般而言，电视节目文案需要逻辑清晰，可以用大量的文字展开复杂的阐释，用于投资方、电视台审阅，而PPT则用于演讲。为此，PPT不应该是电视节目文案目录的简单复制、粘贴，而应该服务于演讲的目的与过程。

基于电视节目文案和配套PPT在用途上的差异，电视节目文案应该相对严谨、朴实，而PPT则可以相对华丽。除Office办公软件中的PPT以外，国产的金山办公软件WPS也有不错的功能。"PPT美化大师"的插件，可以安装在 PPT 或者 WPS 中，为用户提供更多的幻灯片美化方案。近年来动态幻灯片软件兴起，例如 Focusky。它可以简单地制作华丽的幻灯片效果，切换方式、动画极具科技感。然而，创意、团队的实力才是电视节目策划的核心竞争力，过度华丽的幻灯片效果反而会给人华而不实、故弄玄虚之感，起到相反的效果。

第三章　电视娱乐现象

1997 年 1 月 1 日湖南卫视上星播出，同年播出《快乐大本营》《玫瑰之约》。1999 年湖南台首开地方电视台先河，公开竞卖广告资源，全国各地的广告商云集长沙竞标。《快乐大本营》《玫瑰之约》《还珠格格》引领了席卷全国的电视娱乐浪潮。《快乐大本营》播放之初，电视从业人员、研究者普遍认为它是电视业向市场规律回归的进步现象。对收视率和广告投资的追逐，是当时多家电视台参观、模仿《快乐大本营》的重要动力。此后，我国电视娱乐潮流愈演愈烈。在广电管理部门严格的管控下，电视娱乐潮流仍不断推进，这是当今电视节目生态中最为显著的现象，深刻地影响每一档节目的研发、改版。深入了解电视节目娱乐现象的动机，才能在节目策划中精准把握电视市场的动态需求。

第一节　景/奇观主义

1967 年，居伊·德波在《景观社会》一书中提出景观社会的理论，认为消费主义和传媒技术的发展造成社会的景观化，即人类交往活动的中介化和由此造成的媒介对真实的遮蔽。景观社会就是以视觉性媒介为中心的社会，人们以景观为中介来了解世界，以景观为中介来处理交往活动，而景观正是符号的堆积。早在 20 世纪 40 年代，法兰克福学派的霍克海默与阿多诺的《启蒙辩证法：哲学片段》就指出，资本主义的生产方式，特别是其中的广告和大众通俗文化，会使"作为意义载体"的语言降格为"失去质量的符号"。[①] 凯尔纳在《媒体奇观——当代美国社会文化透视》一书

---

① 梅琼林：《符号消费构建消费文化——浅论鲍德里亚的符号批判理论》，《学术论坛》2006 年第 2 期。

中，将居伊·德波的景观（景观、奇观是 spectacle 的不同译法）社会理论更加具象化了，从具体的媒体事件、社会现象入手，分析大众传媒利用视听符号过度表达事件的倾向，对当代政治、社会和生活的影响。凯尔纳分析了美国媒体对橄榄球超级杯总决赛的报道，认为"超级杯总决赛已超越了体育本身的意义，演变成为一场媒体文化奇观"①。凯尔纳研究视野中的"奇观（景观，spectacle）"，指的是超越事件本身意义的强力视觉、听觉表达。一些学者认为欧美发达国家已进入景观社会。在经济全球化，技术网络化、数据化的背景下，全球加速呈现鲜明的景观社会特点。景观主义、景观社会具有以下特征：以景观媒体为中介；世界成为看的对象；人与人关系的异化。

一　经济全球化与娱乐泛化

1445 年，德国人古登堡发明活字印刷机。古登堡利用葡萄榨汁机发明了活字印刷机，短时间内便产生巨大影响力。活字印刷机发明之初，大量印刷圣经。因为活字印刷机的介入，圣经印刷的成本在短时间内迅速下降。原来只有教会、教士才能接触的圣经，被越来越多的普通人所拥有。人们发现，天主教会对赎罪券等的解释与圣经毫无关联，越来越多的人对教会的所作所为表示不满和怀疑。

古登堡发明的印刷机起到承前启后的作用。所谓承前是借助其力量印刷的圣经等书籍、读物在帮助人们结束中世纪黑暗统治方面起到重要作用；所谓启后是指历史的发展促使古登堡发明的印刷机开启人类大众传播的时代。

活字印刷机的发明，为现代大众传播的开启准备了技术条件，而大航海时代的来临则为现代大众传播的诞生孕育了受众需求。距今两千年前，我国就有了类似报纸的手抄本读物《邸报》。敦煌莫高窟出土的大量文献资料，就包含了不少的邸报。邸报是封建时期，各地诸侯、官员驻扎在京城的势力，出于政治方面的利益，收集有关的政策、动向、流言等信息的纸质材料。公元 1041—1048 年，我国毕昇发明了活字印刷术，但并没有在古老的封建王朝中起到推动大众传播兴起的作用。作为新兴媒体，它缺乏

---

① 〔美〕道格拉斯·凯尔纳：《媒体奇观——当代美国社会文化透视》，安斌译，清华大学出版社，2003，第 28 页。

受众需求。哥伦布、麦哲伦开启的大航海时代，使人类对自己所处的星球有了全新的认识，经济发展和贸易往来突破原有地域的局限，欧洲沿海国家成为此事件中最大的赢家。大量的商品聚集于港口地区，信息成为资本，可以换来真金白银。例如，在高度繁忙的港口，商人、工人需要了解珠宝、香料等各种货物的到岸情况，以便从中盈利。于是，一些有经济头脑的人，便将这些信息搜集起来，贴在港口附近的小房子中，然后像电影院的票房那样，向人们索取门票后，供人们阅读。欧洲很早便建立起了完善的邮政系统。随着港口贸易的爆发式增长，越来越多的贵族、商人、中上层人士希望获得这些信息。于是，这些信息就被印刷出来，通过发达的邮政系统，分发到欧洲多地。借助古登堡活字印刷机的发明，类似报纸的印刷物出现。1493年，哥伦布发现新大陆的新闻便已印刷在罗马的报纸上。1609年，德国出现定期出版的周报。此后，伴随殖民经济的发展、工业大革命的推进，报纸、杂志等大众传媒迅速发展。

现代大众传播的起源过程，说明新兴媒体必须建立在两个基础上：第一，传播技术的革新；第二，受众的需求。这不仅能解释报纸、杂志的诞生，也解释了广播、电视的发展情况，并在新媒体时代仍行得通。当今社会，科学昌明，实验室诞生大量新技术、新发明，我国移动通信技术短时间内便经历了从2G、3G向4G、5G的过渡。然而，新媒体时代并不意味着只要技术够新就能获得优势地位。大众传播的历史证明，只有那些符合受众需求的技术，才能走出实验室，获得大规模商业化应用的未来。受众对媒介的需求，大致分为两类：信息和娱乐。在这两个维度上，越是能降低受众的费力程度，提高回报保证的媒体越受到大众的欢迎。

娱乐是人的本能。在前现代时期，有大量的游戏、技艺被发明出来，取悦于人。上到达官贵人，下到贩夫走卒，皆是享用娱乐活动的主体。

15世纪末地理大发现、中世纪的结束，标志着西方世界进入了现代社会。笛卡尔提出的二元对立主义，是理解现代精神内涵的重要渠道。笛卡尔认为理性是人最宝贵的精神，辅之以二元对立的观念，那么文艺复兴、启蒙运动、工业革命共同推动了现代主义精神的形成：科学、民主、自由、理性，其中科学、民主是自由、理性的基石。现代主义提出的这些理念，是在与中世纪教会严酷统治的斗争中产生的，因此中世纪与这些理念针锋相对，表现为封建迷信、威权统治、不自由、愚昧。前现代的娱乐是分散的、个人的，而现代的娱乐因为工业大革命形成的"大众"而成为群体性的、规模化、资本运营式的。

　　"大众"一词的形成，与工业大革命带来的大型工厂密切相关。在历史上臭名昭著的圈地运动，实际上使失地农民最终流失到新兴的工厂中，脱离原来的乡村社区环境，成为多、杂、散、匿的人群。他们拥有一定的收入，但在精神上孤立。这部分人群就有了集中的信息与娱乐需求。随着社会经济的发展，他们脱离了赤贫的身份，成为报刊销售的对象。便士报运动兴起后，他们成为大众传媒的核心受众群体，大众真正地崛起了。

　　1968年法国爆发了著名的五月风暴事件，战后出生的年轻人走上街头抗议消费主义，欧美发达国家抗拒资本主义、消费主义的观念兴起。德国的中产阶级在二战前，便已过上了相对比较富裕、安逸的生活，这在当时的欧洲富裕国家并不罕见。第二次世界大战给人类社会造成巨额损失，美国战后推动的马歇尔计划，使欧洲经济在短时间内得以恢复。从全球经济发展的角度考虑，马歇尔计划的成功对包括美国在内的全球各国有显著的正面影响，美国的商品、服务、理念在欧洲寻找到了庞大的市场，为资本主义生产带来了消费层面的成功，并最终形成良性循环。经历过二战艰难岁月的人，对资本主义带来的物质极大丰富的优渥生活，心存感激。然而，对二战以后出生的西欧年轻人而言，丰富的物质生活与生俱来，他们对获得物质生活需要经历的种种努力、痛苦，表现出强烈的反抗意识。五月风暴是法国青年首次明确反抗消费主义的大规模运动，走向街头的人以大学生、大学青年教师、年轻人为主，反对消费主义对人性的束缚，提出"宁可饥饿而死，也不愿意被消费主义所累"。现代主义的精神内涵是在与前现代抗争的过程中形成的。同理，后现代主义的精神内涵，与现代主义的二元对立针锋相对，提倡多元主义，寻求世界的多重可能性，例如在黑与白、是与非、男与女之间存在大量的中间过渡地带。在艺术追求方面，后现代主义的艺术创作深受马塞尔·杜尚的影响。

　　马塞尔·杜尚的艺术追求极具颠覆性，提出反艺术的理念，认为可用现成的物件作为艺术品。马塞尔·杜尚的艺术观念来源于对一战期间人们残酷互杀的深恶痛绝，具有极强的颠覆性和反抗性。他提倡"反艺术"理念，主张彻底颠覆西方传统艺术的一切法则，使用现成的物件作为艺术品。1917年，马塞尔·杜尚将买来的小便池当作名为"泉"的艺术品，在纽约独立美展公开展出，轰动西方文艺界。安迪·沃霍尔的波普艺术通过对现有符号的再加工，夸张展现人类社会的工业现实和由此而来的消费主义生活。因此，如果说现代主义精神下的娱乐，是为人们提供精神的放松与愉悦的话，那么后现代主义精神下的娱乐，是为人们证明世界的多重可能。例如波普艺术，就是通过使用现成的符号，展示世界的多重维度，玛丽莲·梦露、钱的符号都可以拥有多种展示方法。

大航海时代以来，资本的力量已成为十分重要的权力来源。它不仅推动了哥伦布发现美洲新大陆，也是今天以消费主义的潮流推动娱乐浪潮的力量。广电管理机构，面临汹涌的娱乐浪潮出台了众多政策，要求电视节目保持公益性、知识性、文化性。自 1997 年湖南卫视《快乐大本营》播出以来，我国电视荧屏仍呈现出清晰的娱乐程度加深的脉络特征。资本通过广告商的投资压力，将消费主义的影响力深深地注入了电视行业，并以收视率考核节目时段的投资价值。自 2011 年"限娱令"出台后，网络自制剧、综艺节目因为政策优势，以更加俗、娱乐的姿态吸引了众多的年轻网民。随着网络和智能手机的普及，愈来愈多的年轻群体被网络娱乐化的视听内容吸引。广电管理机构已加强对网络视听节目娱乐程度的管理。然而，相对于电视网的封闭性特征，网络是宽广的海洋，众多的机构和个人出于盈利、吸引注意力、广告营销的需要，纷纷提供未经审核的视听内容。例如，一些打着澳门赌场广告的小网站，用挂靠的方式提供丰富的视听内容，从好莱坞大片到正在播出的电视剧、网剧无所不包，以优质的内容和没有前置广告的优势，吸引网民。网络正在成为可以满足所有人群不同层次娱乐需要的神奇世界，它不应该是法外之地，但当前的监管尚不完善。网络多元主义的娱乐方式为电视行业带来巨大压力。

二 以景观媒体为中介的社会

2014 年 9 月 16 日，首都高校科学道德和学风建设宣讲教育报告会在人民大会堂举行，报告会从北京高校研究生一年级新生中邀请、挑选了优秀代表前来参会。国家科技最高奖获得者、92 岁之高龄的吴良镛先生，手持拐杖，在工作人员的搀扶下，缓步走上人民大会堂的讲台，并坚持站着发表主题为"志存高远，身体力行"的报告。主办方为了保护吴良镛先生，专门安排工作人员坐在吴良镛先生身后，以便吴良镛先生万一体力不支时，可以搀扶。这样一个文化盛事，主办方用心良苦，旨在鼓舞 6000 名在场的新生，乃至北京、全国的研究生，令他们受到前辈大师的感召，在学术研究的道路上勇敢前行。然而，令人心寒、气愤的是，现场众多的学生或者睡倒或者玩手机，认真听讲甚至保持礼貌者属于少数情况。《中国青年报》、"中青在线"报道此事后，舆论沸腾。人们普遍持有两种观点：一些年轻学生缺乏适当的教养；吴良镛先生的课堂演讲是不是不够精彩。

娱乐是人的本能。远古时期，人类就已开始用绘画、歌舞的形式进行祭祀和娱乐活动。国学大师王国维在《宋元戏曲史》中认为我国戏剧起源自上古时期的巫觋。西方学术界认为，西方戏剧起源自古希腊时期的祭祀。亚里士多德在《诗学》中认为，希腊悲剧起源于对酒神狄俄倪索斯的祭祀。后世研究推测，酒神祭祀时，人们在神庙前歌颂酒神狄俄倪索斯的伟大事迹，是悲剧的起源；酒神祭祀完成了在神庙前咏叹的环节后，围观的人们还要去参加游行活动以示庆祝，而这就是喜剧的起源。戏剧是古人获得娱乐审美的重要手段，中外戏剧皆起源自严肃的巫术、祭祀活动。从上古时期到封建社会，严肃的祭祀活动分离出了用以娱人的戏剧，在一定程度上反映社会生产力进步时，人们得以满足生存以外更为"奢侈"的欲望：娱乐。我国悠久而伟大的陆上、海上丝绸之路，除起到贸易的作用，还是文化交流的重要通道。唐朝时期，胡乐盛行，胡人的乐器沿着贸易往来的路线流传到中原地区。琵琶、二胡、唢呐皆是胡乐演奏的器具。唐朝乐府演奏的音乐中，除雅乐以外，俗部的音乐中胡乐占据优势地位。舞蹈中，胡舞十分流行，转圈圈的胡舞在朝廷上下深受喜爱。我国早就有"百伎"一词。现代的一些研究认为，宋朝是封建文化的集大成者，较之唐朝更加繁盛。宋朝俗文化盛行，都城不实行夜禁制度，百业旺盛、夜市繁荣，勾栏瓦肆上演歌舞、杂技、斗鸡等娱乐活动。娱乐文化伴随社会生产水平的提高越来越繁荣。

与娱乐是人的本能相反，学习在很大程度上违背人类本能，人们必须克服玩耍的本能欲望，才能真正地投入学习中。从这个角度看，当今的网络流行词"学霸"描述的是在压抑、克服、控制玩耍本能方面，能力比较突出的一群人。在国际上拥有广泛影响的钢琴演奏艺术家郎朗，在诸多场合曾表示，虽然他自己确实深深喜爱钢琴演奏，但在未成年的时候，仍因为练习的艰苦、枯燥而懈怠，想要放弃。他的父母曾强制他练习，甚至暴力相加。人类之所以直立行走，成为高级动物，最终获得更强的大脑，绝非出于喜好或天生志向高远。相反，生物学、社会学、历史学家倾向于认为，地球气候变化，树上能获得的食物不足，才使一部分古猿类从树上来到地面，以获得更多的食物。以此为源头，人在与自然界漫长的搏斗中，学会了直立行走、使用工具、语言沟通，并最终创造了如今辉煌的文明世界。人类的历史和个体的成败都证明，向上发展、认真学习往往是被逼迫的结果，而玩耍则很简单，只需要"放纵自我"就可以了。"放纵自我"一词，本身就说明了人类本能抗拒向上、学习的本能。

　　课堂、学习需要压抑本能，而娱乐、玩耍则是人的天性。课堂的职责是传道、授业、解惑，永远不可能像郭德纲相声专场、好莱坞科幻大片、《吐槽大会》、《延禧攻略》那样引人入胜。因此，人们不应该轻率地将演讲效果的不佳，简单、直接地归咎于"不精彩"。段子纷飞的绝不会是课堂，也不应该是课堂。学习、课堂教学要按逻辑次序展开，探讨各种理论、知识、公式。将演讲效果不佳归咎于部分参与者的涵养，可能忽略了当前传媒生态中人们在生活、学习、工作中遭遇的普遍诱惑：真实世界太苍白、无聊，屏幕后的精彩世界时刻召唤人们。

　　与真实世界相比，屏幕里的拟态世界竞争激烈，越来越擅长视听刺激，相形见绌的不仅是课堂、演讲、大师，而是整个真实世界。在今天的传媒生态中，多屏互动是不能忽略的传媒现实。不仅电视等传统媒体出于生存的需要，积极地转型，以期在社会效益、经济效益，文化价值与受众注意力价值之间做好平衡，就连新兴的网络媒体都面临复杂、竞争激烈的生存环境。1993年，美国军方放开互联网的军事管制后，以美国为代表的西方发达国家，出现了大量与电脑、数字技术、互联网相关的行业。这些行业被认为代表了人类的未来，短时间内经历高度繁荣，并于2000年产生了严重的行业泡沫，最终导致在纳斯达克上市的众多相关企业的股票一夜间崩盘。当前，我们看到的网络繁荣，已是经历过一次毁灭性打击后的第二波成功了。无论是视频门户网站、社交应用还是网络直播平台，只要具备市场潜质，无不是在短时间内便吸引大量的投资、创业者，众多网站一夜之间就会崛起。在受众注意力稀缺的时代背景下，在巨额投资的回报期望的推动下，其中的竞争压力可想而知。这共同造成了一个趋势：屏幕背后拟态的符号世界在激烈的竞争下，越来越引人入胜，而现实世界的苍白、无力、无聊则越来越令大众无法忍耐。越来越多的人在工作、学习、生活中忍不住想要偷看智能手机，获取娱乐。

三　世界成为看的对象

　　人不能像神话中的上帝那样全知全能，导致了当代的一个普遍事实：

人们对世界的感知，与事物发生距离无关，与传媒构成的符号世界紧密相关。一件发生在附近的事情，因为没有进入媒介的视野，人们便难以知晓。然而，发生在地球另一端的事情，因为获得了媒介的关注，人们不仅能及时追踪动态，还能参与互动。今天，众多人沉迷于智能手机，导致发生在眼前乃至脚下的事情都无暇顾及，盯着手机行走在路上的人越来越多。目前，虚拟现实技术已在利润颇丰的游戏、直播行业得到部分应用。随着技术的进步，互联网、虚拟现实技术全面进入生活，人们将何等的痴迷。

景观社会中，视觉系的媒介占据人们工作、生活、学习的中心地位，世界成为观看的对象，而不是需要亲身体验的目标。今天的人们，借助传统媒体、新媒体、自媒体的帮助，看似对世界无所不知，实际上那些皆是虚幻。众多人并没有从中获得更多的知识与力量，不过是排解孤独、寂寞、无聊的情绪而已。欧美曾提出一种观点，认为长期、高强度收看电视的人是"沙发上的土豆"。它指的是一个人像沙发上的土豆一样，一动不动，久而久之不仅体型越来越圆，而且因为缺乏真实的社交生活和交往行动变得孤独。今天，即便现实生活中有挫折、社交障碍的人，在丰富的、多元主义的网络世界中总能找到归属感。这导致人们倾向于沉迷网络，逃避现实生活，并进而导致现实生活中相关问题的恶化，从而对网络世界产生更高强度的沉迷，形成恶性循环。

德国思想家、艺术评论家本雅明（Walter Benjamin），在《机械复制时代的艺术品》中认为，机械复制出来的电影、电视、照片正在把世界变成人们"消遣"的对象。这些具有强烈复制特征的大众艺术，缺乏手工制作时代艺术品的"韵味"。本雅明认为，机械复制艺术的出现，使人类艺术活动在现代工业社会中发生了一系列替变，即由有韵味艺术转变成机械复制艺术，由艺术的膜拜价值转向展示价值，由美的艺术转变成审美的艺术，由对艺术品的凝视专注式接受转向消遣性接受。到底什么是韵味呢？本雅明所说的前复制时代的艺术，主要是指具有膜拜价值、仪式感的艺术，从古代的巫术工具到近代的油画都包含其中。对于本雅明而言，机械复制时代，大众文化建立在复制的基础上，电影拍出来就是为了能复制，然后卖拷贝。不仅如此，复制的越多，意味着它越具有注意力价值，从而形成话题效应，进一步汇聚更多的注意力。复制，在当今的大众传媒环境中是成功的关键和能力的标志，一部电视剧卖的拷贝越多越成功，也会吸引更多的受众参与。当大家见面就聊"你看《甄嬛传》了吗",就会吸引更多尚未观看的人参与其中,以免错过了这个话题,显得不合时宜。"我"为什么要看,看了对"我"的生活有什么帮助?但关键是,看了可能只是打发时间,不看就会被排斥在热门话题外。这就是机械复制时代,复制的强大力量,它裹挟着从众心理,在社会中起到重要作用。

2014年7月13日,英国《独立报》刊发的一组照片激起公愤,这组照片显示当以色列和哈马斯武装在加沙地带交战时,以色列的一些居民在山顶观战、叫好。从景观社会的角度看,这组照片简直就是对社会景观化现状的精妙注脚。第一,在这组照片中,正在拍照的智能手机多次出现,反映了媒介景观对人类社会的深度干预:即便是冒着生命危险在山顶围观导弹爆炸,人们仍不忘记及时拍照留念,把照片上传社交网站,仿佛不拍照就好像没有经历过一般。第二,居伊·德波认为景观社会最大的危害是造成了疏离,即人与人之间的疏离和人与现实世界的疏离。显然,这是人类的交往活动被系统化的中介接管后的自然结果,然而居伊·德波所指的疏离不仅包含物理层面,更包含了心理层面。景观不是图像的聚集,而是以图像为中介的人与人之间的社会关系。在《独立报》发表的以色列人观赏轰炸加沙的照片中,如果说被举起的智能手机反映了人类交往活动的中介化现实的话,那么人们高高翘起的二郎腿、大声叫好的兴奋姿态则反映了人们心理的疏离,反映了人们对战争残酷性和他人生死的冷漠。2017年11月,一段老人、小孩遭大狗撕咬的视频在网上流传。相关舆论交锋激烈,既有大量网民谴责拍摄者选择先拍再救人的冷血,又有海量民众支持拍摄者,认为其做到了冷静地"拍照取证"。

随着传媒技术的发展和虚拟社交技术的兴盛,在虚拟现实世界中获得喝彩成为人们的重要追求。就像部落时代,男人在捕猎活动中展现猎杀的实力就会获得部落的尊重和歌颂那样。今天,在网络这样一个联通全世界的部落中,获得喝彩、关注是许多人的动力。2017年12月8日,在我国社交平台上活跃的所谓"国内极限运动第一人"吴咏宁,在拍摄高危动作时失手坠亡。他去世第二天,才被人们发现。此后,网络上流传吴咏宁生命最后时刻的视频。从视频可以看到,他先是架设好了DV,用以拍摄,然后走到高楼的边缘部分为高危动作做防滑准备。坠落前,他悬坠于空中,紧靠手部力量固定下来。或许由于疲惫、防滑处理不当,吴咏宁在镜头中挣扎了一会儿,并发出像是嘶吼又像是哭泣的声音,最后无奈放弃,从画面中滑落出去。事件、视频导致网络舆论的大讨论，更多的相关细节令人震惊。当今网络世界中，有众多类似吴咏宁这样依靠"勇敢"打拼名气的人。他们纷纷通过展示威胁生命的各种举动、运动，获得网民的赞赏。如能成功博得注意，便会获得一些商业赞助。一些想要通过网络炒作获得网络知名度的商家会指定他们参与一些活动，进而获得利益。这意味着，他们的盈利方式实际上就像传统时代的电视节目、都市报那样，虽然很难直接从受众端获得收益，但通过对观众注意力的二次贩卖便可以获得经济回报。然而，事情远没有想象中的那么容易。吴咏宁作为其中的佼佼者，收入并不高，且不稳定，在众多时候远比不上他原来打工时的收入。然而，在社交网站上通过展示高危运动的图像，他在虚拟世界收获了远比打工收入更令人痴迷的赞美和叫好声。一个人愿意为网络世界的喝彩付出多少呢？人们为了拍摄惊人的照片、视频而不幸去世的新闻越来越多，例如 2018 年 10 月巴拿马的一个 27 岁女性，因为在手机自拍时身体过度倾斜，不幸坠落去世。

今天的世界，人们面临的不仅是较之真实世界越来越好看、越来越精彩的符号世界，也面临在虚拟世界中远比在真实生活中更加好看、精彩、成功的自身。人们沉迷于观看虚拟世界，导致真实世界成为看的对象的直接后果便是，知识性、文化性、严肃的内容在大众传媒中的生存越来越困难。

四　人与人关系的异化

马克思认为，资本主义使社会围绕"生产"而非人的"需求"展开，导致作为商品的劳动产品，成为与劳动者相对立的异己力量：物欲控制了人，绑架了人的理性。居伊·德波从二战后欧美发达国家的生产、消费现状出发，认为景观不是影像的聚集，而是以影像为中介的人们之间的社会关系。

沉溺于网络社交，导致人们对真实的交往深感索然寡味。进入 21 世纪十年后，媒体注意到了一些社会交往中的怪象：聚会时，众多人围坐一起，却人手捧着一部手机，大家各玩各的，而不是把时间花费在与亲朋聊天上。交往、沟通是人们与世界产生关联的重要方式。当网民刚刚知道日本"宅男""宅女"的时候，众多人抱有取笑的态度。随着网络在我国的普及，越来越多的人压缩自己在真实世界的交往活动，把更多的时间和精力放在网络上，"宅男""宅女"这样的词汇逐渐被用来自我嘲解。威廉·吉布森作为美国知名的科幻小说家，深刻影响了后来的好莱坞科幻电影的创作。在描绘未来图景的科幻电影中，我国网民、观影人士频频在豆瓣、视频弹幕中表示不解：为什么有关高科技未来的幻想中，总是伴随人们痴迷于毒品的描绘。从景观社会的角度看，它很容易被解释。按目前的演进速度，虚拟的符号世界、数字世界必定在更强视听刺激方面越来越强大，这会持续加深众人对现实世界的失望，而毒品就成了这些科幻电影中"堕落的人类"解脱痛苦的方法：用毒品振奋现实世界中的肉身。

对真实交往行为的疏远，导致人们在现实生活中变得冷漠、无情。2018年6月，甘肃庆阳市一名高中女生欲在一家百货大楼跳楼自杀。很快，警察、消防官兵赶到现场并设法营救。楼下围观的部分看客表现出极为丑陋的举止。一些人不甘心等待，在楼下大喊大叫，骂姑娘演戏耽误他们"宝贵"的时间，喊话轻生的女生"快点跳"。女生跳楼瞬间，消防战士拽住了女生的手，然而女生掰开了消防战士的手，对拉住她的消防战士说："哥，谢谢你，我走了。"这位战士眼看着女生坠落而亡，趴在楼边哭得撕心裂肺。楼下看热闹的人，不仅纷纷将这番"热闹"上传至社交平台，还有一些人开网络直播。看客的冷漠、无情令人不齿。事后，这位姑娘的遗书广为流传。2016年时她不幸被禽兽老师猥亵，患上抑郁症，在与抑郁症抗争三年，决定跳楼时，又遇到了一批不良之人在楼下围观、起哄。这位不幸的姑娘去世前的深深失望、绝望，他人难以想象。类似此事件中"损人不利己"的丑陋现象，随着网络社交的繁荣频频出现。仅仅是跳楼事件中，围观者举着手机大喊"快跳"的新闻便已多次出现。在现实世界中，那些叫嚣着让轻生者快点跳楼的围观者，确实不会因为别人的死亡而获利。然而，在虚拟世界中情况大不相同。相关的视频、图片，因为包含了血腥、暴力、死亡的元素，很容易在网络社交中获得他人的注意力。有些人将这样的现象斥为"丑陋的中国人"，并联想到鲁迅弃医从文的原因，甚至还联想到谭嗣同慷慨赴死时围观人群蘸血馒头的愚昧。甘肃庆阳自杀事件中围观者与日俄战争中被砍头的中国人群、等着谭嗣同赴死后抢血的人群完全不同，后者是无知带来的麻木和愚昧，而前者实属消息灵通的残暴。将网络上的野心折射为现实世界的残暴、无情，为了朋友圈的点赞数量，就怂恿别人自戕的行为，集中体现了现实世界中人与人关系的异化。

第二节　电视为什么要娱乐化

娱乐是电视功能的一部分，但直到 21 世纪初我国电视节目才出现较为突出的娱乐化趋势。新旧之分，不仅是媒体发明、普及时间先后的一个标志性称谓，也是区别竞争地位、态势的重要信号。电视，作为传统媒体中相对最"新"的媒体，在可看度方面一度占尽优势。建立在传播技术革新基础上的新媒体，如今正在重演电视曾经的强势。在诞生之初，广播、电视都是即将引发人类信息传播革命的"新媒体"。时至今日，它们与报纸、杂志一起，被称为"传统媒体"。新媒体对受众注意力、广告资源和市场份额愈演愈烈的争夺，是电视娱乐化现象不断加剧的重要原因。

一　电视娱乐的"问题"化

学者、专家对"传统媒体"的研究可谓汗牛充栋。人们对以电视综艺节目为典型样本的电视娱乐化的担忧却是新近发生的事情。

（一）娱乐是电视功能的一部分

1920 年 11 月 2 日，美国匹兹堡的一家电台正式开播，第一个节目便是总统竞选结果的新闻，这标志着广播的诞生。1936 年 11 月 2 日，英国广播公司通过电视台播出歌舞节目，成为电视正式诞生的标志。电视在诞生之初，是综艺节目、电视剧的舞台。时至今日，世界上第一家电视台"BBC ONE"仍以播放轻松的肥皂剧、戏剧、综艺节目为主。

1953 年，新成立的中华人民共和国派出十名技术人员，到捷克斯洛伐克学习电视技术。1958 年 5 月 1 日，北京电视台（中央电视台前身）作为我国第一家电视台，试验播出。当晚播出的节目包括：新闻《工业先进生产者和农业合作社主任庆祝"五一"节座谈》；纪录片《到农村去》；诗朗诵《工厂里来了三个姑娘》《大跃进的号角》；舞蹈《四小天鹅舞》《牧童与村姑》《春江花月夜》；科教题材电影《电视》。中央电视台第一天试播的节目单，既包括新闻、纪录片、科教节目，又有舞蹈、诗朗诵和电影。电视自在我国出现之日起，便肩负着舆论宣传和丰富人们生活的双重任务。

一般而言，四大传统媒体被普遍认为在传播形态、手法、优势、劣势方面各有千秋。在以网络技术为核心的新媒体出现前，电视是最擅长生动、形象的大众媒介，它通俗易懂、活灵活现。无论是世界上首家电视台——英国广播公司一台（BBC ONE），还是我国首家电视台——中央电视台，在播出之初就包含有综艺节目的成分。在一定程度上，综艺节目可谓电视的伴生物，只传播新闻、思想、价值观，而没有电视剧、电影、综艺节目的电视是对电视自有价值的偏离。

（二）　电视娱乐程度的提升和随之而来的担忧

近年来，随着收视市场竞争的加剧，电视节目不断创新，电视事业不断进步。观众，作为电视节目的服务对象，既是电视竞争加剧的受益者，也是利益受损害者，电视节目更好看了，但电视娱乐化的现象却引发了一些担忧。无论是广电管理部门的"限娱令"，还是普通观众对"低俗"电视的抱怨，都是此担忧的表现。

电视娱乐化是电视节目文化取向、结构功能转变过程中的一个表征，即硬新闻传播功能的下降，宣传功能的隐形化和娱乐功能的强化。对硬新闻播报的及时、准确、声像兼备、视听互补，是电视的传统优势。在传统的新闻报道工作中，无论是通讯社、电视台还是报纸、广播，都追求时效性，把抢发重大新闻事件的首条新闻作为极高的荣誉和实力的象征。随着自媒体的快速普及，时效性已渐成草根媒体平台的核心优势。包括电视在内的传统媒体，在重大、突发事件的报道上的优势正在被网络所挑战。出于竞争的需要，电视不得不强化娱乐成分，试图通过诉诸受众娱乐本能，挽回流失的受众注意力。

当前，对电视的娱乐化现象的或褒或贬，往往是建立在一定的预设前提下的静态分析：批评者认为电视应像过去那样引导舆论或以严肃态度传播信息；赞同者认为收视率是其他传播功能实现的基础，而娱乐化则正是保障收视率的工具，这种思想一言以蔽之则是"寓教于乐"。这两种态度在一定程度上是具有相同的判断：电视的娱乐化或者去娱乐化掌握在电视节目制作、频道经营、管理者手中。换言之，要么通过教育、规劝从业者，要么通过行政命令，便可把控电视娱乐化的程度。人，具有主观能动性，能认识并改造客观世界。然而，人的主观能动性却要受到客观物质环境的制约，不能为所欲为。对于人类整体而言尚且如此，对于行业的从业人员而言，又如何呢？电视行业中的个体、组织、团队，在电视娱乐化方面确实是有主观能动性，然而，他们是不是就可以全盘操控这一切呢？广电管理部门是不是就可以通过限制电视从业人员的职务行为，从而控制电视娱乐化的程度呢？

对电视娱乐化的现象，无论是赞同、批评还是持中立态度者，往往有相同之处：视之为节目经营、管理层面的问题。然而，依据马克思主义政治经济学原理，经济基础决定上层建筑，上层建筑的变化不应该仅仅被视为其中从业人员的素质、喜好的结果。电视，作为媒体行业的重要部分，既属于上层建筑，又具有信息产业的性质。电视文化取向的变化是一系列复杂因素累积、叠加的结果，仅仅视之为频道管理者、节目制作者的盈利冲动，难以认清电视娱乐化背后的真正动因，也难以提出合理、恰当的引导措施。

二 娱乐化：电视与新媒体争夺资源的策略

新媒体的发展，带来了平台、内容、渠道、终端权力的重新调整。对电视台而言，在传播环境发生重大变化的当下，最好致力于控制终端，其次是控制内容，再次是提供内容。控制终端，意味着坐拥海量受众注意力。

电视步入大众生活之初，人们对这种新事物充满了好奇、喜悦和满足。随着时间的流逝，人们对电视的感情发生变化，渐渐不再对交流"感"满意，而是渴求真正的交流；不再对写信、打电话到电视台感到满意，而是需要实时表达，需要及时地与节目制作方、播出方或其他观众进行交流；不再满足于"他播我看"的方式，而是希望能按意愿点播。从现有的特征看，网络新媒体满足了上述所有"幻想"。在一定程度上可以认为，新媒体满足的正是从电视、电影、广播等传统媒体中生发出来的受众需求。不仅如此，那种曾在电视机前、电影院里被充分鼓舞的自恋精神和情感投射，如今，通过微博、微信、朋友圈、网络评论等方式被广泛地以视听符号的形式释放出来。

人类传播的历史，具有连续性。没有电视的充分发展，无法想象人类会从印刷传播时代直接进入网络发达的阶段。电视作为传统大众媒介中最生动形象、深受大众喜爱的一员，其思维方式、发展愿景，在获得数字技术的充分支持后，经由网络的帮助，成为民粹式的狂欢，并借助新媒体的渠道传播。新媒体承载的优质视频具有即时互动、可移动性、超文本、便捷检索、全样本收视率调查、云点播等功能，符合受众的传播需要。

电视区别于广播、杂志、报纸的核心特征在于其"好看"。面对以网络为基础的新视频媒体的市场争夺,电视不得不努力将"好看"发挥到极致。《中国好声音》的制作,动用了大量的资金、人力,其庞大的制作团队和数量众多的摄像机,使综艺节目进入了"大片混战时代"。视听盛宴成为电视节目争夺收视率的法宝,电视所营造的拟态世界越来越好看。随着数字技术的发展,电视在绝对值上虽然越来越"好看"了,但在相对值上却遇到了强大的竞争对手:诸多新媒体既"好看",又支持移动传播、大数据等。新媒体的大数据可以提供准确的千人成本。不仅如此,新媒体往往拥有更加灵活、多样的广告样式和付费形式,在广告价值方面,形成对电视的强大压力。

电视的商业运作模式强调广告收入,广告的收入依赖收视率。每个商业广告背后都隐藏着寻求回报的资本,通过收视率、千人成本、市场细分等手段寻求广告利益的最大化。这些寻求广告利益最大化的手段,最终以资金的投入或不投入的选择,影响电视节目的制作和电视频道的管理。对我国的卫视频道而言,其13亿人的理论受众,可以带来庞大的广告收益,也可以带来巨大的运营压力:钱被竞争对手赚走。

便士报运动发生在19世纪30年代。低俗小报、黄色新闻至少在近200年前就颇受人们欢迎。今天,电视的娱乐化转向和网络新媒体狂欢所依赖的受众基础,和便士报运动相同,即人们希望通过大众传媒解闷、排解无聊的心理需求。争相为大众解闷的媒体,呈现娱乐化加强的状态:如果我比人家平淡,我就会被市场淘汰。为受众提供比生活更为平淡的拟态世界是不受欢迎的,通过符号加强刺激,提供比生活更精彩的拟态世界是诸多媒体吸引受众的必然选择。

移动智能终端兴起后,视频网站不断发展,建立了相对完善的节目购买、制作机制和广告销售机制。多屏互动的环境为湖南卫视带来"福音"。过去,湖南卫视的娱乐内容饱受争议。如今,更为娱乐的网络视听内容,使湖南卫视显得不那么"极端"了,因而批评声有所分散。不仅如此,随着时间的推移,网络、智能终端吸引越来越多的受众注意力,电视在大众传播领域多年来的强势地位受到挑战,娱乐类综艺节目在收视率方面的佳绩,为电视应对新媒体的挑战提供了新的思路。

投资把广告商的营利冲动转变为节目的营利冲动,再内化为电视从业者的营利冲动。当前一些电视从业者,在推动电视娱乐化转向方面的"不用扬鞭自奋蹄"，是钱的力量所致。这是市场经济发展到产品过剩阶段和传播生态进入新媒体层出不穷阶段后的结果，电视从业者的职业行为所推动的电视娱乐化转向，虽然包含着浓重的个人利益成分，却是复杂经济现象、新型社会关系在个人层面上的表征。"人在江湖，身不由己"的说法也适用于电视从业者，仅仅通过调控电视从业者的职务行为和电视节目、频道的经营策略难以改变电视娱乐化转向。

娱乐化是电视应对市场激烈竞争的一种反应，这种反应对电视台、电视频道、节目制作方而言有益，即更高的收视率、更多的收益。那么，这种反应在电视行业的宏观层面具有怎样的指向呢？显然，娱乐化的电视旨在提高其产品的受众吸引力，围绕着"内容"做文章。通过内容的娱乐化，电视试图提高播出平台（电视频道）的吸引力，进而对终端（电视机）的魅力产生干预。

对电视娱乐低俗、庸俗、恶俗的指责，包含着对严肃电视的认可和对电视娱乐化的不适应。新媒体的出现，意味着包括电视在内的视频类媒体在市场份额、话语权、吸引力方面的重新洗牌。电视在未来的视频市场中，占据什么样的地位，具有何种传播优势，既取决于新媒体的发展情况，也取决于电视自身的经营战略。

第三节　电视盈利模式的可能性

在互联网时代，一些原本成熟的盈利模式面临免费模式的挑战。对于我国的公共电视频道而言，"免费"原本就是其赖以生存的重要模式。然而，互联网的免费模式与电视的免费模式存在较大不同。目前，我国电视行业中，存在两种截然相反的盈利模式：制播分离模式和全产业链模式。

一　互联网的免费模式

如果用"免费"来总结互联网经济在我国的发展情况的话，未免有些武断、不实之处，但符合大部分情况。自互联网走进大众的生活后，它不仅满足了人们即时互动的诉求，也是实践视听内容新盈利模式的场地。

（一）与公共电视频道相同：免费的内容

在我国，付费频道的受众规模远小于公共频道。在社会中广有影响力的热播节目，往往由公共频道播出，这些数量众多的公共频道如何盈利？二次售卖。二次售卖理念所导致的免费，正是电视台和爱奇艺网站在受众端的相同之处。虽然一些高清数字频道和爱奇艺 VIP 资源都需要用户付费，但电视台和爱奇艺提供的大部分内容都是免费的。

大部分广播、电视频道免费播出，二次售卖自传统大众传播时代就已成熟，但互联网极大地扩大了这一经营手法的使用范围。在网络上，海量的内容不收费，这与我国知识产权保护意识还有待发展有关，但也和人们一直以来的传媒使用习惯相关。在互联网产生广泛影响前，二次售卖的经营方式在我国广电事业中非常成熟。打开电视机，数十个频道供人们选择，每天提供大量的电视节目，但不向观众收费。有线数字用户虽然每年都要缴纳一些收视费，但这部分费用极低，只能供电视网的日常运营之用，并不能为电视台带来可观的收入，以维持节目的运营。电视台在为受众提供节目时，承担巨额亏损，这部分亏损在二次售卖时有机会转为盈利。这里的二次售卖指将受众注意力、广告时间销售给广告商。

网络今天的免费模式不就是广电事业一直以来实践着的模式吗？然而，免费的网络和免费的电视相比大有不同，因为前者是一个开放的、可及时应答的系统，在提供更多内容的同时，有更友好、便利的传播姿态。互联网，作为一个开放而大部分内容免费的系统，对电视形成了强大的压力。目前，电视节目市场竞争激烈，大投资的综艺节目更是群雄逐鹿，例如《朗读者》《欢乐中国人》《王牌对王牌》《神奇的孩子》《欢乐喜剧人》《奔跑吧》《中国新歌声》等。与此同时，网络平台的自制综艺节目也层出不穷，例如《奇葩说》《吐槽大会》《我们是真正的朋友》等。

（二）　与公共电视频道相异：免费的平台

网络的免费模式，不局限于内容，在平台方面往往也是如此。自媒体在优酷、土豆上发布视频时，免费；在淘宝上开网店时，免费。免费的平台，在相当程度上是网络盈利方式之一。报纸、杂志、广播、电视同为内容平台，人们如果想要发布内容，往往会受到严格的限制，大量的从业者负责对内容的控制、管理和审查，以确保该封闭系统的内容质量。对普通人而言，自己的内容如被传统媒体采用，往往还有稿费可收；对广告商而言，则需付费。在互联网中，自媒体内容受到的审查相对少了许多。随着互联网经济的发展，自媒体有了新的盈利方法：打赏。起点中文网、天涯、微博等网站都启用了"打赏"的做法，读者看到精彩内容，除可以点

"赞"，还可按意愿用虚拟货币、数字货币打赏作者。网络平台免费向大众开放，这在促进自媒体狂欢的同时，可能会使优质内容的提供者没有获得相应的鼓励，从而不能形成良性循环，打赏机制有力地改变这一点，可谓免费网络平台在经营方面的重要探索。对网络内容平台而言，免费模式、打赏机制有利于提高平台内容的质量和平台社交活跃度。对于网络购物平台而言，免费模式相对于传统的做法，可谓极大的创新。淘宝免费向店家开放，赚钱的渠道主要来自广告、排序等。百度也是如此，作为互联网海洋上的旗舰，竞价排名为其带来大量收益。传统媒体的广告运营模式受到严峻挑战。

总体而言，互联网引人注目的免费方式，大致分为两种，即内容免费、平台免费，前者在传统大众媒体时代便已司空见惯，而后者则是互联网时代极大的创新。

二 电视广告吸引力的变化

"新媒介"冲击现代生活的各个方面，引发文化、社会和经济变革。无论是传统传播环境还是互联网时代，广告商总是需要付钱给平台经营者。层出不穷的新媒体增加了广告的播放平台，从而在很大程度上降低了传统媒体的议价能力，提高了广告商对大众传媒的影响力。单独的一家企业，即使是拥有庞大的规模和海量的广告投入，也难以撼动传媒产业，但所有投放广告的行业加在一起，就是一股庞大的力量，对传统传媒行业的经营造成极大的压力，对媒体的兴衰起到重要作用。对企业化运作的媒体而言，广告价值是其重要的经营领域。总体而言，互联网广告基于大数据技术的精确传播能力，极大地提高了广告商投资行为的科学性。

传统大众媒体广告的播放基于内容，而互联网广告则可以基于行为。电视广告的播放附着在内容上，这主要由电视符号稍纵即逝的特点决定，电视观众可以有效地回避广告：上厕所、换频道。互联网的广告既可以附着在内容上，也可以附着在行为上，前者如视频播放前的广告，后者如打开网页时跳出的广告。基于大数据设定的广告，兼具行为附着和内容附着的特点，用户打开一些常用网站时，此前的浏览行为与现时播放的广告具有关联，而这个关联是由广告商、网站共同搭建。这种做法显著提高了广告投放的精确性。一些有线电视通道商，例如歌华有线，和广告公司合作，推出针对受众行为的广告，例如北京地区观众换频道时，可能就会有一条数秒钟的广告出现，这种基于数字技术的广告投放，丰富了电视广告的样态，但从另一个角度看，这未免不是互联网思维对电视的影响。

三　制播分离模式与全产业链模式

兼做产业链上、中、下游，提供综合服务、业务的企业，在网络上风生水起。我国计划经济时期，大型国有企业往往具有这样的特征，在横向上为职工提供综合性的服务，例如子女就学、医院、粮油店；在纵向上业务涵盖其所从事行业的上、中、下游。电视台在我国诞生后的相当长的时间内，掌握了采编播的全部流程。20世纪90年代末期，制播分离的理念传入我国。广播、电视往往会尝试制播分离，而报纸、杂志在此方面则相对比较"淡然"，原因主要是广播、电视播出平台的容量比报纸、杂志要大得多，实行制播分离，通过节目采购的方式控制内容，可以提高其频道播出的节目质量。制播分离，进一步细化了电视节目生产、播出的链条，通过采购机制，可以提高制片公司的专业化程度。然而，随着数字技术的发展，网络带来了后现代主义的内爆式经营模式，电视节目产业链的业务区隔消失，拥有全产业链的企业，往往更具优势。歌华有线公司是北京地区极为成功的有线电视通道商，拥有可观的营业收入，可以触及该地区大量的电视观众。近年来，该公司在运营上闪转腾挪，尝试与多家内容提供商合作，逐渐向综合性、全产业链的服务商转型。歌华有线不仅选择了与传统媒体——环球购物频道和东方购物频道的合作，而且尝试新媒体方面的探索，在支持微信支付、支付宝的同时，与一九零五互动（北京）科技有限公司合作探索多屏互动的付费电影业务。这种全产业链式的做法，在视频行业并非首创。创立于2004年的乐视集团，业务涵盖视频产业的制作、内容购买、传输、播出平台、终端、手机应用等领域。

全产业链、综合性服务的模式，在互联网时代可以使企业具有"拆西墙，补东墙"的运作空间：用一个环节的利润补贴另一个环节，从而使该环节具有超低价胜出的机会，然后再以此为突破口获得全链条的胜利。在智能电视机产品的混战中，可以看到全链条、综合性服务企业的优势。市场中的智能电视机生产者，除长虹、LG、海信、海尔等传统电视机生产商外，还有乐视公司、小米科技公司，以及混搭参战的公司，例如爱奇艺和TCL联合、阿里集团和创维联合等。乐视电视机超低价销售策略，几乎使智能电视机的生产无利可图，这对专攻电器生产的传统电视机生产商而言，是巨大的挑战。乐视公司之所以敢于超低价销售智能电视机，正是在于其全产业链条的经营方式。服务费和未来产生的广告销售效益，是乐视公司敢于低价销售智能电视机的根本原因。2017 年，乐视公司遭遇巨大变数，但其电视机仍以价格的低廉困扰着传统电视机生产商。当前，智能电视的服务费比较高，但这种模式被市场证明可行。随着用户的增多，智能电视服务的提供商可以通过受众注意力销售，补贴服务费，从而可以推出价格更为低廉的服务。乐视不见得一定能"笑到最后"，但全产业链、综合性服务的模式，在未来的电视行业，大有作为。

近年来，网络的盈利方式大显神通，显现"兼收并蓄"的强烈趋势。以人们的注意力为中心，网络平台将不同行业、不同性质的内容、服务杂糅在一起，这种现象并不局限于电视行业。百度、腾讯、阿里巴巴都在寻求与传统行业的合作。

四　内容再为王

内容为王曾是我国电视业的共识。随着网络新媒体的快速发展，英尼斯、麦克卢汉、尼尔·波兹曼、保罗·莱文森等媒介技术决定论者在我国电视学界、业界的影响不断加深。我国新媒体的崛起和电视经营的困境似乎同时发生，在经验主义层面人们往往视它们为显而易见的因果关系。基于此逻辑，电视所采取的种种措施紧紧围绕技术和形式展开，无论是 3D 电视、4K 技术、VR 技术，还是真人秀、多屏互动皆不外乎此。

（一）电视内容端的问题

不少人一方面对电视节目心存偏见，另一方面又在各大视频类门户网站、小众论坛上积极收看海外舶来的电视节目，并将之归为"网络"节目。当被指出其中的矛盾之时，人们往往在坦率承认的同时，对其自身思维漏洞感到惊讶。从收视行为的变化看，与其说当下是电视的黄昏、新媒体的狂欢，不如说是国产电视受挫，网络自制节目和海外电视节目的狂欢。

与我国的电视节目相比，网络自制节目似乎过得惬意得多。然而，这种惬意主要来自作为观众市场和广告市场抢夺者的后来居上的优势。如今网络自制节目已初具规模，它与电视节目一样面临激烈的市场竞争，对广告商的依赖和争夺导致其日子过得也相当"艰难"。与欧美、日韩的节目相较，我国电视节目和网络自制节目具有明显的共同特征，它们往往更精于制作的同时对广告商更易妥协。韩国节目《尹食堂》与湖南卫视《中餐厅》分别于 2017 年 3 月和 7 月播出。仔细观察这两档高度相似的节目，不难发现区别：《中餐厅》的后期融入了 VR 的视觉感，更精致、更美观；《尹食堂》的广告植入更温和、更自然，与数年前我国电视节目的普遍做法相似。在网络自制节目和电视节目的竞争中，广告商似乎通赢，他们在节目中的存在感越来越强烈。教科书中强调广告植入需要润物细无声的道理，似乎完全过时了。然而，这在欧美和日韩的电影、电视节目、网络自制节目中仍有效。

与网络自制节目相比，电视节目呈现两极分化的马太效应，部分时段的节目由于大投资、高收益越来越华丽，剩下的大部分节目则相形见绌，止步不前。目前，中西部地区的卫视，特别是地面频道，内容保守、话题陈旧、节奏缓慢的问题十分突出。从数量上看，大投资、高收益的华丽节目在我国电视节目整体中所占份额极小。这导致电视作为媒介，在年轻受众群体中整体品牌形象不佳的后果。更严重的是，电视节目中的佼佼者，往往会在门户视频网站上播出，因而给受众造成了这样一种印象：网络可以将好的电视节目一网打尽，反之则不然。电视对网络热播视频鲜少呈现，而网络对电视热播节目则反应积极。按施拉姆的受众选择公式看，孰优孰劣不言而喻。

（二）电视内容再为王的两条路径

对于身处激烈竞争的媒介而言，受众为王是立于不败之地的战术。在传统媒体积极转型的今天，再次提出内容为王很有必要。所谓传统媒体"转型"，目前主要是技术转型，然而技术所带来的形式华丽就像烟花那样，只能一时引人注目。人类对故事有天然的嗜好，好的内容才能在新技术频出的今天为电视挽回年轻受众。在技术不断革新的今天，再次提倡内容为王，正是为了将受众置于传播链条的核心地位。

在当下的环境中，电视内容为王需要在两个方向上尝试，一是在电视行业内部积极推行频道定位的分化，推动电视节目内容整体上的精耕细作；二是尝试逆制播分离，从行业方面加强对电视内容传播的整合和控制，从而提高电视内容在新媒体平台上的议价权。

本书做了一个小调查，以美国真人秀节目《特效化妆大师》为例，要求被调查者评估类似节目在我国的市场情况。这档节目要求选手在三天内，通过构思、制模、上妆等环节将真人模特装扮成适合在影视剧中出现的鬼怪。大部分受访者认为类似节目不适合在我国播出，而他们普遍给出的原因则令人吃惊：观众少，不适合在电视上播出。在认为该节目有市场的受访者中，绝大多数同时给出了补充性的说明：这类节目受众少、年轻化，以科幻、鬼怪题材影视剧爱好者为主，虽然不适合电视播出，但可以尝试网络播出。听闻这一观点后，那些认为该节目在我国难有市场的受访者，很快转变了观点，纷纷表示认可。姑且不论这一观点正确与否，它至少反映了受访者普遍认为电视在分众传播方面的功能薄弱。目前一线卫视以综合频道为主，专业化频道在其所处的"专业"范围内往往并不拔尖。为了解决年轻受众流失的问题，不少大投资的节目尝试将多个年龄层喜爱的明星糅合到一档节目中去，例如《王牌对王牌》《青春旅行社》《中餐厅》等。缺乏内容分化基础上的分众传播，继续坚持"综合"的道路，恐怕难以持续。在受众细分基础上制定频道定位，而非按节目类型简单粗暴地进行频道分化，更有利于提高节目内容的针对性和传播效力。

目前，电视与新媒体最大的共同点莫过于优质内容的匮乏。空有华丽的技术外表，最多只能得到昙花一现的结局。无论是视频类的小众论坛，还是门户网站，都依靠优质的内容胜出，而非技术。字幕小组当初在小众论坛上耕耘的美剧，如今已成为各大门户网站的重要资源。

设想一下，网络若于20世纪80年代在中国开始普及，那么电视在视频行业一定拥有极高的掌控权。原因无外乎制播分离尚未推行，电视掌握着视频制作的全部人才与能力，因而就牢牢控制着内容。今天，缺乏专业背景的自媒体很难满足用户对质量的更高要求，所以相关门户网站的自制内容风生水起。在视频门户网站优质内容自制的背景下，电视还要继续推行制播分离吗？

第四章　电视品牌的经营

品牌是营销行业构建的当代神话，相关理论与实践是新近形成的产物，与广告业的发展密切相关。随着市场经济在我国的发展和消费主义浪潮在全球的蔓延，我国成为全球经济中的重要市场。营销理论和实践在我国不断发展，而电视行业竞争的加剧，使品牌化经营成为热门词汇。随着凤凰卫视在内地受众市场获得成功，其与内地频道相较而言突出的主持人明星化特色受到行业的密切关注。时至今日，主持人的明星化已成为电视品牌经营的重要策略。近几年来，网络视听节目的传播力、话题价值不断提升，造星能力不容小觑。为了在激烈的竞争中，高效地聚集受众注意力，一些实力雄厚的王牌节目甚至等不及将本台主持人进行明星化"改造"，直接选用演艺行业的明星担任主持人一职。主持人的明星化、电视的品牌化经营在当前的电视节目策划中引人注目。电视节目策划需要充分考虑节目、频道、电视台的品牌化运营问题，以及主持人明星化在其中扮演的角色。

第一节　"品牌"的魔术

品牌与定位是一组高度关联的词汇。本尼迪克特·安德森的大作《想象的共同体——民族主义的起源与散布》，讲的虽然是特定地域、历史条件下的民族问题，却是全球人文社科中引用率最高的作品之一。这与书中提到概念"想象的共同体"（Imagined Communities）密切相关。本尼迪克特·安德森认为，民族实际上是共同想象出来的、有限的、具有主权性质的群体。以色列青年历史学家尤瓦尔·赫拉利所著的《人类简史：从动物到上帝》，具备超大时间尺度的历史观，将人类数十万年的庞杂历史浓缩成一个浅显的道理：人类因为擅长虚构、想象而进化为拥有高级智能的动物，并发展出繁荣的文明。不管是《圣经》的《创世纪》、澳大利亚原住民的"梦世纪"（Dreamtime），甚至连现代所谓国家其实也是种想象，这样的虚构故事赋予智人前所未有的能力，让我们得以集结大批人力、灵活合作。① 《人类简史：从动物到上帝》的逻辑自《想象的共同体》延伸而来，一经出版就在以色列引起轰动，短期内就被翻译成众多语言版本，在多国畅销。从《想象的共同体——民族主义的起源与散布》《人类简史：从动物到上帝》的逻辑看，近些年来兴起的"品牌"营销观念，正是依靠人类的想象而生。

一　品牌观念兴起

存在于数十亿人共同想象中的概念，任何一个独立的个体无力撼动。② 尤瓦尔·赫拉利在《想象的共同体——民族主义的起源与散布》中认为，一旦社群规模超过了人际交往的范畴，想象力就成为群体存在的必要基础。他以标致车为例，认为厂房、机器、工人、设备等实体形式的人与物全部相加也不能等同于标致公司。即使在一场灾难中，标致公司的一切人与物全部消失，它仍可以依赖贷款继续存在。可口可乐的前高管在更早的时候也曾公开表达过这一观点。尤瓦尔·赫拉利由此认为，标致公司与世界实体的联系并不紧密，它依赖人群的集体想象而存在，并十分牢固。人类是善于想象的动物，品牌的魔力正是依赖人类善于想象的特质而发挥效应。

营销学在美国受到高度重视，20 世纪 60 年代，"4P"理论盛行于美国的营销行业，认为四个首字母为 P 的因素决定了营销的成败，即产品（Product）、价格（Price）、渠道（Place）、宣传（Promotion）。菲利普·科特勒（Philip Kotler）修正了这一观点，被称为"现代营销学之父"。20 世纪 80 年代以后，全球经济持续发展，资本要素全球流通，产品、服务、理念在全球寻求目标人群，菲利普·科特勒提出"政治力量"（Political Power）与"公共关系"（Public Relations），认为它们是全球化经济环境中，大公司在营销中必须掌握的两种重要资源。所谓政治力量，指的是营销必

---

① 〔以〕尤瓦尔·赫拉利：《人类简史：从动物到上帝》，林俊宏译，中信出版集团，2017，第 23 页。

② 〔以〕尤瓦尔·赫拉利：《人类简史：从动物到上帝》，林俊宏译，中信出版集团，2017，第 112 页。

须建立在与目标销售国家、区域建立良好政治关系的基础上；所谓公共关系，指的是营销必须建立在产品、服务、理念在公众心中良好形象的基础上。在对营销的研究过程中，他进一步提出探查（Probing）、细分（Partitioning）、优先（Prioritizing）、定位（Positioning）等因素，极大地拓展了营销学领域。菲利普·科特勒开启"大营销"时代，他拓展营销的领域，对消费者、公众的感观高度关注。随着市场竞争的进一步加剧，4C 营销理论应运而生。美国学者罗伯特·劳特朋（Robert Lauterborn）提出用于修正4P 理论的 4C 营销观念，即顾客（Customer）、成本（Cost）、便利（Convenience）、沟通（Communication），消费者、公众的感观被上升到至高无上的地位。4C 理论区别于 4P 理论，紧密围绕消费者意愿、需求展开，受众完全处于"上帝"地位。

由大卫·奥格威（David Ogilvy）提出的品牌形象论，同样诞生于 20世纪 60 年代。第二次世界大战结束后，欧美经济快速恢复，并在马歇尔计划的支持下，经历了高速的经济发展时期。欧美发达国家，在短时间内便从二战后的物质匮乏时期转入了物质相对过剩的时期，营销成为资本主义世界中联通生产、消费、再生产等环节中十分紧要的因素。在此背景下，20 世纪 60 年代后，品牌观念在营销领域快速崛起。在品牌管理中，处于核心地位的是提高品牌的知名度，并规划出符合需要的品牌形象。品牌形象理论认为，所有的产品都具有品牌想象，消费者购买的不是产品本身，而是产品品牌形象所能提供的物质利益和心理利益。为此，广告不只是为了立即达成销量提高的目的，而且是推动产品品牌形象构建。

20 世纪 60 年代，美国广告人、营销大师艾·里斯（Al Ries）与杰克·特劳特（Jack Trout）提出定位（Positioning）一词。定位一词作用于大众的心理，已成为品牌营销的核心概念。从《想象的共同体——民族主义的起源与散布》《人类简史：从动物到上帝》的逻辑看，定位所要达成的目的就是有效规划大众有关产品的想象。品牌营销通过干预大众的想象，获得品牌知名度、美誉度，从而服务于长期的、良性循环的品牌形象建构体系。如果说国家、民族、群体归属感是人类文明发展过程中非自觉地构建起来的想象共同体的话，那么现代营销对品牌想象的构建实际上等同于部落时代的巫术，其目的就是要通过有形的行为和无形的暗示高度管理目标人群的心理。

随着市场经济的发展，现代营销学观照的领域早已不局限于普通商品、服务，电视台、电视频道、电视节目是品牌营销的重要范畴。进入 21 世纪后，品牌营销观念在我国电视行业的盛行，受以下因素的影响。

第一，我国电视行业频道众多。1983 年，第十一次全国广播电视工作会议确定了四级办广播、四级办电视、四级混合覆盖的方针。这一政策的提出，在当时的历史背景下既符合人民的利益需要，也极大地推动了电视行业的发展。当时，国家级和省级电视台已纷纷建立，但这些频道在众多县市区县的信号覆盖不理想。在短时间内提高电视的普及率，让全体民众收到高质量的电视信号，需要政府部门投入大量的经费。改革开放之初，中央政府对广电行业的投入有限，短时间内完全依赖中央财政力量建立大量的差转台、信号转播机构并不现实。四级办电视的政策极大地鼓舞了地方政府办电视的热情，短时间内原本没有电视信号覆盖的地区纷纷建立起了地方电视台。按我国广电管理的相关法规、条例要求，地方电视台必须转播中央电视台和所处省份的省级电视频道，其次才可以动用更多的精力、条件自办频道和节目。20 世纪八九十年代是电视行业飞跃式发展的时期，这与政策上的支持密切相关。进入 21 世纪以后，我国拥有大量的电视频道，相互之间为了争夺收视率如八仙过海一般各显神通。

第二，大量有线电视台、无线电视台在 21 世纪之初的合并，导致频道差异化传播的需要上升，这成为大陆电视品牌营销理念觉醒的重要推动力量。20 世纪八九十年代，电视就像如今的网络、新媒体一般，成为全民的宠儿。1983 年，香港电视剧《霍元甲》在广州播出期间，众多商店乃至公交车司机、售票员歇业回家，以便准时在电视机前收看电视节目。这种现象并非首次出现。1980 年，美国电视剧《加里森敢死队》在中央电视台播出。这部电视剧包含强烈的个人英雄主义色彩，存在暴力、血腥、语言不良等问题，但剧情精彩迷倒了一批刚刚从"文革"泥潭走出的民众。大众对电视的热爱，导致一些大型国企率先办起了有线电视。

所谓有线电视，又叫光缆电视（cable TV），指的是将电视信号通过线缆传送至电视机的电视收看方式。在电视诞生之初，我国电视业普遍依靠无线方式传送电视信号，家庭用户需要使用户外天线接收信号。无线方式传输的电视信号不稳定，音视频质量差，频频出现"雪花"。与无线电视相比，有线电视依靠专业设备接收电视信号，并通过光缆将其送至用户，信号质量较之无线电视堪称"极佳"。此外，与无线相比，有线电视服务可以提供更多的频道。在 20 世纪 80 年代和 90 年代早期，我国大量电视观众只能收看两三个频道。在此背景下，实力雄厚的大型国企引领有线电视风潮，很快在长沙、上海等地产生影响，越来越多的地方政府提倡发展有线电视台，导致地方兼有有线电视台和无线电视台。进入21世纪后，广电管理部门提倡有线、无线电视台合并，使电视台数量短时间内急剧下降的同时，电视台平均拥有的频道数量急剧上升。2001年以后，各地的有线电视台、无线电视台纷纷合并，同类性质的频道面临差异化传播的需要，以便在众多的频道中获得观众的青睐。

第三，网络视听业自诞生之初便深受现代营销理念的影响，其市场挑战者的身份和后来居上的势头，迫使电视业追求品牌营销理念。与电视业事业单位的性质不同，网络视听行业中的佼佼者优酷、土豆、爱奇艺、搜狐、凤凰网、腾讯皆是创业团队、风险投资的产品。无论是创业团队还是风险投资，都拥有强烈的盈利欲望，为此他们从一开始就将现代营销观念作为品牌成长的撒手锏。实践证明，这些平台的发展确实受益于现代营销观念。进入21世纪后，欧美国家视听网站、社交平台的市场动向、投资意向往往在全球范围内产生广泛影响。优酷、土豆、爱奇艺、微博、微信在此背景下诞生。就像20世纪八九十年代电视业的崛起导致文艺表演、电影业、杂志业的焦虑那样，网络视听行业、虚拟社交的发展使电视行业倍感压力。无论是爱奇艺还是微信，在起步之时都曾面临同类网站、服务的激烈竞争，品牌、话题营销、病毒营销、网络推广使它们最终脱颖而出。为应对网络、新媒体带来的压力，电视机构纷纷采用现代营销观念，试图通过品牌经营的手法，尽可能地培植受众忠诚度，并获得收视率的认可，最终在社会效益与经济效益之间取得平衡。

二 品牌的营销"神话"

品牌是现代人建构出来的幻象，必定服务于一定的目的，才会吸引众多的专家、学者、营销人才纷纷参与。"理性经济人"是经济学家在模式推演、经济行为分析时的一个基本假设，即假设参与经济决策的主体是理性的，追求个人利益的最大化。心理学家弗洛伊德提出潜意识和前意识，认为人受到自我难以察觉的潜意识的掌控，从根本上否定了理性经济人的假设。弗洛伊德的众多观点和分析方法已被证伪，但他在开拓心理学领域方面的重大贡献却难以磨灭。随着现代心理学、社会学、传播学等多学科研究的不断推进，人在个体、整体层面的非理性决策行为已被多次证实。品牌的营销"神话"在一定程度上建立在人们非理性决策行为的基础上。

以手表为例，品牌而非功能决定了众多手表产品的巨大价格差异。小块的、便携式的电子表，价格仅为数元。如果消费者愿意花费数十元的话，可选择空间非常广泛。然而，瑞士名表的价格则可以高达数十万元，乃至上百万元。2019年7月，一男子被指佩戴价值1900万元的瑞士名表入关，企图逃税。瑞士手表的高昂价格在现代品牌营销领域中的魅惑力堪与部落时代的巫术相媲美。

漫长岁月中，瑞士手表是典型的低价耐用品。瑞士位处大雪常常封山的阿尔卑斯山脉，人民崇尚节俭，国内市场难以为本国手表孕育大量的高端需求。17世纪以后，瑞士钟表行业依赖农民闲暇时节的代工以图降低成本，并在欧洲市场上与定位为高端手表的英国、法国手表品牌进行竞争。当时，英法钟表行业依赖专业的城市工匠生产手表，品质稳定但价格高昂；瑞士手表则因为本国农民代工，价格低廉但品质参差不齐，自然沦为低端产品。作为低端产品，瑞士手表在欧美市场占据可观的市场份额。1969年，日本精工手表推出价格低廉、时间准确的石英手表，产自日本的大量手表侵吞瑞士手表原有的市场份额。此后，瑞士手表经历了约20年的市场衰退期，走向高端成为它应对生存危机的选择。日本、韩国、新加坡、中国在经济上的崛起和腾飞，使瑞士手表的高端化道路遇到了前所未有的契机，新兴的亚洲富裕人群出于差异化消费的需要，很快便认可了瑞士手表高附加价值的市场诉求。

揭开瑞士高端手表的表象，可以引发人们的思考。几块钱的电子表和上百万元的机械表区别何在，品牌到底是什么？单单从表达时间的精准度而言，普通电子表较之高昂的机械表往往表现更优，但为什么一些人宁可选择走时不精准、维护难度高的高价手表呢？

马克思早就指出商品具有使用价值和交换价值。随着社会经济的发展，社会学、经济学等学科提出有关商品价格中的其他重要因素，即商品的象征价值、符号价值。上述电子表、瑞士手表和生活日常告诉人们一个道理：商品的交换价值和使用价值、符号价值密切相关。如果表的使用价值是准确指示时间的话，那么廉价的电子表往往比昂贵的机械表更具交换价值。然而，从商品的符号机制看，价格令人瞠目结舌的奢侈品名表，因为具备财富、地位、权力的象征而体现在了交换价值中。淘宝作为我国知名购物网站，多年来始终存在一种特殊商品——"剪标"商品。大牌服饰在库存积压的情况下，往往不会低价销售，以维持高端的品牌形象。这些衣物部分流向了淘宝，网店在剪掉商标后，以远低于原价的价格销售。这既是淘宝店家和买家之间公开的秘密，也是品牌营销秘密中的一环。

品牌在相当的程度上等同于商品的符号价值，品牌营销即是对商品符号价值的干预。简言之，品牌、商品的符号价值就是商品在大众心中的感觉、幻觉。品牌所要干预的不只是消费者心中的感觉，更是大众心中的感觉。众多奢侈品会在爱奇艺、中央电视台、湖南卫视等大众传媒平台投放广告。在大数据盛行的当今社会，通过算法精准识别奢侈品的潜在客户并不困难，但奢侈品商家并不会因此停止向大众媒体投放广告：对众多奢侈品而言，只有大众了解产品的象征价值和高昂的价格，才能真正地使品牌营销神话起效。假设只有个别购买者知道某产品价格高昂，其他人对该品牌的标识、价格毫不知晓，那么某产品的品牌效应便无从发挥。因此，奢侈品虽然面对相对狭窄的消费群体，但仍会根据情况面向更为广阔的大众层面进行品牌推广，除开发潜在消费者外，其目的主要是让人们向其产品的使用者致以"羡慕"之情，从而使品牌效应真正发挥。因此，无论消费者群体范围为何，奢侈品就像众多品牌那样，依赖集体"梦境"而生。

品牌效应其实是"心魔"，人只要足够坚定、坚强，完全可以不予理会。然而，就像《人类简史：从动物到上帝》里说得那样，想象的共同体具有实实在在的影响力。

品牌营销的关键就是干预商品在大众心中的感觉，并进而产生、强化商品在大众心目中所能促发的正面的情感、情绪。例如 iPhone 4 刚刚上市时，曾有一个刚成年的小伙子不惜卖肾买 iPhone，一时成为媒体报道的热点。根据媒体 2018 年的报道，这位小伙当年深感此事划算，但随着身体的衰弱，乃至因为肾功能损伤而卧床后则陷入深深自责和痛苦。卖肾后他放弃了学习，没有考取文凭，如今只能靠低保过日子，经常的透析使家人负担沉重。① 这位小伙子之所以饱受舆论批评，表面上看来是因为不应该在家庭贫困的情况下，不惜自戕获得流行于一时的时髦商品。然而，这一案例因为能反映消费主义观念盛行下的更深次的问题而广为流传。第一，今

---

① 法治郴州：《七年前那个卖肾买苹果手机的高中生，现在过得怎么样了》（2018－8－14），
http://tech.ifeng.com/a/20180814/45119905_0.shtml。

天人们对于成败得失、幸福与不幸的判断受消费主义影响，与购买能力直接挂钩。例如，能买房、买车、全家海外游往往会自认为、被认为是幸福，购买力不足则会自认为、被认为是不幸福、失败。从被消费主义观念操控的事实看，普通人与这位卖肾换 iPhone 的小伙并没有本质差异，都为购买各种商品而付出代价。人们纷纷用身心健康、宝贵时间交换各种商品，卖肾换 iPhone 的小伙，只是被认为做了一笔不划算的买卖而已。第二，当前的消费主义理念建立在消费链条的基础上，商品象征价值的实现有赖于系列商品消费的行为支持。今天的消费已然不是人的真实消费，而是意义系统的消费。① 卖肾换 iPhone 4 不仅不能实现 iPhone 创造力、独特性的商品象征价值，反而会落得嘲笑、否定，因为最新款 iPhone 的使用者应该同时拥有与之相匹配的房、车等其他商品，才能真正在消费链条上实现新款 iPhone 所能体现的商品价值。

品牌是人群对某些商品普遍认可的符号价值，而"人群的普遍认可"是大众传媒构建起来的信息环境。人们的交际范围十分有限，即便是虚拟社交盛行的今天，有效的人际交往因为人类时间、经历有限仍停留在相对比较狭窄的范围内。在《拉康选集》中，拉康试图挑战（或者说动摇）连贯、统一的自我的概念，并以将自我视为虚构和幻想的观点取而代之。② 拉康提出镜像理论，他认为人的自我是动态发展的，依据"他者"而不断调整。大众传媒就是构建"他者"的强大渠道，人们从狭窄的人际交往中无从了解更广阔大众的想法，于是不得不从意见领袖、大众传媒中获得相关信息。沉默的螺旋展示了人们在强大"他者"面前明哲保身的态度。品牌传播有赖于大众传媒的积极配合，而这一切主要以广告为中介。随着传统大众媒体的衰落和新兴媒体的崛起，话语权的重新分配使电视节目、电视频道、电视台亲身投入营销大战中。

第二节　电视经营的品牌效应

商品品牌，象征用户身份、地位、能力、品位、格调。电视经营引入

---

① 〔法〕让·鲍德里亚:《消费社会》，刘成富、全志刚译，南京大学出版社，2008，第205页。

② 〔美〕菲利普·史密斯:《文化理论——导论》，张鲲译，商务印书馆，2008，第313页。

品牌营销观念，主要目的是深度干预舆论，试图营造有利的象征价值，从而在受众心中唤起正面的情感和想象。人们喜爱娱乐，而电视是传统大众媒体中对娱乐最为擅长的媒介，因此在 20 世纪八九十年代后迅速崛起，成为大众传媒中最具广告投资价值的媒介。随着网络媒体的兴起，网络视听节目涌现，优质的受众资源和广告资源从电视行业不断流失到新媒体。新媒体市场挑战者的地位，显然令处于市场领先者的电视不寒而栗，品牌营销随之成为电视面对激烈竞争的普遍选择。当然，远在新媒体进入我国大众视野前，湖南卫视于 21 世纪之初便提出电视品牌的理念，倡导通过品牌营销提高电视节目、电视频道、电视台的影响力。这种观念起初并没有受到重视，随着电视行业内部竞争和新媒体在外部带来的压力的加剧，电视经营的品牌效应受到越来越多的重视。品牌效应对于电视而言，有显著的益处。

一 品牌效应可以提高识别度

1979 年以前，我国电视荧屏上有大量的内容是电影或者舞台艺术的直播；1979 年后，中影出于电影销售利益的考虑，突然中断了向电视台无偿、低价供应新电影的做法，令电视一度陷入了内容极度短缺的窘境。或许是受到中影的启发，众多话剧、戏剧表演机构，纷纷取消允许电视台无偿、低价直播的做法，这更令 1979 年的中国电视行业面临巨大的压力。此后，我国电视台纷纷加强电视节目的自制，在短时间内制作了大量单本剧。我国电视自诞生以来深受电影影响，不仅人员、设备主要来自电影行业，就连内容也主要由电影行业提供。受到电影思维影响，电视人起初在内容自给自足的道路上选择了拍摄类似电影的单本剧。时人把电影称为"影片"，因此电视剧以"电视片""故事片"的名目出现。很快，电视工作人员发现单本剧因为叙事体量的问题，在制作、播出的过程中不利于持续开发受众注意力。

1980 年，中央电视台拍摄大陆首部电视连续剧《敌营十八年》。它在叙事、场景设置方面存在明显缺陷，却深受关注，观众对它进行热烈的讨论，每一集的播出都能进一步地提高作品的影响力。电视连续剧较之电视单本剧在受众关注度持续开发方面的优势，令电视人印象深刻。当时，"电视剧"一词指的就是单本剧。随着电视剧艺术的兴起，大叙事体量的系列剧、连续剧迅速出现。系列剧、连续剧曾并行发展，前者指的是在同一主题下不同故事组成的电视叙事作品；后者指的是主题、人物、叙事连贯的电视作品。系列剧是不同的人物故事，每集独立成篇，与连续剧相比，它令观众"上瘾"的程度较低。20 世纪 90 年代后，伴随电视剧行业的成熟，电视连续剧成为电视剧的主流产品，原本称霸的单本剧迅速衰落，乃至在今天已处于被市场淘汰的境地。目前我国"电视剧"一词几乎等同于"电视连续剧"。

电视剧从单本剧向连续剧过渡的艺术现实，证实品牌效应在提高电视节目、播出平台识别度方面的重要作用。单本剧就像今天的微电影、微视频那样，在市场竞争中即便能短暂引起观众的瞩目，也难以形成规模效应。在电视兴起的过程中，曾有大量的电视连续剧走红，并为播出频道带来巨大的社会效益、经济效益，例如《今夜有暴风雪》《新星》《楚留香传奇》《西游记》《红楼梦》《水浒传》《三国演义》等。

湖南卫视目前在我国电视媒体生态中具有较强的品牌识别度，这与其成功播出多档"现象级"电视连续剧、电视综艺节目密切相关。湖南卫视1998 年播出《还珠格格》第一部后，声名鹊起，在众多省级卫视中脱颖而出。此前于 1997 年播出的《快乐大本营》，已令湖南卫视在年轻观众群体中有极高的关注度。在热播电视剧外，湖南卫视的《快乐大本营》《天天向上》《超级女声》《我是歌手》《爸爸去哪儿》《花儿与少年》《亲爱的客栈》等不断推出的热播综艺节目，皆受益于湖南卫视的"快乐"立台形成的品牌效应。

二 品牌效应可以培育观众忠诚度

电影《楚门的世界》结尾处，对影视行业追求的观众忠诚度大加揶揄：那些数十年来对《楚门真人秀》痴迷的观众，在楚门出走、节目结束后，急于寻找下一档好看的节目。观众忠诚度并非电视节目品牌培育过程中一劳永逸的法宝，但真实存在，是电视行业在激烈竞争的过程中，获得相对优势的重要途径。品牌效应可以在多个方面培育观众忠诚度。

第一，品牌效应可以吸引受众注意力，为忠诚度的形成奠定基础。湖南卫视与美国 CW 电视台虽然远隔重洋，但相通之处颇多：以年轻观众为主要收视群体，娱乐特征突出，大量风格相近的节目使频道品牌效应突出，节目被主流舆论质疑为"脑残"。大名鼎鼎的美剧《绯闻女孩》《吸血鬼日记》《邪恶力量》《绿箭侠》皆来自 CW 电视台，以想象力丰富、逻辑不通、叙事波折著称。这些剧集满足青年观众的娱乐需要，即便叙事逻辑存在缺陷，但因为爱情、暴力、友谊、叛逆、背叛等元素丰富受到目标观众认可。外界的批评在一定程度上加强了观众的忠诚度，使节目具有较大的运作空间。在传播多元化趋势显著的当下，品牌效应往往能吸引目标用户订阅，为观众忠诚度的培养奠定基础。

第二，品牌效应可以保持、提升观众对相关电视节目、播出平台的正面预期。俄国著名生理学家伊万·彼德罗维奇·巴甫洛夫（Ivan Petrovich Pavlov）提出经典的条件反射理论。所谓条件反射，指的是外界刺激和有机体反应之间可以通过训练建立后天的、神经层面的联系。古人说的望梅止渴，就是条件反射，看到、联想到梅子就会分泌唾液，原因是人们依据后天经验建立一定的预期，继而在神经层面做出反应。如果一档电视节目，总是依据某些风格、内容引起观众的舒适或厌恶，那么只需几次相关的经验，观众就能建立起条件反射，对即将播出、看到的节目产生期待或者反抗心理。同理，如果一个电视频道，在长年累月的节目播出过程中，总能取悦于或者失宠于电视观众，那么观众就会相应地在收视行为上做出调整。品牌效应可以正面引导受众的条件反射、心理预期，将具体电视节目内容的正面评价导向品牌，而不是偶然因素，即强烈暗示节目好看与品牌相关。

第三，品牌效应可以提升观众的收视体验，将收视体验中的正面情感转化为观众对品牌的情感。近些年来"有温度的品牌"一词成为品牌运营过程中常常提到的话题，品牌的"温度"来自观众集体的情感投射。2012年，《中国好声音》播出后，浙江卫视站稳一线卫视梯队，后续《中国星跳跃》《我就是演员》《奔跑吧兄弟》《奔跑吧》的播出，将电视观众从具体节目、环节、内容中获得的愉悦、正面情感转化为对浙江卫视、"中国蓝"的信任。这使浙江卫视、"中国蓝"在观众层面具有更多的情感力量。浙江卫视在提出"中国蓝"之初，曾受到非议，因为它是相对空洞的概念，所谓"中国蓝"到底是什么意思，观众很难说清楚。2012年后，知名综艺节目、电视剧的播出，使浙江卫视、"中国蓝"成为鲜明的品牌标识，令观众联想到优质节目。

三　品牌效应是电视广告预售的保障

在收视率竞争激烈的环境中，王牌综艺节目、一线电视剧的投资费用惊人，呈现高投资、高回报、高风险的"三高"特征。广告预售是电视节目市场成熟阶段的重要标志，体现了广告商、电视节目制片方、播出平台、观众之间的通力合作。在当前高投资、高回报、高风险的环境中，广告预售可以降低电视节目制片方、播出平台的经济压力，为大投资的优质节目提供资本保障。然而，在市场经济的环境中，广告商的出资行为是利己主义的，品牌效应是广告商接受广告预售的重要保障。

第一，品牌效应是说服广告商预先进行广告投资的基础。1994年11月，中央电视台率先进行电视广告时段销售方面的重大改革，在梅地亚中心举办大陆电视业的首次广告招标会。此举开启我国一线卫视对重要广告时段公开招投标的做法，成为一年一度的电视盛事。时至今日，这一做法并没有完全推广，只有一线卫视才会在年底将下一年度的广告资源的预售作为盛事大张旗鼓地举办。中央电视台自1994年后"标王"频出，2012年后一线卫视王牌综艺节目、王牌剧场的独家冠名费成了优质电视频道的攀比手段。广告商之所以在节目尚未播出前就愿意大量投资，离不开对优质卫视频道品牌效应的信任。

第二，在网络广告迅速崛起的背景下，电视品牌效应是吸引广告商持续投资的重要力量。网络广告形式多样，按算法和分层次的受众效果计算广告费，而电视广告等同于"一锤子买卖"，无论广告效果的好坏都要按广告预售合同中的费用执行。以《爸爸去哪儿》为例，其第一季的独家冠名费仅为2800万元，第二季的冠名费竟然高达数亿元。这虽然表明我国电视综艺节目的巨大广告价值，但也反映了电视节目广告销售方面的不合理。从实际的播出效果看，《爸爸去哪儿》第一季可谓名利双收，新颖的节目形式给电视观众留下深刻印象，《爸爸去哪儿》第二季的效果则相对较弱。在此背景下，异军突起的爱奇艺、腾讯、优酷土豆似乎成为广告商投资视听节目时的更优选择。这些网站依赖大数据技术，按分层次的传播效果收取广告费，可以帮助广告商在很大程度上规避投资风险。在这些"残酷"的现实面前，品牌效应蕴含的收视率潜在价值是说服广告商对电视节目进行投资的重要力量。

第三，受众注意力的稀缺程度不断加剧，电视、网络视听节目的马太效应显著，品牌效应是吸引受众注意力的良策，因而受到广告商的青睐。1928年，民国电影《火烧红莲寺》风靡东南亚地区，此后连续拍摄、播出了多部续集。iPhone智能手机在全球流行以来，已连续推出了多个版本。今天热播的电视综艺节目和电视剧，往往都会按季持续播出或者拍摄续集。以上现象都是理性的市场行为，皆是为了持续开发已受到市场认可的商品品牌。在市场经济条件下，视听节目也是商品，与麦当劳、粉笔一样具有商品属性，需要在公开的市场中经过角逐后，浪里淘沙成就少数佼佼者。湖南卫视的《快乐大本营》连续多年播出，已成为电视节目中的常青树，这在泛娱乐浪潮的背景下是极为难得的优质投资对象，多年来始终是湖南卫视优质的广告时段。《新闻联播》是我国最为权威的新闻节目，其播出前后的广告时段，始终是我国广告商积极争夺的对象。与之形成鲜明对比的是，众多默默无闻的电视节目和弱势频道的广告销售越来越困难，一些市县电视频道甚至到了工资发放困难的程度。随着新媒体的不断革新，受众注意力越来越稀缺，那些能成功获得人们关注的少数电视节目，已成为行业、电视频道盈利的关键点。

四　品牌效应是新节目开发的市场基础

制播分离是我国电视节目的整体趋势。制作与播出的分离，就将电视台原本全力承担的节目制作成本，向电视台外的制作机构转移，而电视台作为把关人只需做好相关的审核工作即可。随着《中国好声音》的成功，一线卫视的综艺节目倾向于与制作公司合作完成，即电视台自节目策划阶段开始与制作公司进行合作，并积极参与电视节目的拍摄、宣传等环节。电视生产的各个环节上已诞生了相对比较知名的机构，形成较为突出的品牌效应。品牌效应在新节目开发中发挥着十分重要的作用。

第一，品牌效应使节目创意更容易获得认可。电视早已不是单打独斗就能获得成功的领域了。市场经济的繁荣，使我国教育在短短数十年内获得了极大的发展，各类专业人才济济，团队优势是在竞争中获得胜利的重要砝码。在制播理念推行之初，光线、嘉实等传媒机构就已成为行业内被认可的优质团队。爱奇艺投身自制综艺节目以来，已形成多个实力雄厚的创作团队，例如《青春有你》《偶像练习生》皆由姜滨、陈刚团队创作。优质团队的节目创意因为品牌的"光辉"笼罩，自然能获得更多的青睐，更受电视台、广告商、观众的认可。

第二，品牌效应使新节目能延续一定的审美风格，符合市场预期，辅助新节目开发的顺利进行。品牌效应是一线卫视多年来的生存秘诀之一，它们凭借良好的品牌运营效果在新节目开发方面拥有得天独厚的优势。每年央视都会举办《春节联欢晚会》，包括卫视在内的众多频道会转播中央电视台的信号。值得注意的是，多频道同时播放央视《春节联欢晚会》时，湖南卫视等频道的收视率仍居高不下。品牌效应在节目收视率方面的影响可见一斑。品牌效应对优质电视频道而言是益处，对劣质电视频道而言则是歧视、偏见、害处。一向志得意满的一线卫视在2017年突然倍感压力，一些广告商在付了首批费用后，不愿意按合同继续投资新节目。为此，他们宁可将前期费用作为罚金，让电视台"不劳而获"。一线卫视在品牌运营的过程中，建立起了较为鲜明的品牌特色。为了维护这些来之不易的特色品牌，一线卫视在新节目开发时会考虑其与特色品牌的契合度。随着广告商投资选择空间的扩大，电视的应对法则只能是继续按市场经济的规则，持续运营品牌，提升新节目的广告市场价值。

五　品牌效应是衍生品开发的重要条件

在网络新媒体崛起的环境中，电视面临严峻的竞争形势，我国电视行业在衍生品开发方面的短板，随着网络新媒体的发展显得愈加突出。品牌效应是电视衍生品开发的重要条件。欧美、日韩等国家和地区的电视机构不仅依赖电视节目内容生存，也依靠衍生品开发扩大盈利。我国人口众多，多年来经济快速发展，电视行业受益于此，保持了多年的高速增长态势。电视广告市场快速发展，使开发难度相对较大的衍生品市场受到冷落。随着电视行业生存环境的变迁，衍生品开发已成为电视转型、突围的重要途径。品牌效应在衍生品开发中十分重要，具有以下多个方面的作用。

第一，品牌效应是衍生品引起受众关注的关键因素。这是一个生产相对过剩，消费相对不足的大时代，消费者是生产、消费、再生产的关键推动因素。自"双十一购物狂欢节"在我国出现以来，每年的这一天都是多种商品疯狂销售的时机，大量商品依赖这个极具"吸睛价值"的狂欢节进行销售。普通商品销售如此，电视衍生品的销售亦如此——依赖受众注意力的吸引获得销售方面的成功。迪士尼、BBC在衍生品开发方面一向表现突出，在全球范围内堪称典范，前者通过大量主题公园和授权商品获利，后者通过节目光盘的销售和合作开发而受益。在亚洲地区，韩国已成为电视衍生品开发的佼佼者。韩国电视衍生品开发与韩国在亚洲地区倡导的明星经济密切相关。韩国强大的行业寡头将明星牢牢掌握在公司运作的范畴内，由此兴起的粉丝经济为韩国电影、电视、经纪、明星、时尚行业带来大量的利润。我国电视行业自改革开放以来，培养了大量的热播节目、演员、明星，但鲜少从后续的衍生品开发中获益。进入 21 世纪后，草根选秀节目盛行，一些卫视通过促成选秀明星与旗下经纪公司的合作，在明星培养、演唱会等方面获得了较高的收益。然而，从行业的普遍现状看，电视行业的衍生品开发仍是一个巨大的潜在市场。在受众注意力稀缺、生产相对过剩的背景下，衍生品的开发充满了障碍，而品牌效应则是打破障碍的关键因素。

第二，品牌效应是衍生品成功获得融资的重要砝码。在经济全球化的背景下，越来越多的风险投资有赖于专业评估团队的认可。在共享单车、直播平台尚能获得大量风险投资的背景下，电视衍生品开发获得融资应该并不是妄想。然而，品牌的力量是电视衍生品从众多竞争对手中脱颖而出的重要砝码。《甄嬛传》《延禧攻略》等电视节目近年来走出国门，在东亚儒家文化圈中颇有拥趸，甚至还能在美国获得关注。2018 年故宫开发了其品牌衍生品，即故宫系列口红。这不是故宫在衍生品开发方面的首次尝试，但值得电视行业深思。与文化厚重的故宫相比，电视行业在娱乐、资讯、受众注意力吸引、大众话语权方面拥有明显的优势，却较少像故宫那样致力于衍生品开发。这与电视节目仍处于高收入的市场环境有关。与衍生品开发的费事、费力相比，王牌电视节目的开发目前处于用大投资吸引王牌编剧、演员、导演、策划人的阶段。

第三，衍生品开发是品牌运营的必要环节。迪士尼主题公园和授权商品多年来受益于迪士尼电影公司的优质电影作品。然而，其电影作品的成功在一定程度上又受益于其主题公园和授权产品。此两者已形成互动、互助的关系。当影视品牌发展到一定程度时，就需要依赖衍生品提高品牌的知名度和曝光率。一些当红明星，即便没有影视作品，也要通过各种公关手段乃至于鸡零狗碎的事件炒作保持热度。其间的道理，与成功的电视品牌需要开发衍生品是一样的。只有将品牌运营拓展到大众的生活中，使人们在日常环境中能频频目睹这些电视品牌的存在，品牌才能在现有的基础上更进一步。在激烈的竞争中，不进则退。迪士尼电影公司是目前为止唯一一家尚没有被交易过的好莱坞大公司，这恐怕并非完全偶然。在激烈的市场竞争中，电视品牌需要依赖衍生品提高自己在大众生活中的热度、曝光率，从而为电视品牌的整体运营带来更多的机遇和可能。

六　品牌的价值传导

品牌效应可以传染、传递吗？为什么有众多的广告商高价聘请知名人士代言呢？2018 年崔永元与冯小刚关于电影《手机》的影射问题发生争执，范冰冰意外"躺枪"。崔永元在微博账号公开举报范冰冰"大小合同"问题，引发国家税务部门重视，最终范冰冰需要补交高达 8.8 亿元的税款，一时间舆论哗然。从明星代言的行业规则看，范冰冰需要准备的恐怕远不止 8.8 亿元。一般而言，明星代言合同会对明星的美誉度明文约定，一旦明星在代言合同期内发生了主观性强、影响力大的丑闻，那么明星就需要按合同约定终止代言，并赔偿广告商的损失。范冰冰因为阴阳合同偷税行为严重，涉及的税款十分巨大，这势必会影响到她代言合同的履行。众多广告商纷纷与范冰冰解约，应会要求赔偿。

品牌的"传染效应"是广告商邀请明星代言的主要原因。品牌的价值传导，指的是商品、人物的品牌形象可以传递至临近的其他商品、人物的现象。一些观点认为，商品之所以邀请明星代言，主要是为了通过明星效应提高商品的知名度。这并不能解释，明星代言合同中普遍存在的，对于明星形象维护方面的约定条款。众多商品之所以邀请明星代言，除为商品争夺更多的注意力外，也是为了将明星的品牌形象与商品的品牌形象进行关联，从而提高商品品牌的美誉度和生动形象的程度。近年来，部分舆论对电影明星成龙的代言进行戏谑，认为他曾代言的品牌往往结局凄凉，以被市场淘汰结尾。他们将这种现象总结为"成龙代言魔咒"。例如小霸王学习机、好功夫 DVD 等。改革开放以来，我国社会、经济经历了快速的发展，科学技术不断进步，许多产品因为时代技术的进步而被市场淘汰，却默默无闻。成龙代言的品牌即便被市场淘汰了，仍能因为明星代言的效应活在网民的戏谑中，明星代言的优势可见一斑。

品牌的价值传导普遍存在，所以哪怕是小店铺也会争相挂上名人合影，用以提升店铺的形象。然而，品牌的价值传导并不是必然发生的，简单地将产品形象与其他具有象征价值的符号进行捆绑，并不能获得成功。

第三节　电视品牌的建立

改革开放以来，电视业经历多年的高速发展，一线卫视梯队几乎到了固若金汤的地步。在这样的环境中，非一线卫视若想通过改革和品牌运营，突出重围，十分困难。然而，在新技术不断革新的时代，一切又充满了可能性。此外，电视品牌运营是一项长期的工程，需要不断地加以维护。在网络技术发达的社会背景下，电视品牌的建立较之过往有新的契机和挑战。一般而言，电视品牌的建立需要从以下五个方面入手。

一 打造王牌节目

目前，电视在新闻节目方面的优势受新媒体严峻挑战。2011年7月23日，温州发生动车事故，在接下来的数月内受到国内外舆论的高度关注。包括电视在内的传统媒体反应较慢，社交媒体最先报道这一事件。在事件进程的跟踪报道方面，众多自媒体表现出高效的一面。2015年12月22日，天津港发生特大爆炸事故，传统媒体尚未做出反应，距离事发现场不远的工人用手机拍下了震撼的现场画面，尖叫声、爆炸声加上摇晃的画面，给人带来强烈的刺激，在网络上广为流传。事发现场第一视角拍摄到的画面，被传统媒体广泛采用，其中不乏国外专业新闻机构。在天津爆炸事件中，某传媒公司的无人机于事故发生早期即拍摄到了一些重要画面。该传媒公司没有按规定提前申请无人机飞行许可，事后受到行政处罚。传统媒体在新闻采集方面效率低下的问题，在当今自媒体、网络新媒体繁荣的背景下，每时每刻都在上演。电视行业想要办王牌新闻节目，恐非易事。新闻节目专业性极强，操作难度高，娱乐节目相对更易出现"爆款"。

打造王牌综艺节目、电视剧场是电视品牌建立的重要手段。安徽卫视黄金时段的电视剧场，备受广告商青睐，其独家冠名费可与当红综艺节目一较高低。多年来，新闻、综艺、电视剧始终是收视份额排在前三位的节目类型。随着电视新闻节目效率的相对下降，综艺、电视剧成为省级卫视品牌运营的主要节目类型。中央电视台在新闻节目创办方面具有得天独厚的优势。20世纪八九十年代上海等地方电视台在新闻节目方面具有一定优势。此后，中央电视台凭借技术的进步、权威信源的青睐和政策优势，在新闻节目、体育节目方面具备地方电视台难以望其项背的优势。因此省级卫视中的佼佼者，往往都在综艺、电视剧方面表现突出，例如湖南卫视、浙江卫视、安徽卫视、山东卫视、东方卫视等。

综艺节目、电视剧场是娱乐元素丰富的节目类型，在吸引受众注意力方面优势突出。资讯和娱乐是大众对传媒的普遍需求，当今时代信息冗余现象突出。如果不是为了获得某些专业性的知识或者重大事件、政策的最新进展，新闻对许多人而言只起到增加谈资、打发时间的作用。对大众而言，娱乐成为普遍的需求。综艺节目类型众多，从令人紧张的竞技类节目到温馨舒缓的"治愈系"节目无所不包。在分众传播的背景下，综艺节目可以满足多个群体的娱乐需求，电视剧也不例外。2018年，最引人关注的剧集《延禧攻略》是网络独播剧，它短时间内红遍大江南北。《延禧攻略》成功卖到中国香港、台湾地区，以及日本、韩国、美国、泰国、越南等地。这部具有高收视率价值的电视剧，竟然成为我国电视台的"漏网之鱼"，不得不令人思考电视行业在节目采购方面是否有待进步。网播剧《延禧攻略》大红大紫后，一些卫视采购并高频度播出。购买了《延禧攻略》网络播出权的爱奇艺，2010年成立，短短几年内便成长为国内最为优质的视频网站之一，其品牌成长过程伴随多个优质电视剧、综艺节目的独家网络播出权的获得。电视行业应从中吸取教训，在节目采购方面提高市场敏锐度，通过播出王牌电视剧、综艺节目提高品牌的知名度、影响力。

二 鲜明的视听标志

在电视品牌建立的过程中，打造王牌节目与鲜明的视听标志相辅相成。凤凰卫视、湖南卫视、浙江卫视在这方面皆堪称典范。凤凰卫视在内地的落地权有限，但知名度高，其标志性的凤凰标识已成为众多电视观众心目中鲜明的形象。由于颜色相近，湖南台的台标被一些人戏称为"芒果台"。后来，湖南台的官方网站干脆起名为"芒果TV"。随着《中国好声音》的火爆，浙江卫视的"中国蓝"已被观众所熟知。以上三家卫视的品牌成长与电视节目的成功密切相关。电视台、电视频道首先要拥有王牌节目，才能强化其视听标志在受众群体中的知名度，并最终成长为鲜明的视听符号。

鲜明的视听标志，对电视节目品牌的构建和维护十分重要。凤凰卫视曾有一档在华人世界广受欢迎的节目《锵锵三人行》。这档节目因制作经费有限，在多年的播出过程中没有修改片头画面、音乐，就连演播室设置也都保留了"低配"的特色。随着电视节目包装水平的提高和新技术的应用，《锵锵三人行》进行改版，使用了冲击力更强、审美更为现代化的片头画面和音乐。然而，观众并不买账，大家已习惯了原有的片头，对更加高大上的片头极尽嘲笑之事。很快，《锵锵三人行》节目组不得不妥协，重新使用原有音乐。中央电视台的王牌少儿节目《大风车》，自1995年播出以来，陪伴一代代儿童成长。多年以来，其片头曲始终如一，不少人一想到《大风车》就会不由自主地哼唱。

除保持王牌节目主题曲、包装外，鲜明的视听标志还可以来自成本低廉、视觉冲击力大的特别元素。李咏在主持《非常 6 + 1》节目时，标志性的手势毫无成本，却因为独特而成为节目鲜明的标志。蔡康永曾多年主持《康熙来了》，这档节目在大陆、华人地区颇受欢迎，早期曾因为邀请重量级的政商、娱乐圈大腕而受到关注。随着节目播出期数的增加，《康熙来了》成为一档纯娱乐节目，话题琐碎、选题重复，后来干脆停播。蔡康永在主持节目时，其标志性的特色之一便是在肩膀上常常加装一只造型鸟。随着《康熙来了》的停播，原主持人蔡康永、徐熙娣乃至助理主持人陈汉典，纷纷在大陆地区获得新的节目。

互联网思维改变了电视品牌获得鲜明视听标志的思路，"无厘头"——没有理由却反复出现的不必要元素也可以成为标志性的元素，成就一档电视节目的知名度，进而对电视频道、电视台品牌的建立提供支持。

三 具有话题价值

过去，电视是人们重要的娱乐方式。当前，无论是小说网站、直播平台、喜马拉雅 App，还是广场舞、健步走都造成分流电视观众的结果。进入 21 世纪后，广场舞逐渐兴起，成为重要社会现象，参与者从中获得了莫大的快乐，而受到"噪音"干扰的人们则对之痛恨不已。从电视行业的角度看，神州大地夜幕中处处活跃的广场舞群体，不就是那些流失掉的电视观众吗？时光倒流，如果她们不跳广场舞的话，岂不是就会守在电视机前观看节目了吗？过去，电视节目是人们关心的重要话题。现在，非一线卫视获得的受众关注非常有限，即便是黄金时间段播出的综艺节目、电视剧也难以获得较大的舆论反响，勿论那些在非黄金时间播出的众多节目了。一些省级卫视在非黄金时间段推出的电视节目，在网络上往往默默无闻。即便是专门检索，也很难获得相关信息。地面电视频道的处境可想而知，除少部分省级地面频道颇受本地观众欢迎外，大部分地面电视频道处境艰难，广告收入低，衍生品销售更是无从谈起。

网络时代话题价值成为收视率的重要保障，为品牌建立奠定基础。电视作为事业单位，具有喉舌功能，理应在社会效益与经济效益之间平衡发展，寓教于乐更是题中之义。然而，随着网络技术的发展，节目受到万众欢呼的时代一去不复返。绝大部分的节目，依赖分众传播的理念，面向部

分人群。1983 年以来,《春节联欢晚会》成为中国人过年的重头戏,曾捧
红了大量的演艺明星和歌舞、语言类节目。近年来,随着分众传播理念的
盛行和网络多元化价值观的发展,针对《春节联欢晚会》的批评声不绝于
耳。更有甚者,对一部分观众、网民而言,针对《春节联欢晚会》的指
责、批评成为乐事。从传播角度看,舆论批评反映了人们对它的高度期
望,是节目本身极具话题价值的表现。如果《春节联欢晚会》播出后无人
批评,那么在这样一个多元化、分众化的传播时代,体现的可能是这档节
目深深的危机,而不是成功。2015 年,湖南卫视播放电视剧《花千骨》
时,为了保持收视率,手段恶劣,用长时间的前情回顾填充时段。舆情汹
涌,针对湖南卫视的批评声不断。观众在网络上痛骂之余,通过网络向湖
南省委书记投诉。中共湖南省委督查室回复表示:"近期湖南卫视周播钻
石剧场《花千骨》确实存在内容重复播出问题。针对《花千骨》部分内容
重复播出和'前情回顾'时长较长的问题,省新闻出版广电局已责成湖南
卫视从整体规划、编排应对、受众服务意识、规范自律等方面查找不足,
立即整改。"① 观众、网民对湖南省委体察民情、为民办事的做法大声称
赞。在此事件中,湖南卫视虽然受到批评,却开展了一次成功的话题营
销,网民、《花千骨》、湖南卫视、湖南省政府皆是赢家。网民诉求获得满
足,湖南省政府的亲和受到称赞,而湖南卫视、《花千骨》则免费获得了
话题炒作的机会。

对于没有话题价值,无人问津的电视节目、频道而言,品牌价值无从
谈起,勿论长期的、合理的品牌运营。这并不意味着电视台为了提高话题
价值,可以无下限的恶性炒作。2007 年,广电总局叫停选秀节目《第一次
心动》并予以全国通报,通报认为:"《第一次心动》比赛环节设计丑陋粗
糙,评委言行举止失态,节目设计缺乏艺术水准、内容格调低下,演唱曲
目庸俗媚俗。重庆电视台对现场转播极不负责,对现场混乱不堪的局面未
做任何有效处理,任其随意表现,放弃了播出机构的责任。重庆市广播电
视局对此情况未向总局报告,失于管理。"②《第一次心动》节目录制期间,
选手当场示爱杨二车娜姆,索要柯以敏手上的戒指后转赠杨二车娜姆,引

① 《湖南省委书记责令湖南卫视整改〈花千骨〉播出问题》(2015 - 9 - 17),http://
ent. ifeng. com/a/20150917/42493784_0. shtml。
② 《节目丑陋 广电总局通报停播〈第一次心动〉》(2007 - 8 - 16),http://ent. 163. com/
07/0816/07/3M0ITAG200031H2L. html。

发现场混乱。广电总局对这档节目叫停的通报，在网络上受到拥护，不少网民称赞广电总局主持公道。然而，恶俗炒作引发的话题效应，仍是众多电视节目惯用的宣传手法。在实际的运作过程中，恶意炒作确实能引发话题关注，从而提高节目的知名度。以《非诚勿扰》为例，节目创办以来曾有大量的女嘉宾参与，并捧红了不少人，然而其中知名度最高的，仍是恶意炒作行为最突出的某位女嘉宾。这位嘉宾以"宁愿坐在宝马车里哭，也不愿意坐在自行车上笑"的妄语震撼观众。人们予以驳斥的同时，也造就了这位女嘉宾和《非诚勿扰》的高知名度。

《华豫之门》是河南卫视的常青树节目，以鉴宝为主题，与中央电视台《鉴宝》节目创意相近，风格迥异。相对而言，《华豫之门》的风格更为保守，在多年的播出过程中鲜有节目话题引发社会密切关注。2015年，这档节目的视频片段在网上热播，引发强烈的社会反响。在这段视频中，一名来自北京的女孩手持翡翠要求嘉宾予以鉴定。姑娘自称，这块翡翠价值不菲，是"干爹"所赠。由于嘉宾年轻貌美，加上当时社会舆论正对"干爹"口诛笔伐、戏谑嘲弄，所以这段视频很快在网上盛行，引发争论和对节目恶意炒作的质疑。节目中，姑娘表示："这个翡翠非常值钱，能买多个LV包包呢"。然而，这块翡翠被中国社科院历史研究所研究员王育成当场指出是假的，戏剧效果十足。从编导常识来看，这个片段既然能播出，翡翠必假无疑，否则对公序良俗予以极大冲击，势必难以通过审查。即便如此，节目仍然难逃恶意炒作嫌疑，受到广电总局批评。

四　新现象级节目的持续涌现

美国营销学者克里斯·安德森在其全球畅销书《长尾理论2.0》中认为，大热门作品是内容匮乏时代的现象，"现在，随着网络传播和零售的兴起，我们正进入一个丰饶的世界。两者的不同有深远的意义"[①]。在内容匮乏时代，不乏凭借一首歌曲、一个作品在文艺界享誉一生的例子。网络时代网红盛行，每个人在理论上都有可能一夜成名，又一夜之间被人们遗忘。好莱坞恐怖电影、电视剧有一个经典母题，即曾大红大紫又被时代遗忘的影视名人，最后成为恐怖、噩梦般生活的当事人。曾火爆荧屏的明星，在时代更迭中被遗忘是市场竞争的常态，凭借少数作品即可"终生受

---

① 〔美〕克里斯·安德森：《长尾理论2.0》，乔江涛、石晓燕译，中信出版社，2009，第6页。

用"反而是非常态。2018 年，文艺界的一些知名人士去世，人们扼腕叹息。然而，有更多曾知名一时的人，在去世时默默无闻。这是一个竞争激烈的时代，个人尚且难以凭借少数作品永享其成，电视台、电视频道更是如此。

持续推出新的现象级节目是电视播出平台始终处于受众注意力核心地带的关键。河南电视台曾拥有过辉煌的战绩，推出具有显著创新性的电视节目，优秀作品《梨园春》广为人知，《武林风》也因形式新颖受到观众好评。近年来，比较突出的优秀节目当属 2013 年与马东合作的《汉字英雄》。此后，鲜有新节目堪称"现象级"。为此，河南台、河南卫视的品牌运营遇到瓶颈。反观一线卫视，尤其是一线省级卫视，新现象级节目不断涌现，使这些卫视始终处于观众注意力中心地带。安徽卫视海豚第一剧场，是其强力打造的节目，每晚 19：30 播出，曾推出过大量脍炙人口的电视剧作品，例如《幸福像花儿一样》《新上海滩》《王贵与安娜》《夏家三千金》《白鹿原》《龙门镖局》。湖南卫视话题价值高的娱乐节目频现，成为我国电视娱乐现象的典型代表，毁誉参半，但始终是观众关注的焦点。近年来，一线卫视梯队竞争激烈，浙江卫视自 2012 年播出《中国好声音》后迅速崛起，在央视－索福瑞某些时段的调查数据中，已超过湖南卫视的收视率。湖南卫视倍感压力，近年连续推出多档节目，尽力维持优势。2015 年后，湖南卫视推出一系列所谓慢综艺节目，在推崇更强视听刺激的娱乐潮流中再一次凭借独特性吸引观众注意力。2018 年底，湖南卫视播出由汪涵、李诞主持的《野生厨房》。这档节目集明星、美食、美景于一体，具有较高的收视率价值。伴随节目的播出，包括欧弟变身"孙悟空"、李诞退出的话题，使这档节目的热度不断被推高，成为湖南卫视又一档重量级的电视节目。

五　网络宣传推广

与国家级媒体相比，省级卫视在资源、平台方面存在显著的劣势，但湖南卫视凭借娱乐元素表现突出，多年处于电视行业话题中心的位置。舆论对湖南卫视的批评不绝于耳，但这在竞争激烈的环境中远好于无人问津。湖南卫视是大陆地区电视频道中最早对电视节目进行网络推广的平台之一。实践证明，电视节目在网络平台的宣传推广必不可少，它是应对电视观众老龄化的重要手段。

　　电视平台面临较为严峻的观众老龄化问题，网络宣传推广有利于优化平台受众的年龄结构。湖南卫视的《快乐大本营》《天天向上》《变形记》的目标受众年龄较低，是电视频道中观众年龄结构最为理想的代表之一。然而，近年来智能手机的普及重塑了观众的视听收看习惯。越来越多的人，尤其是年轻人通过智能手机观看网上的电视节目。我国广电行业存在一个比较独特的现象，即广电行业的网站往往处于弱势传播地位，而新媒体背景的视听网站反而占据优势。例如，在视听节目资源中占据优势的网站，当属优酷土豆、爱奇艺、腾讯、bilibili 等。湖南台曾与爱奇艺合作，将节目资源销售到爱奇艺。实践证明，《爸爸去哪儿》这样的当红节目，在爱奇艺、芒果 TV 播出时，爱奇艺的点击率远高于湖南卫视自有的芒果TV。湖南台与爱奇艺的合作，产生过一些龃龉，例如爱奇艺针对《爸爸去哪儿》中的植入广告添加了马赛克，湖南台对此表示强烈不满，认为双方洽谈的节目销售价格包含了植入广告正常播出的预期，而爱奇艺显然并不认同。在经历了难堪的争执后，湖南卫视不再为他人作嫁衣，将优质节目在芒果 TV 独家网络播出。此后，芒果 TV 的流量不断提升。然而，除个别电视台网站外，大量电视台的网站在推广电视品牌方面的作用有限。

　　网络社交平台是电视节目、品牌推广的重要阵地。微博、微信、今日头条、快手、抖音是当今年轻人的重要媒介工具。不少年轻人根本不看新闻网站，只从微博、今日头条中获取新闻资讯。电视节目想要获得年轻受众的瞩目，并进一步推动品牌的建立与成长，就必须在年轻群体热爱的网络社交平台上展开积极的宣传活动。目前，电视节目在网络端的营销推广已催生大批公司，这些公司承接电视节目在网络上的推广，不仅可以在短时间内提升话题热度，并可以通过组织"骂战""讨论"引发更多人的关注。微博、知乎、抖音的"热搜"是人们判断话题热度的重要参考，近年来一直有舆论质疑"热搜"排行榜可以通过买卖被"公关"。相关机构虽然一直否认，但在实际运营过程中所展现的结果，似乎印证了舆论的猜测。无论如何，话题一旦登上"热搜"便会获得更高的关注。2018 年，马蓉、王宝强的离婚案成为网络热点，有关他们为王宝强新电影炒作的猜测不绝于耳。两人离婚后，据称是马蓉微博的账号表示将在某一时间点爆料王宝强的恶行。新浪微博的管理团队信以为真，为防止短时间内流量过大导致网站崩溃，新浪微博专门按秒从阿里巴巴购买了相关服务。然而，所谓爆料无关痛痒，导致新浪微博的投资付之东流。新浪微博此举虽然一时沦为笑谈，但这种担心绝非偶然。热门话题出现时，网络社交平台确曾出现崩溃现象。可惜的是，令网络社交平台为之崩溃的事件，几乎都是高流量明星的"八卦"，鲜少与电视节目、平台相关。回想电视行业在20世纪八九十年代创造的收视奇迹，令人唏嘘。近年来高投资的电视节目在播出过程中，始终伴随在网络平台上的同步推广，以期获得更多的关注和更好的传播效果。

第四节　明星主持人

伴随电视行业收视率竞争的加剧和品牌运营意识的增强，主持人明星化成为显著的伴生现象。电视行业主持人的明星化是新近出现的现象。电视诞生之初，技术有限，只有播音员而无主持人。在我国电视诞生后的相当长的时间里，播音员只负责新闻稿播报，连露脸的机会都比较少。1972年尼克松访华，随团带来大量美国记者。美国电视行业的人员，在尼克松访华期间与我国电视人多有交流，美国电视人言谈之间对他们发明的"主持人"一职十分得意，令我国电视人印象深刻。改革开放后，主持人成为广播电视节目改革的重要标志，许多节目引进主持人元素，以增强节目亲和力，提升观众的节目体验，沈力、赵忠祥等优秀电视节目主持人涌现。然而，这些主持人与明星有本质不同。在内地，最早展现主持人明星化魅力的当属凤凰卫视。凤凰卫视中文台，人员结构精简，拥有多档在华人世界高知名度的电视节目，其主持人明星化制度在频道品牌的建立、培育过程中居功甚伟。伴随凤凰卫视在内地的成功，内地的电视频道开始采用主持人明星化的做法。

一　明星制度

明星是好莱坞电影工业发明的概念，是配合商业电影市场运作而产生的现象，是建构起来的产物。早期电影并没有演职人员名单，演员名字无人知晓，根本不存在电影明星一说。通过审视第一位明星的打造过程，可以对当今盛行于演艺行业的明星制度有更深刻的了解。

视频播放时的连续感是由大量图片快速播放而形成的幻觉，其前提是人眼有视觉暂留的特征。例如，夜半时分，突然关掉所有灯，仍有部分灯光残影留在人的眼底，稍过一会才完全消失。因此，就有了逐格动画。逐格动画，又称定格动画，指的是通过多次拍摄运动的对象，并连续播放展现目标对象动态效果的技术。很多人儿时曾玩过逐格动画制作的小鸟飞出笼子的玩具书。在一个本子上画下小鸟逐渐飞出笼子的过程，第一张画是小鸟在笼子里，最后一张是小鸟飞离笼子，其间是小鸟飞出的过程，然后手持本子，令其快速翻动，人眼便可以看到小鸟飞出笼子的动画。因此，当人们发明了照相机后，距离摄影机的产生，在技术上只有一步之遥。1872 年，美国一家酒馆的顾客发生争执，他们争论马在奔跑的过程中是否有四脚离地的时刻，并据此打赌。为决胜负，他们请来英国摄影师。这位摄影师操控 24 架照相机按先后顺序依次拍下飞奔中的马一闪而过的照片，结果显示马确实有四脚离地的时刻，而这些照片先后播放所产生的连续画面启发了后来者，摄影机即将诞生。此后，摄影机的发明以及由此带来的巨大商机在欧美受到众多的关注，爱迪生作为精明的投资人当然不会错过如此良机。

一战后，美国商业电影得益于国内市场的规模效应已在欧洲取得压倒性胜利。这一点很容易解释，美国人口众多、电影屏幕数量多，因此优秀的电影在本国即可收回投资，在国外通过低价倾销仍有利可图。欧洲作为电影的诞生地，存在大量领土狭小、人口相对较少的国家，这些国家拍摄电影时成本并不低于美国电影，但在本国播映时，由于荧屏数量有限面临巨大商业压力，不得不压低成本。这些国家的电影在面临好莱坞商业电影时往往没有招架之力。因此，美国的商业电影很快便成为一门盈利能力惊人的生意。爱迪生控制了多项电影专利，并联合一些机构成立垄断性质的电影专利公司，牢牢控制美国电影的全产业链，他坚决拒绝在电影片头、片尾出现演员名单。美国众多自由电影创作者，面对创作的欲望、盈利的冲动纷纷试图甩开爱迪生电影专利公司的控制。

在与爱迪生电影专利公司抗争的过程中，不仅诞生了商业影视剧制作中心好莱坞，也诞生了电影明星制度。世界上第一个明星是 1886 年出生于加拿大的美国电影演员弗洛伦斯·劳伦斯（Florence Lawrence）。她是最早在电影中署名的演员。1909 年，犹太人卡尔·莱姆勒（Carl Laemmle）旗下的电影公司 IMP（Independent Moving Pictures Company of America）签下了弗洛伦斯·劳伦斯。犹太人卡尔·莱姆勒非常有商业头脑，为了从当时盛行的电影产业中分一杯羹，想尽办法为新电影《破碎的誓言》（*The Bro-*

ken Oath）宣传。当时，弗洛伦斯·劳伦斯出演过多部电影，卡尔·莱姆勒将之招募到公司旗下，许诺让其大红大紫。卡尔·莱姆勒先是向外界释放谣言，说弗洛伦斯·劳伦斯因为阴谋死于纽约的街头车祸，在获得媒体广泛报道后，继而发布带有弗洛伦斯·劳伦斯照片的严正声明。卡尔·莱姆勒发布消息，指弗洛伦斯·劳伦斯不仅活得好好的，还正准备出演新电影《破碎的誓言》。此举一石二鸟，既将弗洛伦斯·劳伦斯打造为万众瞩目的电影明星，也为新电影《破碎的誓言》奠定了票房基础。此后，这种手法成为美国商业电影普遍施行的宣传手法，而经验的累积则将之固定为一整套宣传、培养和管理的制度。

所谓明星制度，指的是影视、演艺行业出于商业运作的目的，按市场规律，使用经纪行业的宣传手段，将演艺人员打造成具有受众注意力价值的商业品牌的做法。明星的本质是商业品牌，其公众形象与其本人并无直接的、本质的联系，反而与其背后运作团队的理念、资源密切相关。举例而言，某位大明星的公众形象与其真实的性格并无直接关联，是商业团队运作的结果，是众多专业人士共同打造的品牌形象，需要不断地精心维护。因此，一些经纪公司由数十人组成，却只运作一种商品，即某位明星。从这个角度看，对明星的狂热追求显然是非理性的，因为明星的公众形象就像是粉笔、汉堡、电视节目那样是现代商业运作体系中的一款具有品牌价值的产品。然而，明星带来的粉丝经济却能在多个行业产生实实在在的利益，为影视节目的推广、品牌的管理增加市场价值。

二　明星与艺术家的异同

明星是商业化运作的产物，是经纪公司的产品。

为深刻了解明星制度，需要将其与艺术家进行对比分析。豫剧大师常香玉可以被称为明星吗？答案应该为否。此外，这个问题可能会让人产生冒犯感，似乎有对已故著名艺术家的不敬之处。鹿晗是艺术家吗？答案应该也很明显。如果让人们谈论明星与艺术家的异同，大家往往会陷入困惑，似乎不知该从何入手。然而，以上有关常香玉、鹿晗的两个问题其实反映人们对明星、艺术家的概念有普遍的判断标准，两者存在显著不同。

《艺术人生》曾是中央电视台的常青树，自 2000 年 12 月 22 日晚 21：00 播出。《艺术人生》在节目创办初期访问了大量的知名艺术家，极具亲和力，使观众对这些艺术家和其从事的艺术事业有了更多的了解。随着节目的不断播出，《艺术人生》面临越来越严厉的舆论批评。一些观众认为，《艺术人生》访问的对象有一些并不能被称为艺术家，例如演员闫妮；还有一些观众认为，节目内容有重复的嫌疑，例如曾多次为成龙拍摄节目。《艺术人生》的定位和艺术家的稀缺，是出现上述问题的关键。

　　艺术家是存在历史较为短暂的概念，自民国时期逐渐形成，伴随新中国的成立而固定下来。陈凯歌导演的大作《霸王别姬》中有一个令观众印象深刻的片段。小豆子（成年后由张国荣扮演）的娘是妓院里的姑娘，她跪下来哀求戏班师傅收下小豆子："您只要收留他，怎么着都行。您别嫌弃我们呀。"电影中，师傅的原话是："别介，都是下九流，谁嫌弃谁呀？"这些对话在今天看来简直天方夜谭，戏班主乃是正经的艺术行业出身，怎么可能对失足妇女表示"咱们同属一类"呢。这种反差源自艺术家令人尊敬的社会地位是新近建构起来的历史。在漫长封建时代，无论是歌舞表演还是戏剧演出都属百伎，供人取乐之用，相关人员属于贱籍，后代因此被剥夺参与科举考试的资格。在数千年的中国历史中，优伶、娼妓是并列关系，作为极低贱的职业，世代受辱。清末民国初，西风渐进，演艺人员的地位开始与"国际接轨"。在西欧历史中，专职演艺人员并未受到特别歧视。一些音乐家、画家、歌唱家因为服务教廷、皇室、贵族，受到社会尊敬。民国时期，开明文人为了改良中国文化，致力于学习西方，其中就包括了西方对待演艺人员的态度。为将中国文化传递至世界舞台，在众多民国文人、商人、经纪行业的支持下，梅兰芳1929年率团到美国好莱坞演出，震撼西方艺术界。此后，梅兰芳在抗日战争中拒绝为日本人演出的事迹展现了艺术家令人敬佩的骨气。随着梅兰芳演艺事业的成功和事迹的广为流传，演艺被赋予了更多的社会责任，例如改良中国文化、唤醒广大民众、弘扬中国优秀传统文化等。在革命过程中，演艺工作在革命动员、鼓舞人气方面展现出了极大的力量，艺术与革命之间的关联逐渐密切起来，艺术家自然而然地也与革命关联起来。1942年5月毛泽东主席发表《在延安文艺座谈会上的讲话》，阐明了文艺的革命性，要求革命文艺为工农兵服务。艺术家在革命的浪潮中起到重要作用，为新中国的建立做出了自己的贡献。

　　艺术家与革命、政治、国家文化传播、传统文化弘扬等相关联，必须符合德艺双馨的标准。因此，艺术家这一称谓具有神圣意味，与娱乐主义、消费主义观念催生的明星极不相同。可以简单地认为，明星是现代商业运作体系下的产品，是影视艺术表演中的知名人士，无论是刘晓庆、范冰冰、黄海波、王宝强、章子怡皆可被称为明星。即便某些人绯闻缠身、道德失范，但知名度高，所以还是明星。与之形成比较的是网红。网红迭出，一时间名满网络，转眼又被遗忘。网红往往缺乏专业经纪制度的培植，鲜少堪称明星。艺术家是一个严肃的概念，应该是被时间、事件、历史证明道德高尚、艺术追求达到相当高度的演艺人员。常香玉不仅在豫剧表演艺术中展现出了极高的敬业精神和艺术水准，并因为向朝鲜战场捐赠了飞机支持了革命工作，所以是当之无愧的艺术家。如果用商业体系的词汇"明星"来称呼常香玉，无疑是不恰当、不稳重的。鹿晗作为形象高度娱乐化的演艺知名人士，如果用艺术家来称呼，无疑也不恰当。

艺术家的概念决定了它所描述的必然是演艺、手工行业中的佼佼者，人数极为有限，所以才令大众心生敬佩之情。《艺术人生》每周播出，每期讲述艺术家光辉的一生。一年大约有52周，假设每周播出一位艺术家的人生故事，那么十年便需要520位艺术家。这样高的数字与艺术家本身概念所包含的稀缺性相矛盾。因此，《艺术人生》越办越艰难，资源的匮乏恐怕是首要的原因，其次才是节目样态等问题。

在梳理了艺术家与明星的异同后，不难发现，电视台凭借话语权可以催生明星主持人，但很难培育出艺术家主持人。从电视品牌培育的需要看，通过一定的手法将主持人打造为明星，不失为巧妙的做法。

三 电视行业培育明星主持人的优势

明星是现代经纪行业商业化运作的产品，而经纪公司的运作链条中必然包括了对舆论的引导和注意力的再分配，电视行业尤其擅长于此。因此，电视行业在将主持人打造成明星时，具备显著优势。

第一，电视主持人是公众人物，具备成为明星的潜质。在传统媒体时代，电视主持人是节目、频道的鲜活代表，是电视最为鲜明的视听标志。出于这一原因，主持人往往会受到社会的尊重，与背后的策划团队、编导人员比起来具备显著的社会注意力价值，这是幕前工作的特点。中央电视台拥有大量的知名主持人，但这些主持人往往并不能简单地被视为明星。如前文所述，明星是经纪行业运作的产品。中央电视台作为国家级电视台，拥有强烈的社会责任感，并没有使用商业化、娱乐化的手段将主持人开发为具有极高商业运作价值的明星。中央电视台对主持人"走穴串场"并不支持，甚至还有严格限制，通过保持主持人的严肃形象，使之服务于舆论引导、寓教于乐的整体目的。以主持人马东为例，他在中央电视台工作时，节目往往具有较强的教育意义，例如《文化访谈录》《挑战主持人》等，主持风格与中央电视台的品牌形象相吻合，以老成持重为主。当他从体制内跳槽到爱奇艺后，风格立即大变，在《奇葩说》表现出卖萌、娱乐等"不稳重"一面。从央视跳槽出去的主持人，作为公众人物，在商业运作的包装下很容易成为具有高度商业价值的明星。

第二，电视是受众注意力集中的优质平台，具有将主持人打造为明星的话语权。我国人口众多，电视仍是人们获得信息、娱乐的重要渠道。电视虽然面临观众老龄化、广告资源增长不足的问题，但电视节目的影响力在网络时代获得了极大的提升。以电视节目《奔跑吧》为例，浙江卫视每周五晚上 21：00 播出。欧美电视观众普遍使用的电视节目录制设备，在我国并没有普及。如果没有网络技术的支持，众多人如果错过了电视节目的播出时间，就只好放弃了。然而，网络时代彻底改变了这一点，只要观众愿意收看节目，完全可以在浙江卫视中国蓝等网站收看完整节目。因此，网络可能造成了部分观众和广告资源分流的现象，但电视节目本身的播放渠道却更多元化了，拥有了更多机会。无论电视节目是在电视还是网络平台上播放，主持人都是受众不可能忽视的节目元素。在受众注意力稀缺的时代，电视始终是受众注意力集中的优质平台，将自有的主持人打造为明星并不费力。

第三，电视是高投资、高收入行业，具备将主持人打造为明星的财力。将主持人打造为明星，就需要提高主持人出现在公众面前的频率，这在今天是需要大量财力支持的一项投资。一线卫视周末黄金时间档的综艺节目的造价水涨船高，不少节目单集制作经费高达千万元以上。对于这些节目而言，拨出一部分经费用于将主持人打造为明星并不吃力。浙江卫视曾用大量的资金、资源将主持人朱丹打造为明星。浙江卫视的这一做法非常成功，朱丹在众多主持人中很快脱颖而出，成为炙手可热的明星主持人。很可惜，朱丹很快转投他人，明星效应随之消失。明星主持人既然是商业运作出来的产品，那么自然就需要精心的维护。无论是如何了得的明星，一旦脱离了专业团队的支持，很快就会产生品牌效应衰减的问题。这是一个团队协作的时代，明星经纪行业也不例外。

四　主持人明星化的方法

凤凰卫视的明星主持人展现出巨大魅力后，湖南卫视快速跟进，成功培养了一批明星主持人，例如何炅、汪涵、李湘、谢娜等。湖南卫视多年以来的收视率成功与明星主持人之间相得益彰。正是有了高收视率的优秀节目，才能催生明星主持人，反过来明星主持人也是提高节目收视率保障的重要因素。同样的节目，不同人主持往往会产生极大的收视率反差。凡是有主持人参与的节目，它或多或少地都会受到主持人风格的影响。因此，在我国电视节目制作的历史上，不乏因为主持人更换导致电视节目失败的案例。《动物世界》原来的主持人赵忠祥早就是我国电视行业的知名主持人了。他独特嗓音伴随《动物世界》的播出，成为全国人民熟知的搭配。赵忠祥退休后，许多观众表示《动物世界》精彩度下降，节目组不得不继续聘请赵忠祥，甚至找了嗓音与赵忠祥相近的人来解说。《动物世界》的主角是各种动物，主持人在其中的分量较小。即便如此，数十年的节目看下来，观众仍对主持人的声音产生了浓厚的感情，并基于这个嗓音看待《动物世界》的品牌形象。这位主持人后来陷入争议，盛名为之所累。这与央视版《西游记》中孙悟空的扮演者章金莱受到舆论批评有共同的原因：身为知名人物，频频见诸新闻，却未雇用专业经纪团队进行形象管理。从客观事实看，一些公众人物可能确实存在不光彩的一面，但从现代经纪公司商业化运作的实践看，不光彩的一面所引发的公众批评，在众多情况下是可以避免、控制的。这就体现了经纪公司现代公关手段的专业价值。将主持人打造为明星，具有一些通行的、可行的方法。

第一，通过版面、广告购买，参与节目、活动等方法短时间内提高目标主持人的出现频率。浙江卫视为了在短时间内将朱丹打造为明星主持人，花费大量的资金在杭州本地的公交车身、地铁站等人员密集的场合，提高朱丹形象的出现频率。浙江电视台主持人众多，却为朱丹的出现频率大做文章，浙江的电视观众很快就像电视台那样，把朱丹视为众多主持人中非常独特的一位。不仅如此，浙江卫视作为向全国播出的电视频道，还通过让朱丹作为嘉宾的方式，使朱丹在多档节目中频频亮相，提升她在浙江卫视中的独特性。很快，电视观众便注意到朱丹的与众不同，接受了她是明星主持人的现实。

第二，通过工作人员的陪衬，提高目标主持人在公众场合的显著程度。郭德纲在相声中常戏谑说，他本人水平不高，"全靠同行们的衬托"。明星之所以能让大众接受其独特性，与明星在公众场合时工作人员的陪衬密切相关。每当明星出现在飞机场、街头、录制现场等公众场合时，所谓的"排场"往往随"腕"的大小而展现出不同的铺张程度。一旦出现在公众场合，明星往往都有工作人员随行，以便衬托明星的不凡之处。因此，无论是浙江卫视还是湖南卫视，针对明星主持人往往会提供极为显著的、非常优渥的待遇，其中最为重要的就是更多工作人员针对明星的积极服务。众多明星十分年轻，远没有到"生活不能自理"的程度，但行动皆有工作人员陪伴、服务是打造明星的重要手段。

第三，通过话题营销，保持目标主持人在舆论中的热度。注意力稀缺的时代，没有话题，就没有注意力。反过来，有话题也不见得有注意力。近年来，湖南卫视面临浙江卫视竞争的巨大压力。虽然湖南卫视的主持团队星光熠熠，但难掩"老面孔"的窘态，在培植新生代明星主持人时似乎非常吃力。吴昕作为知名节目中固定出现的主持人，在湖南卫视轮番的话题营销中，处于不温不火的尴尬境地。这或许与电视行业在话语权方面的衰落有一定的关系。可以通过适当的捆绑式营销，借用名人效应提升目标主持人的话题价值。当然，没有必定会成功的营销。与热门话题、热门人物进行捆绑式营销，俗称"蹭热点"。它虽然有风险，但因为收益极高，往往有人愿意一试。

第四，通过公益活动，提升目标主持人的品牌形象。电视节目主持人服务于电视频道的总体目标，要在娱乐化的时代浪潮中保持清醒的头脑，发挥正面引导的作用。不应为了成为明星，无底线滥用多种炒作手段。电视台在打造明星主持人时，不只应该守住底线，更应该通过积极参与公益活动保持主持人正面的品牌形象，从而为整个电视行业的良性发展起到推动作用。

第五，使用专业团队管理目标主持人在公众场合的言行举止。在培养明星的过程中，经纪团队提供的不只是宣传、营销服务，很重要的内容是管理明星在公众场合的言行举止。一般而言，专业团队往往会根据市场需要和当事人的具体情况，确定明星形象。为打造并保持形象，专业团队需要做出多方面的努力。明星在公众场合的一举一动都应该是职务行为。为打造明星主持人的良好形象，电视台有必要对其在公众场合的言行进行管理。

第五章　电视新闻节目策划

新闻是最能体现我国电视作为事业单位的舆论引导、喉舌功能的核心类型节目，广电管理部门明确要求不能将新闻类节目制播分离。改革开放以来，电视新闻节目取得重大进步和快速发展，出现了诸如《焦点访谈》《东方时空》《南京零距离》等优秀的电视新闻节目。新闻节目的策划、改革与改版，绝非无水之鱼，与社会经济的发展、人民的需求和社会主义建设的需要密切相关。新闻节目是特殊类型的电视节目，是电视台履行社会责任、发挥舆论引导功能的重要领域。

第一节　电视新闻节目的选题策划

1993 年至 1994 年，美国政府放开对网络的军事管制，允许民用。此后，网络技术成为重要投资对象，一个前所未有的投资模式由此开始：依靠潜在用户、实际用户数量而非盈利情况投资。此前，投资往往依据复杂的报表进行，用户众多但没能盈利的项目不受青睐。2000 年后，网络相关股票在纳斯达克股票市场达到峰值后迅速崩溃。此后仅数年，网络技术卷土重来，再次以流量、点击量、推广量、用户数量而非盈利能力获得投资者青睐。这一轮网络繁荣是不是泡沫，有待历史检验。然而，网络技术、平台的这一盈利模式改变了传媒生态，即众多网络创业者、项目通过娱乐手段获得更多的注意力，而非信息资讯。对电视新闻而言，跟风娱乐无异于失去初心和立身之本，坚持信息传播职责则有沦为对空言说的危险。面对这些问题，电视新闻多方尝试。

新闻选题策划，指的是编辑、记者针对事件的新闻价值和新闻机构的品牌定位对新闻报道、节目进行的设想、构思等智力活动，并以计划、策略的形式体现在电视新闻报道、新闻节目制作的全部流程中。因此，新闻选题策划是电视新闻节目制作过程中起到提纲挈领之重要作用的关键环节，是体现新闻节目编辑、记者能力的重要工作。

一　电视新闻的概念

陆定一认为，新闻是新近发生的事实的报道。1990年7月，中国广播电视学会电视学研究委员会和中央电视台研究室牵头，组织电视新闻理论工作者和实践工作者，对电视新闻做出了如下定义：电视新闻是以现代电子技术为传播手段，以声音、画面为传播符号，对新近或正在发生、发现的事实的报道。① 该电视新闻概念，深受陆定一新闻概念的影响。新闻的概念向来是显学，中外学者、专家、电视人对此有多种看法和论述。目前，陆定一关于"新闻是新近发生的事实的报道"的论述深入人心。毫无疑问，事实、真实是新闻的核心属性。然而，仔细研读陆定一新闻概念不难发现，其主谓宾语揭露了一个真相："新闻是报道"。在媒介拟态环境发达的时代背景下，对这句话认真审视，对于电视新闻节目从业人员而言很有必要。从电视新闻概念出发，新闻策划人员需要注意以下方面的内容。

第一，新闻是报道，而不是事实本身，因此它必然会经过影响读者价值判断的筛选。所谓新闻价值，指的是新闻事件因素包含的能满足受众需求的程度。新闻价值的判断标准往往被总结为时效性、重要性、显著性、接近性、趣味性。一般而言，新闻从业者认为这五个因素可以衡量、评估新闻事件吸引受众注意力、满足受众需求方面的能力。威尔伯·施拉姆在《传播学概论》中认为，大众传播具有雷达功能、控制功能、教育功能、娱乐功能。从受众实际的媒体使用体验看，受众对大众传媒的需求主要是信息资讯、娱乐休闲两个方面。大众传媒提供的信息资讯是人们了解世界、社会、他人，并对自身进行判断的重要依据。长期以来，伴随大众传播的发展，大众传媒成为人们了解世界的中介。然而，人们从碎片化的新闻报道中对世界的认知，往往与真实世界之间存在巨大的偏差。人们不应该将报道与事实视为相等的关系，大众传媒符号之所以被称为"拟态世界"就在于其与真实世界差别极大。然而，由于大众无法亲身体验世界的全部，因此不得不依赖大众传播对世界进行了解和判断。

第二，大众传媒的信息可以深度影响大众对世界的认知与判断，议程

---

① 胡智锋：《电视节目策划学》，复旦大学出版社，2017，第27页。

设置理论和框架理论对此有详细论证。李普曼（Walter Lippmann）在《舆论》中最早提出议程设置的思想。1972 年唐纳德·肖（Donald Shaw）和麦克斯威尔·麦克姆斯（Maxwell McCombs）在研究了 1968 年美国总统大选后，正式提出议程设置理论。议程设置理论认为，大众传媒可以通过选择性地报道左右人们的观点，并影响人们对事物重要性的认知和判断。议程设置理论着眼于大众传媒的宏观层面，考察大众传媒作为整体在长期的报道过程中，对受众群体的社会认知的总体判断。近年来，西方传播学界转向更为具象的框架理论。1974 年加拿大社会学家欧文·戈夫曼（Erving Goffman）将框架（frame）这一概念引入人文社科，并被传播学接纳，成为当今西方大众传播学中的重要观念。框架理论认为，大众传播的信息可以通过三层筛选，影响人们对世界的感观和判断：一、从万千世界中，按新闻价值判断标准，筛选部分事件使之成为报道对象，这些事件被称为新闻事件；二、每一个事件由万千因素构成，新闻机构按一定的规则筛选其中部分因素作为报道内容，例如"5W＋1H"原则；三、同样的信息，因为内部结构的不同，会造成传播效果方面的差异。

从大千世界中挑选部分事件进入大众传媒的视野，这显然会影响人们对世界的感知和判断。例如，大众传媒如果短时间内集中报道凶杀、自杀、血腥事件，人们往往会对所处社会环境加深忧虑；大众传媒如果集中报道正面、积极的事件，在网络自媒体尚未普及的时代可以起到鼓舞民众的作用。这两种做法，到底哪种更合适呢？大众传媒存在第三种、第四种及至无限种做法。然而，无论是哪种做法都改变不了颠扑不破的事实：一切报道都经过筛选。对于自媒体而言，这个道理同样存在：每天发生无数个事件，人们只能挑选一部分内容将之公之于众，他们用哪种标准筛选信息？这恐怕离不开专业新闻媒体在判断新闻价值标准时使用的尺度：时效性、重要性、显著性、接近性、趣味性。

事件由多重因素构成，专业新媒体、自媒体在报道时不可能一一枚举，必须筛选，而最为常见、专业的筛选方式是"5W＋1H"原则。所谓"5W＋1H"原则，指的是媒体在报道新闻事件时，将时间（When）、地点（Where）、何人（Who）、何事（What）、动机（Why）以及怎样的过程（How）六个元素作为报道主体的做法。"5W＋1H"反映新闻报道弱水三千只取"六"瓢饮的做法。然而，被舍弃的元素有可能一经报道产生截然不同的反响。例如，某大学的一位校友，毕业二十年后富甲一方，决定在母校设立高额的慈善基金，用于奖励品学兼优的贫困学子。这个新闻会引发该校师生正面的情感回应和评价。这位富商在某地承包山林并违规砍伐大量树木，获取大量财富的同时破坏生态，引发泥石流毁掉数个村庄。如果将这一事件披露，那么对于该校师生以及社会人士而言，这位富商的慈善举动，就会面临更为复杂和负面的解读。因此，"5W＋1H"原则在指导新闻从业人员高效率地、标准化地完成新闻报道的同时，实际上也会起到遮蔽的附属效果。

新闻事件的信息如果采用不同的结构，会产生不同的传播效果。这是框架理论十分精彩的论断，也是我国古人"朝三暮四"所描述的道理。《庄子》中有一个故事，讲述在宋国，有一个老人善养猕猴。老人由于家财匮乏，不得不降低猕猴口粮，于是决定此后每天只提供七个橡子。一开始他对猕猴说：从今往后，早上给3个，晚上给4个。猕猴大怒，抗议不止。养猴的老人接着说：那么从今往后，早上给4个，晚上给3个。猕猴听了大喜，欣然接受。这个故事现今的寓意，可能与《庄子》原文有出入，却是框架理论的典型案例。在当今媒介信息的洪流中，无时无刻不在重演着这一故事。所谓低俗的标题党，在其所包含的信息量不变的情况下，通过信息结构、用词的变化，便可以提升它的注意力价值从而吸引人们的关注。

第三，由报道所构成的符号世界、拟态世界与真实世界相差甚远。世界是一个庞大的系统，由无数个动态的事件、细节组成，没人能像传说中的上帝、神仙那样处于全知的状态。今天的人们之所以能实现古人"千里眼""顺风耳"的神话，有赖于现代传播技术的提升。在大众传媒发达的时代背景下，信息传播与物理距离之间的关系越来越微弱。今天人们对世界的认知，首先取决于媒体的报道，其次取决于自身的媒体使用行为。

第四，根据拉康的镜像理论，大众传媒构成的信息环境是身份建构的参照物，因此伴随大众传播向分众传播的转变，受众价值观呈现多元化的特征。拉康观察到婴儿在照镜子时的有趣行为。一开始，婴儿并不能从镜子中认出自己，直到成长到一定阶段后，从对抱着他的妈妈和镜中妈妈的对比分析中，逐渐明白镜中妈妈抱着的孩子就是自身。拉康通过这个观察认为：自我是在与他者比照的过程中建构出来的。人用以观察他者的"镜子"就是周围的环境，尤其是信息环境。其中，大众传媒是信息环境中最为强大的存在。因此，就像婴儿观察镜中的妈妈，最终确认镜中的自我那样，人们通过对大众传媒的信息解读，判断自身的成败得失并构建自我，产生对世界的认识和做出决策。传统媒体时代，全国性的、地域性的媒体是全国人民、各地域群众共同参照的"镜子"，长此以往必然在世界观、价值观、人生观方面形成趋同效应，而沉默螺旋则保障了大众传媒强大的舆论引导功能。然而，今天电视新闻节目策划必须要正视的一个媒介现实是，人们的传媒使用习惯不同于 21 世纪前，呈现多样化、多元化的态势。以大学生为例，他们每天接触到的媒体及信息差别巨大，而媒介使用差别又使他们在自我认知、身份建构、世界观、价值观方面表现出较大的差异，多元化正在快速成为现实。

第五，综合以上因素，新闻做不到完全客观，立场是新闻报道中重要的因素，电视新闻从业人员必须坚持党性原则。事实本身是客观的，但新闻不是事实本身，而是关于事实的报道。坚持党性原则，就需要电视节目在政治上与党中央保持一致；在思想上坚持马克思主义、毛泽东思想、邓小平理论、"三个代表"重要思想、科学发展观、习近平新时代中国特色社会主义思想；在组织上服从党纲、党章、党的决议和领导，遵守党的各项纪律和规定；在新闻实践过程中，以党员的标准要求自己。欧美作为新闻客观主义、专业主义思潮的源头，并不存在完全独立的新闻业。2018 年美国有线电视新闻网（CNN）白宫首席记者吉姆·阿科斯塔（Jim Acost）与美国总统特朗普在新闻发布会上发生争执，随后被白宫吊销记者证。稍后，美国有线电视新闻网起诉白宫，法院支持了美国有线电视新闻网的诉讼要求，吉姆·阿科斯塔重获记者证。白宫控制新闻报道的手段丰富而隐蔽已不是秘密，除通过记者证的发放与收回外，还可以通过控制白宫新闻发布会的参与资格等形式进行。

二　电视新闻的分类

新闻是电视节目中最为重要的组成部分，体现电视作为大众传媒舆论引导的重要功能。对电视新闻的分类，不妨参照中国广播影视大奖的做法。中国广播影视大奖是由国家新闻出版广电总局主办的全国性奖项，具有行业内的导向性作用和全社会的权威地位。中国广播影视大奖将广播新闻节目、电视新闻节目分为短消息类、长消息类、连续及系列报道、评论类、专题类、现场直播类六个类型。[①]

---

① 中国广播电视年鉴编辑部：《2015 中国广播电视年鉴》，中国广播电视年鉴编辑部，2015，第 414 页。

短消息类电视新闻节目，指的是电视对新近发生的事实较为简短的、时长 1 分 30 秒①以内的音视频报道。

长消息类电视新闻节目，指的是电视对新近发生的事实相对较为详尽的、时长 4 分钟以内②的音视频报道。

连续及系列报道，指的是电视对新近发生的事实按时间、主题等顺序次第播出的、每集 8 分钟以内③的详尽的音视频报道。

评论类电视新闻节目，指的是时长 40 分钟以内④的，针对热门事件、话题发表观点、看法的音视频报道。

专题类电视新闻节目分为新闻社教类和纪录片两类，前者指的是围绕某一特定主题制作的、时长 45 分钟以内⑤的音视频节目，而后者指的是以客观记录真实生活为素材的、时长不定的电视艺术形式。

现场直播，过去叫作实况转播，指的是电视将新闻现场的音视频内容转化为电视信号后直接通过转播车、卫星进行即时传送并播出的节目形式。现场直播类新闻节目，即指将新闻事件现场的视听内容通过转播设备即时传送并播出的报道。

电视新闻的分类从学理上讲，似乎不应该与具体的时长有明确相关性。然而，中国广播影视大奖对不同类型的电视新闻节目的划分，有一个前提，即正常播出的新闻节目。我国电视业早已实现了栏目化的播出，不同类型新闻节目的时长在 20 世纪末期便已有了大致的规格。我国电视诞生的最初数十年中，电视节目的播出往往是不定期的，时长方面长短不一，

---

①　中广联合会评奖工作部：《关于 2017 年度中国广播影视大奖·广播电视节目奖·广播电视新闻类节目评奖工作的通知》（2018 - 6 - 29），http://www.carft.cn/2018 - 06 - 29/f0889d52 - 975f - fc1b - a725 - 2ec15151ce7d.html。

②　中广联合会评奖工作部：《关于 2017 年度中国广播影视大奖·广播电视节目奖·广播电视新闻类节目评奖工作的通知》（2018 - 6 - 29），http://www.carft.cn/2018 - 06 - 29/f0889d52 - 975f - fc1b - a725 - 2ec15151ce7d.html。

③　中广联合会评奖工作部：《关于 2017 年度中国广播影视大奖·广播电视节目奖·广播电视新闻类节目评奖工作的通知》（2018 - 6 - 29），http://www.carft.cn/2018 - 06 - 29/f0889d52 - 975f - fc1b - a725 - 2ec15151ce7d.html。

④　中广联合会评奖工作部：《关于 2017 年度中国广播影视大奖·广播电视节目奖·广播电视新闻类节目评奖工作的通知》（2018 - 6 - 29），http://www.carft.cn/2018 - 06 - 29/f0889d52 - 975f - fc1b - a725 - 2ec15151ce7d.html。

⑤　中广联合会评奖工作部：《关于 2017 年度中国广播影视大奖·广播电视节目奖·广播电视新闻类节目评奖工作的通知》（2018 - 6 - 29），http://www.carft.cn/2018 - 06 - 29/f0889d52 - 975f - fc1b - a725 - 2ec15151ce7d.html。

缺少规划，有赖于电视报等渠道提醒观众按时收看节目。然而，20世纪八九十年代以来，我国电视业实行了栏目化的播出方式。为了稳定节目播出时间，电视台的栏目播出要求电视节目、广告的时长规格遵照一定的标准执行。中国广播影视大奖有关电视新闻的评定标准，对电视新闻节目策划有重要的参考意义。

三 新闻选题的要求

每时每刻，世界万物不停地发生着变化。怎样从多彩多姿的世界中选取新闻事件是上到专业媒体，下到自媒体都苦思冥想的问题。新闻选题首要的工作就是确定报道对象，而新闻价值的判断标准则是判断事件新闻性的关键标尺。所谓新闻价值，指的是新闻事件因素包含的能满足受众需求的程度。新闻价值的判断标准往往被总结为时效性、重要性、显著性、接近性、趣味性。一般而言在新闻节目策划过程中，新闻选题需要考虑以下要求。

（一）社会效益与价值

第24届中国新闻奖广播电视部分特等奖的获奖作品是中央电视台的《习近平春节前夕赴甘肃看望各族干部群众 向全国人民表达美好的新春祝福》。春节对中国人意义重大，在春节来临之际，党和国家领导人看望人民群众具有极大的象征意义和鼓舞人民建设的作用，是新时代人民建设社会主义新中国的重要精神食粮。中央电视台通过生动形象的报道，充分发挥了舆论引导的作用，使电视新闻节目的社会效益得到了充分的发挥，极具选题价值。

（二）饱满的信息量

新闻首要的目的是传播信息、引导舆论，而不是娱乐，必须包含饱满的信息量，否则便没有必要作为新闻选题。目前，受到民生新闻理念的影响，一些新闻节目专注鸡零狗碎、家长里短。在新闻普遍关注时政要闻、会议新闻的传播背景下，这些报道普通人日常生活琐事的新闻，因兼具接近性和趣味性而在地方电视台受到普遍欢迎。自《南京零距离》播出以来，全国各地的电视台纷纷推出此类新闻节目。时至今日，有关东家长西家短的新闻已失去了当初的魅力，其排解无聊情绪的功能逐渐被网络微视频、直播平台所代替。在娱乐浪潮愈演愈烈的背景下，电视新闻人必须坚持对新闻价值的追求，而不是随波逐流。

（三）或者立场突出，或者客观中立

《南京零距离》除在电视新闻界将民生新闻理念推广开来以外，还捧红了主持人——孟非。这是地面电视台难得一见的新闻主播类明星。新闻主播，往往给世人留下正襟危坐的印象。《南京零距离》之所以能短时间内在长江三角洲地区获得认可，并被全国电视行业学习、模仿，很重要的原因在于新闻节目主持方式的创新。孟非在这档民生新闻节目中，不用提前写好的串联词，根据新闻嬉笑怒骂，一反新闻节目、新闻主持人刻意营造客观严谨态度的做法，反其道而行之，获得了一片称赞之声。然而，众多的新闻节目能够保持客观严谨的姿态，这是新闻属性所决定的。

（四）独特性

网络时代，信息冗余现象突出，内容的同质化是令传受双方皆头疼不已的问题。在此背景下，通过新闻选题赋予报道以独特性很有必要。西方谚语说，一百个读者就有一百个哈姆雷特。如果有一百个记者报道哈姆雷特，怎样才能脱颖而出，使报道保持真实性的同时有强烈的独特性，成为独家报道呢？如果各个记者都使用"5W＋1H"的手法，那么报道自然相差无几。这对新闻节目的管理者而言，或许是好事，因为记者报道是可预测的，因而方便管理，有利于实现新闻制作的高效率和质量的稳定性。然而，在网络发达、受众注意力稀缺而新闻素材不足的背景下，针对各路媒体关注的事件，通过新闻选题策划，提供独特性的报道是电视新闻节目必然的生存方式。独特性，可以体现在形式、角度、深度、广度等四个方面。河南广播电视台的消息类新闻节目《兰考：为了一份殷重的嘱托》，题目抓人，而报道角度展现以点带面的社会效益。

（五）趣味性

自2018年9月开始，江西乡村小学校长自费为孩子在下午放学返家前加餐，并亲自操刀下厨。实习教师拍摄的相关视频，在网络上引起数十万人的关注和数百万次的点击，引起了传统媒体的报道。包括电视、广播、网站在内的多家媒体的报道，促使这一事件成为2018年、2019年交替之际深受人们关注的暖新闻。与臆测不同，孩子们的家庭并不一定困难，但父母普遍外出务工，校长之所以为孩子们加餐主要是加强与孩子们的沟通，给予孩子们更多的温暖。该新闻因为校长的"美食加餐"和孩子们的"强势围观"和"温暖点评"在人群中广泛传播，反映了趣味性在当今传播环境中对新闻报道的重要性。当然，并不是每一件新闻都可以用趣味性

进行选题策划，今天电视新闻环境中硬新闻固然重要，但民生新闻、软新闻不妨在选题阶段多考虑趣味性的问题。趣味性不意味着娱乐化，《江西一乡村小学校长自费为孩子"加餐"视频走红网络》① 就趣味十足，温暖人心，没有刻意通过娱乐手段取悦大众。

（六） 形象、生动

现代人的生活节奏快，需要释放压力，这是娱乐盛行的原因之一。电视新闻在进行事实报道的同时可以考虑形象、生动的要求，提高电视新闻的传播力和在舆论场中的穿透力。新闻素材的画面表现力度是不同的，在选题策划阶段考虑报道形象、生动的要求可以提高电视新闻报道的生动程度，从而提高电视新闻的可看度。

（七） 融媒体传播价值

第二十八届中国新闻奖和第十五届长江韬奋奖表彰了《人民日报》的微信公众号"侠客岛"，认为其作为融媒体栏目表现上佳。《人民日报》是我国权威大报、党报，尚且通过多种方式布局跨媒体传播，电视新闻也不应局限于电视荧屏，而应将战略发展视野扩展至新媒体。选题阶段就应规划、考虑新闻事件的融媒体传播机制。

以上七个方面，对电视新闻选题策划有重要参考价值，但并不意味着新闻事件必须符合以上所有条目方可达到选题要求。

第二节　报道结构策划

报道结构，指的是电视新闻文本对有关事件的报道进行的布局规划。总体而言，经典新闻采写方法认为，报道应该由标题、导语、主体、背景、结尾构成，从而组成"倒金字塔结构"。所谓新闻的倒金字塔结构，指的是将新闻中最为重要的信息放在第一句，剩余信息按重要程度依次递减排列的叙事方式。这是新闻人在美国南北战争、电报系统不稳定的年代总结出来的规律，以确保新闻消息高效率地传递。它是在信息匮乏、大众传播技术不稳定的背景下总结出来的规律。2008 年经济危机后，欧美国家

---

① 《江西一乡村小学校长自费为孩子"加餐"视频走红网络》（2019 - 1 - 2），人民网，http://gov.163.com/19/0102/17/E4HK78FA00239803.html。

的报纸为降低成本，应对网络新媒体的挑战，纷纷选择开设网络版，更有甚者完全停掉纸质版，全面转向网络版。然而，这些报纸均面临一个问题：盈利模式。报纸过去依赖广告销售和发行量盈利，转向电子版后，网民习惯于免费模式，因此电子版报纸盈利困难。2008 年以来，成功实现网络版付费模式的仅有《华尔街日报》，而英国《卫报》《泰晤士报》等尚在探索中。《卫报》是最早实行网络版收费制度的报纸，但其信息的稀缺度低于《华尔街日报》，在付费模式的尝试方面不如后者成功。《华尔街日报》是世界顶级金融大报，提供的信息资讯具有难以替代的价值。然而，对大部分新闻机构而言，无论是有关重大新闻事件进程的硬新闻，还是有趣生动、人情味十足的软新闻可替代程度都比较高。中央电视台在时政新闻、重大事件报道方面具有得天独厚的优势，令地方电视台难以企及。电视在时政要闻、重大事件报道方面，仍普遍采用倒金字塔结构。在民生新闻、软新闻报道方面，电视新闻已不局限于此种程式化的做法，开创了多种多样的报道手法。

一　电视新闻报道的构成元素

电视新闻兼具视听传播功能，丰富的视听表达元素是其核心竞争优势。这一优势曾促使我国报刊进行图片化改革。然而，随着网络技术的发展，视听兼备不独为电视所有，已是众多新媒体的基本属性了。正因如此，电视新闻结构策划应该包括对报道构成元素的规划。

1. 现场画面与同期声

现场画面与同期声是电视新闻中最具说服力、视听冲击力的元素。电视新闻节目频频播出有关工厂生产的报道。在展示生产成果、发展进步方面，图表、报表、资料更全面、权威，却容易产生视听疲劳，难以体现电视新闻的优势。因此，无论是《新闻联播》还是地面电视台的新闻节目，在报道工厂生产时往往会深入一线车间，展示滚烫铁水、火花四溅、机器轰鸣的视听效果，从而点燃观众的情绪。

2. 视频、图文资料

我国电视台普遍使用数字化的媒体资产管理系统，电视新闻节目在长年累月的报道中往往积累了大量相关资料。此外，有关新闻事件、人物，在书籍、报刊、政策条文方面的记录都可以作为资料，用以丰富电视新闻报道。

3. 记者的现场解说与采访

记者的现场解说和采访是丰富电视新闻报道手段，增强节目互动性的重要方法。目前，出镜记者素养已成为电视新闻从业人员的重要培训内容。我国电视新闻记者年轻化的趋势十分显著。欧美电视新闻记者往往从业时间长，乃至于白发苍苍仍在做出镜记者，给观众以资深记者、专业报道的印象，而电视新闻节目的主播往往由资深记者担任。记者的现场解说和采访可以将个人风格适当地带入新闻节目，增添新闻报道的"温度"和辨识度。

4. 解说词与字幕

我国电视新闻节目普遍使用解说词和字幕，它们相辅相成，服务于电视新闻节目报道。重大新闻报道的解说词往往高度重视严谨、规范和社会效应，而民生新闻则相对比较多元化一些。

5. 数据

大数据是时代热词，也是央视新闻改革中的重要工具。目前，电视新闻在时效性方面的优势较之新兴的网络媒体似乎处于相对不足的地位，因此更需要依赖深度报道进行突围，而数据则是提升新闻报道深度的重要手段之一。

6. 动画

动新闻自《新京报》、澎湃新闻推出以来，在网络媒体上获得了不错的传播效果。所谓动新闻，目前指的是平面媒体、非视听类媒体使用动画等手段再现现场的报道方式。这种做法在 2014 年马航事件报道中表现突出。2014 年 3 月 8 日，马航 MH370 飞机失踪，成为国内、国际新闻机构的报道热点。然而，令媒体记者手足无措的是，这架飞机消失得无影无踪，马来西亚政府、军方及马航在新闻发布会中言辞闪烁不定，记者无从下手，没有更多的视听内容可以呈现。当时，一些技术人员猜测飞机或许在飞行过程中直接冲入海底。当各家媒体机构纷纷口头复述这则传闻时，CNN 制作了一个简短的动画，展现飞机冲入海底的画面。这则动画在当时内容极度匮乏的媒体机构中广受欢迎，被包括我国在内的众多媒体机构购买、采用。动画已成为众多新闻报道使用的手段。

7. 主持人串联词、点评

在民生新闻、软新闻的报道中，主持人串联词、点评是电视新闻节目策划的重要元素。《南京零距离》与其主持人孟非的成名相互作用。无论是新闻节目还是综艺节目，主持人往往是其中最为稳定、突出、活跃的元素，对电视节目品牌的培育和受众忠诚度的培养具有一两拨千斤的作用。

二　电视新闻报道的结构选择

电视新闻已进入多元化时代，电视新闻报道的结构不局限于倒金字塔式结构。多元化的电视新闻报道结构有利于提高电视新闻的传播力，从而获得目标传播效果。

第一，倒金字塔式结构。它有显著的优势：方便记者写稿、组织新闻报道；方便记者在不稳定的局势中保护新闻内容传递的安全；方便大众尽快地了解新闻事件的主要面貌。倒金字塔式结构基于以上优势，在世界新闻业中占据重要地位。然而，对当下的电视新闻而言，其劣势同样显著：程式化、公式化特征突出，给观众以僵化的印象；这种结构严正有余，灵活性不足，记者、编辑难以创新；在信息冗余、精确传播的背景下，不利于新闻报道的多元化。

第二，人物导入式结构。人物导入式结构，指的是新闻将事件关键人物、主要人物、相关人物的言行、心理作为报道的开始部分，进而展开相关事件报道的新闻构成方式。新闻事件往往都包含了人物，而人物是人们最易产生兴趣的元素之一。人物导入式结构将鲜明的人物形象放在新闻报道的开始部分，先"抓人"再因势利导地报道新闻事件。这里的"抓人"既指抓住观众的注意力，也指抓住事件相关人物的特征。

第三，事件导入式结构。事件导入式结构，指的是新闻将事件最具注意力价值的部分提炼出来，置于报道的开始部分，继而再展开事件其他部分的新闻构成方式。"天桥下的流浪汉竟然是名校毕业的博士生！"，这样的新闻导语既能抓人眼球，也能将事件最为突出的部分快速呈现给观众，一举两得，已在民生新闻、公共新闻流行的背景下成为电视新闻节目普遍运用的新闻结构。

第四，评语导入式结构。评语导入式结构，指的是新闻从道德评价的角度，将基于公序良俗做出的判断置于报道的开始部分，继而再展现新闻事件的结构方式。"这个妈妈太残忍！2018 年 12 月 24 日，某地一个刚刚满月的婴儿被遗弃在冰天雪地的户外……"这种报道方式率先将道德评价、伦理评判置于报道开始的部分，不违背新闻真实的原则。按公序良俗的群体准则对新闻事件进行品评，可以增加新闻节目的"态度感"，与持有客观原则的电视新闻节目相对应，提供丰富的新闻产品以供观众选择。

第五，意义导入式结构。意义导入式结构，指的是新闻将新闻事件、人物的社会价值、意义的提炼作为报道的开始部分，继而再对新闻事件进行展现的构成方式，例如"杭州一位退休的大爷堪称我们的表率……"该报道方式先强调新闻事件、人物的社会价值，再展开对事件的报道。这就要求记者、编辑对事件、人物的社会价值、意义有正确的认识，既不能过于拔高使后续的报道显得苍白无力，也不能无的放矢使后续的报道令观众不知其所云。

第三节　标题策划

目前，腾讯新闻、网易新闻、凤凰资讯等新闻网站大量引用、转载传统媒体的报道。值得注意的是，门户新闻网站在引用传统媒体新闻报道时，往往会修改标题，这几乎成了行业规则。这种做法令人深思，是传统媒体在新闻标题方面的吸引力不足，还是"新""老"媒体在标题策划方面具有较大差异呢？

一　"标题党"与黄色新闻

与碎片化传播潮流相伴生的是所谓"标题党"，《白雪公主》被描述为"苦命的妹子啊，七个义薄云天的哥哥为你撑起小小的一片天"，《小红帽》则被称为"善良的女孩啊，你怎知好心指路采花的哥哥竟是黑心狼"。这是网民对当今网络上盛行的"标题党"的讽刺，然而"标题党"到底是怎么回事呢？

19世纪末，美国现代报业大亨普利策和赫斯特在竞争的过程中，无所不用其极，通过制造耸人听闻的新闻吸引读者，并产生了新闻行业的专业词汇——黄色新闻。黄色新闻指的是为了产生轰动效应而制作的煽情报道，在内容方面突出视听、心理刺激，取材集中于色情、血腥、暴力、死亡、灾祸、绯闻等。普利策和赫斯特为了抢夺读者的注意力，大量使用了此类手段，至今仍被认为是黄色新闻的典型特征。例如，民粹主义，打着维护弱者权益的旗号煽动人群；使用夸张，易出现歧义、不当联想的标题。从黄色新闻的相关研究看，当今盛行的"标题党"其实与黄色新闻如出一辙，都为争夺受众注意力，置公序良俗、社会效益于不顾。黄色新闻因为通过低俗手段抓人眼球，易在销量方面获得成功。1986年，阿道夫·奥克斯成为《纽约时报》的老板，他积极抵制黄色新闻浪潮，提出针锋相对的办报方针："纽约时报要用一种简明动人的方式，提供所有的新闻；用文明社会中慎重有礼的语言，来提供所有的新闻；即使不能比其他可靠媒介更快提供新闻，也要一样快；要不偏不倚、无私无畏地提供新闻，无论涉及什么政党、派别和利益；要使《纽约时报》的各栏成为探讨一切与公众有关的重大问题的论坛，并为此目的而邀请各种不同见解的人参加明智的讨论。"①

低俗小报和严肃大报是报业并存的两种生存探索，前者通过黄色新闻提高发行率，进而依靠广告生存；后者通过严肃报道提高认可度，但发行量有限，进而依靠广告和较高的订阅费用生存。传媒大鳄默多克，在其父亲突然去世后仓促接手澳大利亚的一家报社。默多克的父亲坚持新闻追求，希望办严肃报纸、文人报纸，但终因发行不佳、广告销售困难而不得志。默多克接手后，对报纸定位全面改革，转向黄色新闻，发行量、广告销售额直线上升，报纸很快扭亏为盈。黄色新闻实为完全按市场规则进行娱乐化运营的结果。黄色新闻、新闻娱乐化所蕴含的巨大经济效益可见一斑，默多克凭借这种方法成为传媒大鳄，在积攒了雄厚财力后又通过收购等方式拥有权威的新闻机构，可谓春风得意。

我国电视台具备事业单位的性质，黄色新闻这样的低俗手段应该是我国电视新闻人所不齿的。我国电视台具有公益追求，肩负重要的社会责任。为了广告费便放任新闻节目娱乐化，然后借以获得高额经济收益的做法无疑是公器私用的典型，应该被杜绝。默多克的例子，值得我国电视业警醒的是：应该允许电视新闻赔钱运营，否则便可能导致新闻娱乐现象的泛化。当然，电视新闻必须是面向大众的，如果完全不考虑收视率，无疑是对市场规律的践踏，难以产生真正具备舆论引导作用的优质新闻节目。以《新闻联播》为例，它首先是我国多年来收视率最高的新闻节目，其次才能发挥巨大的社会引导力。

二　电视新闻标题的策略

在提高收视率的同时，为保持电视新闻节目的品质，对标题进行专门

---

① 陈力丹：《美国"黄色新闻"潮的中国启示》，《新闻前哨》2010年第10期。

的策划很有必要。新闻媒体的标题往往分为正题、副题等，电视出于字幕排版的需要往往只有一条主标题，少数情况下加用破折号引导的副标题。电视新闻标题的策略包含以下方面。

第一，突出新闻事实或诉诸观众的好奇心。2013 年度获得中国广播影视大奖的电视新闻《阿里巴巴牵手海尔　实现强强联合》即突出了新闻事实，而由天津广播电视台制作的《从一分钱到一个亿》则诉诸观众的好奇心。2018 年，获得第 28 届中国新闻奖的电视新闻评论作品《减产为何却丰收？》由黑龙江广播电视台制作，通过简单的设问引发了观众一看究竟的好奇心，有效地提高了新闻的传播力。人们普遍具有强烈的好奇心和信息需求，因此电视新闻应该在标题层面即正视观众的这些需求，予以满足。

第二，善用包括感叹号、问号、引号、冒号、破折号在内的标点符号。电视信号稍纵即逝，相对于平面媒体可以让观众反复咀摸的特征而言，存在显著差异。对重大新闻事件的报道，平面媒体往往选用复杂的标题结构，而电视出于便于观众理解、接受的目的倾向于单条标题。在腾挪空间有限的情况下，善用感叹号、问号、引号、冒号、破折号十分重要，可以极大地提高标题情感的饱满程度，有利于观众对电视新闻内容的解读。山东广播电视台获奖的新闻作品《廉价蒲草"编"出亿元淘宝村》、辽宁广播电视台的《辽宁在全国首开"雾霾罚单"，八城市被罚》、《广西日报》微信客户端的微视频新闻《广西日报记者"失联"数十小时，在穿越 40 处塌方后发回灾区最新画面！》都有精彩的题目，而标点符号在其中起到不容忽视的作用。

第三，在准确的前提下追求新颖。不能像黄色新闻那样，为追求耸人听闻的效果编造与新闻事实不符的题目。目前，网站充斥大量自媒体运营的内容，部分信息大肆编造与事实不符的标题，引起大量用户不满、"吐槽"。电视新闻媒体区别于自媒体重要的特征就在于专业素养。求新求异是大众传媒在受众注意力稀缺的背景下的普遍追求，但尊重客观事实、新闻报道是标题的"应尽义务"。

第四，为碎片化传播准备好大量小标题。凤凰中文台在这方面走在前端，它较早地注意并适应了电视新闻节目在网络上碎片化传播的需要，常常将电视新闻节目拆成时长几分钟的微视频在网络上传播。

第四节　采访策划

采访是电视新闻节目增强说服力、互动感的重要环节，已成为众多电视节目的必备环节。近些年来，电视新闻音视频采集技术不断提升，街访成为采访策划中的重要部分。有时，街头采访会出现令人难以预料的意外答案，而这部分采访内容的播出常常成为电视观众、网民热议的话题，从而为电视新闻的广泛传播和电视新闻节目的品牌知名度服务。2012 年，我国最为权威的电视新闻节目《新闻联播》播出了系列街头采访节目，例如"你幸福吗？"一位大爷竟然说："我姓曾"。这样有趣的报道极大地提升了《新闻联播》的话题价值和品牌温暖度，但也受到了一些网民的不解与嘲讽。这段电视新闻采访在网络上知名度极高，观众也多有印象，从电视新闻节目采访策划的角度看，它是成功还是失败呢？答案是巨大的成功。

一　受访者策划

我国电视新闻采访的源头是座谈节目。1958 年 5 月 1 日，我国电视试验播出的当晚，仅播放了一条新闻，即《工业先进生产者和农业合作社主任庆祝"五一"节访谈》。此后，新闻访谈、讲话节目较为常见，并伴随电视机数量的增加，成就了大量英雄人物，例如铁人王进喜。王进喜在中央电视台演播室演讲大庆油田建设的事迹，当时电视录制设备价格高昂，中央电视台的节目只能直播。其间，王进喜讲得慷慨激昂、声情并茂，在演播室闷热的环境下挥汗如雨，一些电视观众在节目期间打电话到电视台，建议给王进喜递水、递毛巾。王进喜的电视讲演产生了极大的轰动效果，报纸、广播纷纷跟进报道，将大庆油田丰收的喜悦传递到千家万户。随着社会经济的发展，人民对于电视新闻的样式、样态提出了更高要求。

（一）受访者类型

有学者认为，从大的方面看，新闻节目中的嘉宾包括两类人：一类是以专家、名流为代表的社会精英人士，另一类是以新闻事件当事人为代表的社会各阶层人士，尤其是中下层人士。[①] 伴随受众研究理论的成熟和大

---

① 胡智锋：《电视节目策划学》，复旦大学出版社，2017，第 42 页。

众传播学的发展，采访不仅是记者获得信息的重要渠道，也是引发受众共情心理、发生互动感的重要手段。对众多电视新闻而言，如果缺乏采访环节，或许可以节省记者的工作时间，提高信息表达的效率，但容易给人"宣讲式"新闻之感，与多年以来大众传媒呼吁的"传受互动"相违背。从这个角度看，采访环节是增强电视新闻说服力、"友好"程度的重要仪式。

从电视新闻的实践看，受访者主要包括三类人：掌握一定社会资源的精英；新闻事件当事人，其可能来自社会各阶层；随机采访时偶遇的群众。这三类受访者面对镜头时，往往需要记者进行差别化的策划。这与受访者的社会地位无关，而与电视新闻的传播需要关系紧密。前任美国总统奥巴马到访中国时，曾接受《南方都市报》的独家专访。面对这种采访，其所需要的策划程度与街头随机采访存在巨大的差异。

（二）受访者策划的要点

近年来，众多电视频道纷纷追随国际潮流，选择24小时播出。欧美的一些学者、电视人将24小时播出的电视频道比喻为一个张着血盆巨口的怪兽，电视人必须24小时源源不断地向其中添加内容，否则就会面临严重的播出事故。内容匮乏成为中外电视人普遍面临的问题，促使从业人员在多年的实践过程中形成多样化的解决方案，例如内容的类型化。内容的类型化是大众文化进入成熟阶段后的必然选择，它的优点十分突出：一、类型化的影视节目是重复与变奏的组合，有利于创作者的高效生产；二、类型化的影视节目因为市场成熟，内容极易被大众理解和接受，因此有利于传受双方的高效沟通。例如，丧尸电影因为市场成熟，无须再多费篇章解释丧尸的特征。在各类电视节目中，最难通过内容类型化进行批量生产的是新闻节目。新闻节目必须依托新闻事件，因此电视新闻更多地受到新闻事件而非报道模式的影响。当然，对于成熟的电视新闻节目而言，在日积月累的报道过程中，难免形成相对固定的套路、模式，但这些所谓的套路、模式终究需要记者、编辑在实际考察新闻事件后才能套用，其间必定是大量精力的付出。因此，电视剧频道、综艺频道、纪录片频道早已有24小时播出的模式，但直到1980年美国有线电视新闻网（CNN）创办，世界上才有了第一个24小时播出的新闻频道。美国有线电视新闻网每天需要制作大量的节目，才能有效填充这24小时，为此访问成为重要的办法。不同的受访者可以为同样的新闻选题注入个人特色，从而提升电视新闻节目形象的饱满程度。

1. 受访者为社会精英的策划要点

社会精英往往占据一定的社会资源，而这些资源和作为社会精英的舆论领袖地位往往是电视新闻节目看中的关键因素。当被采访者是社会精英时，电视新闻人往往需要通过策划，充分发挥社会精英的资源优势和舆论领袖的作用。

第一，做足准备、预约采访并准备受访者的相关资料。在两会期间，没有获得提问机会的新闻记者往往不甘心错失良机，纷纷等待访问两会代表的契机。为加强与人民群众的沟通，近年来，人民大会堂往往在两会期间设置"部长通道"。等候在"部长通道"处准备提问的记者众多，而那些提前做好功课的记者往往更能抓住机会。2018 年，教育部部长陈宝生在回答《法制日报》记者的提问时，称赞这位记者的提问水平高。记者回应"这个问题我是提前准备好的。前两年没能获得提问机会。这次来得很早，占好位置，想获得一个提问机会"①。针对社会精英的采访，无论是新闻发布会还是类似"部长通道"这样的场合，能提出高水平问题的记者皆提前做好了功课。更多时候，记者针对社会精英的提问，需要提前预约。为了能成功获得采访机会，并将采访工作做好，提前整理、研究受访者的资料必不可少。

第二，列好采访提纲。既然是访问社会精英，往往经历提前预约、等候等环节，一般不会仅仅抛出个别问题即结束访问。即便问题只有一两个，既然节目决定采访社会精英，往往期望其能给出比较权威、专业的答案。为此，提前列好采访提纲，将要采访的问题于采访日到来前发送至对方十分必要，这既是礼貌，也是中西方电视业的惯例。就采访题目提前进行沟通，既方便受访者做出充足的准备，也有利于电视新闻报道获取权威、专业的信息，是对电视观众的尊重。

第三，以采访提纲为基础，准备灵活的提问思路。谚语说"见面三分情"，受访者见到记者后，可能会因为访问带来的愉悦或恼怒而对接下来的采访进程产生重要影响。记者必须对此有充分的准备。其实，无论是受访者的愉悦还是恼怒，都可能是电视新闻节目的重要素材。然而，出于职

---

① 李明远、王坤宁：《全国两会"部长通道"首次开启 记者提问获部长点赞》（2018 - 3 - 5），http://media.people.com.cn/n1/2018/0305/c40606 - 29848684. html。

业素养的要求和对电视新闻事业的尊重，如非必要，记者不应该有意诱使受访者恼怒，使之表现出不理智的言行，令新闻节目流于噱头。即便受访者没有大幅度的情绪起落，其对采访进程也可能会做出改变，记者不见得能牢牢控制采访活动。为此，记者必须在完成采访提纲后，根据对新闻事件、话题和被访者的了解，制定灵活的提问思路，为接下来的采访做好应变准备。

2. 受访者为事件当事人时的策划要点

采访新闻事件、话题当事人是提升观众观看新闻热情的重要手段。在新媒体出现前，通讯社、报刊、广播对于新闻事件、当事人采访信息的展示手段相对匮乏，而电视则可以视听兼备、图文生动。

第一，了解受访者与新闻事件相关的人际关系。事件当事人的话语之所以重要，就在于他观察新闻事件时具有观众难以企及的"接近性"，这是受访者身为事件当事人时，电视新闻人所看重的关键点。为了在采访过程中，将受访者的"接近性"优势充分展现在电视观众面前，记者就需要对受访者与新闻事件相关的人际关系进行充分的了解，做到心中有数。2018 年 12 月 31 日晚，湖南省衡南县三塘镇发生了 13 岁少年锤杀父母的案件。案件发生时，犯罪嫌疑人的患有精神疾病的姐姐目睹经过。众多记者试图访问这位小姑娘，但她语言表达能力有限并受到了极度的惊吓，没能为云集而来、心急如焚的记者提供有效信息。一些媒体独辟蹊径，采访了犯罪嫌疑人的大伯，这位大伯住在案发现场不远处。案发后，尚未气绝的父亲，指示女儿赶快求救，这位小姑娘立即找到大伯，连说带比画地讲了事件的大概情况。在该事件报道过程中，采访这位大伯的新闻受到高度关注。

第二，孤证不立，如果缺乏可供比照的信源，记者必须做出相应的提示。仍以 13 岁少年锤杀父母的案件报道为例，他的大伯向媒体透露出的信息即是孤证，缺乏相互映照的对比信源。目前，网民参与舆论的热情高涨，由于缺乏专业素养，导致相关事件的报道和解读朝三暮四，"反转新闻"近乎成为专业词汇。然而，在众多新闻事件中，当事人的孤证对观众而言往往也十分重要。针对这样的难题，解决方案非常简单，即记者绝不可以将孤证获得的信息当成事实进行报道，必须以采访、引用的形式，明确标明这是新闻事件当事人的看法。

第三，在极端情况下，可以引用匿名信源。马航 MH370 失踪后，飞机零部件、卫星导航公司成为关键信源。然而，出于商业机密的角度考虑，这些公司纷纷拒绝采访。我国一些重要媒体致电这些公司的公关部门，采访要求未能如愿。然而，法新社、CNN却获得了一些重要信息。一些新闻人对此愤愤不平，认为这些公司不应该区别对待。这里对信源的理解有一个重大的偏差。新闻媒体通过电话、邮件等形式联系跨国公司的公关部门，是正式采访，在当时紧张的局面下，被拒绝尚属正常。法新社、CNN所获得的是匿名的、相关公司工作人员个人提供的信息，这就相当于私下聊天被匿名引用了，并没有违背这些大公司针对此事件的官方态度。这值得我国电视新闻人深思。

3. 受访者为随机偶遇的群众时的策划要点

经典的实验纪录片《夏日纪事》于1961年播出，它引领了直接电影的风潮，在多国影视行业中具有重要的影响。这部纪录片向形形色色的人提问"你幸福吗？"并将人们的反应剪辑成片。对我国网民、电视观众而言，以上描述很容易产生"似曾相识"之感。没错，这就是2012年《新闻联播》民生新闻改革的重要作品。《新闻联播》记者走上街头，随机提问"你幸福吗"，一位老大爷的"我姓曾"使《新闻联播》在某些网民中成为批评、讽刺的素材。这既是向经典致敬，也是《新闻联播》的小小尝试。《夏日纪事》不仅直接推动了直接电影的潮流，也使街访成为纪录片、电视新闻的惯用手段。

随机采访时，针对受访者需要注重的要点如下。第一，做好长时间、海量提问的准备。街头访问中群众说的话，往往是记者想要借机表达的内容。如前文所述，没有完全客观的新闻报道，它必定包含了参与制作者的意图，因此立场十分重要。为了获得有效的答案，记者可能需要花费大量的时间才能成功。然而，目前新闻记者的薪酬往往与业务量挂钩，在此机制的推动下，一些记者为了提高效率，不惜找同事、家人、朋友假扮成随机遇到的群众发表言论。这种行为一旦被揭穿，媒体的公信力会受到严重的打击，而在数字化、多屏化传播的时代，此类造假永远存在被揭穿的可能。

第二，尊重群众的想法，客观地展现大多数人的看法。街头采访后，人们给出的答案有可能与记者、编辑的预想大相径庭。记者、编辑不应随意扭曲街头采访到的观点。例如，针对某一举措，街头采访的人普遍认可。然而，在这个多元化的时代中，只要时间足够长，记者就可以找到持反对观点的人。假设新闻报道置大部分人的观点于不顾，专门挑出反对的观点，给观众造成误导，无疑是违背新闻职业道德的。

二 记者在采访中应该遵守的原则

电视新闻记者采访时的职务行为，体现的是专业素养和职业水准，绝非生活聊天，必须遵守一些必要的原则。我国传统文化所宣扬的儒家精神，要求人们低调、中庸，因此采访往往并不如想象中顺利。不少人出于害羞、隐私、繁忙等原因，拒绝记者采访。这就更需要记者严于律己，在充分尊重自己职业荣誉感、他人尊严的基础上展开新闻采访活动。

（一）实事求是

实事求是是记者在采访中应该遵循的基础原则。实事求是是党的思想路线，是各项工作必须遵循的准则。电视新闻节目是国之公器，具有喉舌作用，不能沦为记者、编辑、受访者个人泄私欲的工具。记者采访必须坚持党性原则，尊重新闻事件的真实性。不能通过误导和后期编辑扭曲事实的原本面貌。在网络文化的带动下，众多网民坚持"无图无真相"的是非判断标准，电视新闻不仅能提供图片，还能提供视频，在说服力方面具有得天独厚的优势。然而，电视人应有的一个常识便是通过信息的筛选、结构的组合和后期制作，记者、编辑完全可以通过视频、图片扭曲新闻事件的原本面貌。正因如此，电视新闻记者必须时刻保持党性原则，坚持实事求是的思想路线。

（二）自愿原则

记者虽然有"无冕之王"的称号，但不代表记者可以凭借职务权力压人，违背受访者的意愿，强行采访。我国人民深受儒家文化熏陶，在镜头面前害羞是正常现象，无可厚非。此外，强扭的瓜不甜，违背自愿原则，对电视新闻节目往往无益。在特殊事件的报道中，出于维护民众权利的目的，如果需要偷拍、偷录，必须将其严格控制在尊重受访者隐私、合法权益的基础之上。

（三）保护受访者安全、隐私和尊严

一些受访者身份敏感，不宜暴露身份，记者对此必须保持尊重，确保受访者安全、隐私和尊严。世界艾滋病日到来时，国家领导人往往会看望艾滋病人，表达党和国家对弱势群体的关心。艾滋病人的身份一旦曝光，很可能会对其和家人造成巨大不便。为了尊重受访艾滋病人的隐

私，相关报道的图像资料往往经过处理，艾滋病人要么背对镜头，要么脸部打了马赛克。新闻记者出于工作需要往往接触到特殊工种、人群，更应该提高警觉意识，时刻注意对受访者安全、隐私、尊严的保护。例如，对缉毒警察、卧底的报道，就应该进行相关音视频处理，以保护相关人员的安全。

（四）平等原则

平等原则具有两个层次的含义：第一，采访者与受访者人格平等，双方应该相互尊重，记者既不能因为对方权势显赫而缩手缩脚，也不能因为对方处于弱势而嚣张跋扈。第二，受访者在社会阶层、观念等方面存在较大反差时，记者应该注意其间的平衡。一些电视新闻类节目会将嘉宾邀请到演播室里进行话题讨论。这时，平等原则的第二个层次就显得非常重要。

（五）坚守把关人心态

冷静、客观、公正、始终坚持人民立场是电视新闻人身为舆论事业的把关人应该坚守的心态。编辑、记者等电视新闻人身负把关人的职责，什么样的事件应该被报道、报道哪些方面、怎样被报道、怎样解读十分重要。因此，保持冷静、客观、公正、始终坚持人民立场，要充分体现电视新闻人的专业素养，尽可能降低个人偏见、喜好在电视新闻报道中的成分，从人民的立场看待新闻事件的价值，判断新闻报道结构等问题。

三 文字稿策划

文字稿是电视新闻节目为了方便观众理解内容，用于新闻播音员口头说明、解释的文本。电视新闻中文字稿的作用类似于专题片中的解说词。专题片应该先写好解说词再拍摄，还是先拍摄再写解说词呢？20世纪90年代前，我国专题片往往先写解说词，再依据解说词拍摄画面，造成重解说词轻画面的情况，画面沦为解说词的附庸，节目样态程式化、僵化问题严重。此后，专题片、纪录片的创作理念发生重大变化，一些形式新颖、追求创意的片子在拍摄完成后再撰写解说词，以提升画面和现场音的叙事力度。电视新闻的文字稿十分常见，如果仅靠画面和同期声推动叙事，可能会占用过多的播出时间，影响信息的传播效率。从新闻报道的对象和内容看，可以将新闻分为时政新闻、民生新闻两类，二者在文字稿方面具有较大差异。

（一）时政新闻的文字稿策划

时政新闻往往涉及严肃信息的报道，事关重大，是人民群众迫切地想从媒体中获取的信息。时政新闻的解说词，应该遵照"5W＋1H"原则和倒金字塔结构进行撰写。这就要求时政新闻的解说词将构成事件的主要因素放在篇首的位置，言简意赅地表明新闻的主要内容，再展开详细的介绍和描述。2018年10月3日，《新闻联播》播出的新闻《国际货币基金组织：人民币资产在全球外汇储备中占比上升》的文字稿如下①。

> 央视网消息：国际货币基金组织日前发布的数据显示，今年第二季度，各经济体央行持有的人民币资产在全球外汇储备资产中的占比继续上升。
>
> 国际货币基金组织公布的季度数据显示，截至今年第二季度，人民币外汇储备资产达1933.8亿美元，占参与官方外汇储备货币构成报告成员外储资产的1.84%，高于澳元略低于加元。
>
> 2016年10月1日，人民币正式成为国际货币基金组织"特别提款权"货币篮子中的一员，迈出人民币国际化历史性的一步；从此人民币与美元、欧元、日元和英镑一起构成"货币篮子"，国际货币基金组织也开始在官方外汇储备货币构成季度调查中单独列出人民币资产。

这则文字稿开篇即交代了新闻事件的关键构成因素："国际货币基金组织日前发布的数据显示，今年第二季度，各经济体央行持有的人民币资产在全球外汇储备资产中的占比继续上升。"这句话里包含了权威信源（国际货币基金组织）、时间（日前、今年第二季度）、当事者（各经济体央行）、对象（人民币资产）、动作/措施（增持）。第二句话则引用了数据，形象地论证人民币在全球外汇储备资产中的份额和排名情况。第三句话则是背景补充，交代事件发生的背景信息和具备的意义。这是时政新闻的标准写法。

（二）民生新闻的文字稿策划

1998年，《走近科学》播出。它的解说词和题目坚持故事化的创作方

---

① 参见中央电视台《新闻联播文字版内容》（2018－10－3），http://xwlbo.com/18685.html。

法，在初期获得极高的认可和评价，近年来被部分舆论认为故弄玄虚。网络文章对此有一句戏谑的模仿：这到底是道德的沦丧还是人性的扭曲。据说这句话有真实的出处，它常常被用来讽刺《走近科学》式的电视文字稿和网络标题党。《走近科学》的文字稿到底是什么模式呢？故事化。以下是《走近科学》两期节目的开场白，即文字稿的开始部分。[①]

> 案例一：一个雷雨交加的夜晚，神秘女子命断枯树下，命案的背后究竟隐藏着哪些不为人知的玄机？错综复杂、真假难辨、蛛丝马迹、迷境追凶。敬请收看走进科学系列节目有案可查之索绳记（上、下）
>
> 案例二：月黑风高之夜，无辜男女相继被害，举棋不定之间，嫌疑之犯引火烧身，一个真假难辨的谎言，一宗曲折离奇的迷案！敬请收看走进科学系列节目有案可查之夜半惊魂（上、下）

从故事化的角度看，这些文字稿写得非常好，案例一的设问充满了画面感，而且有声音感的"雷电交加"用得很好；案例二则充满了画面想象力，不免令人想到古人说的"月黑风高夜，杀人放火时"。这两段开场文字，都将观众注意力引向人物。从文字稿的写作看，《走近科学》是解说词、文字稿故事化的典型代表。这档节目之所以在网络上受到一些批评和嘲讽，主要有以下原因。第一，节目素材匮乏，戏剧化的事件较难发掘，难以达到节目日常播出的需要。第二，成本控制使节目不可能海底捞针，大规模搜寻合适的题材。第三，出于成本控制和延续节目收视率的考虑，节目组就像众多的专题、新闻节目那样，倾向于同一故事多集播出，使急于知道结果的观众恼怒。第四，文字稿在故事化塑造方面存在"用力过猛"的现象。在网络多元化的时代，节目评价的多元化实属正常。第五，作为常青树节目，其节目已形成了较为固定的模式，它被视为"套路"受到一些批评。前文已述，影视节目成熟往往伴随类型化现象，类型化、程式化是提高节目生产效率、稳定节目质量生产的必然手段，当人们批评它时称之为"套路"，当人们客观表述乃至褒奖时称为"模板"。冷静想一下，灿星从荷兰购进《荷兰好声音》的节目模式，不就是节目的"套路"吗？从行业的角度看，"套路""模板"是稳定节目特征、品质的手段和

① 中央电视台：《走近科学》（2018－11－12），http://tv.cctv.com/lm/zjkx。

结果。

《走近科学》播出后受到欢迎，其文字稿的故事化叙事方式受到众多电视节目的模仿。《走近科学》采用故事化叙事的方式，正是为了适应受众市场的需要。同样出于适应受众市场需要的目的，电视民生新闻在文字稿的创作方面普遍倾向于故事化的写作方式，有时会堕入低俗、恶俗、娱乐化手段的深渊。因此，公共新闻的理念被认为是解决电视民生新闻娱乐倾向的良药，即从题材、新闻事件选择、传播效果方面追求公共利益。民生新闻文字稿可以按故事化叙事风格进行策划，策略如下。

第一，新闻事件化。从新闻中提炼出事件，以叙说事件的方式报道新闻，从而增强新闻叙述的戏剧化程度。

第二，事件人物化。一千个读者有一千个哈姆雷特，不同亲历者对新闻事件的感受、解读存在重大差异。人最感兴趣的是他人，将新闻事件转化为新闻事件人物的报道，会极大地提升新闻报道的吸引力。

第三，对人物进行关系化处理。人总是处于一定的社会关系中，从戏剧的角度看，没有人物关系，人物形象就不会突出。民生新闻的文字稿可以从人物关系入手提升新闻的故事化程度。

第四，在文字稿开始部分诉诸通感，即使用文字描述使人产生在视觉、听觉、嗅觉、味觉、触觉等方面的联想。

第五，文字稿的开始部分使用"小景别"的描述方式。即使用类似于特写、近景、中景那样的景别镜头来描述新闻，而不是用全景式描述那样的文字。

第六章　电视剧策划

在 2015 年 1 月 1 日实行一剧两星政策前，电视剧在长达十年的时间里采用"4＋X"的购剧模式，意为 4 家卫视联合 X 家地面频道一同采购，其中 X 通常不超过八家。随着电视媒体马太效应的加剧，地面频道在过去几年基本已退出首轮剧舞台，真正有能力购买高品质首轮剧的几乎仅剩实力强大的部分卫视平台。电视剧市场具有两大典型特征：第一，行业与政策密切相关；第二，受众注意力价值具备独一无二的连续性，深受电视台重视。进入 21 世纪后，我国电视剧产量一路提高，至 2012 年达到巅峰，但因众多电视剧无法播出、质量不高因此造成巨大的浪费。2012 年后，我国电视剧年产量逐渐下降，开始向高质量的方向发展。

第一节　电视剧的内容策划

近年来，随着热播电视剧对流量明星的依赖，明星片酬成为电视剧成本中的重要部分，因此目前一线卫视播出的电视剧的成本往往高达数亿元。众多电视剧的制作经费动辄以千万元计。2017 年初，《人民的名义》热播，成本 200 万元/集，总投资额逾 1 亿元，最后以 2.2 亿元的价格出售给湖南卫视，相当于 400 万元/集，投资收益率几乎为 100%。① 1993 年，北京电视剧中心为了筹拍《北京人在纽约》准备向银行贷款。北京电视剧中心将自身全部资产向银行抵押，申请 150 万美元贷款。然而，银行拒绝了。这家机构此前曾生产了大量脍炙人口，乃至影响中国一代人的电视剧作品，例如《渴望》。此后，在领导的关心下，银行勉强同意贷款。《北京

---

① 《电视剧〈人民的名义〉收益率达 100%》（2017－4－11），http://finance. sina. com. cn/roll/2017－04－11/doc－ifyecezv3002936. shtml。

人在纽约》在销售方面开创了一些先例，并从美国拉来了广告客户。美国广告客户因为其要价过低而狐疑不定："时任制片主任的刘沙曾对媒体回忆，对方因为他们报价过低而怀疑他们是否真的是电视剧《渴望》团队：'《渴望》收视率92%，观众超过5亿，为什么广告报价这么低？'刘沙说，后来他们在报价后面加了一个零，对方竟一口答应，马上签下合作协议。"①

一　电视剧的生产流程

自20世纪90年代以来，电视剧已成为高投资、高收入、高风险的行业，是我国电视领域中最先实现市场化运作和商业化销售的类型节目。电视剧面向市场，只有成功在观众层面获得认可，并符合相关法规，才能成为电视剧市场中的优胜者。2000年我国电视剧产量首次突破1万集，此后电视剧始终是电视投资的重要领域。2017年国产影视剧产量超过1.5万集，播出不超过8000集。② 相当一部分电视剧或者没能播出，或者质量欠佳，销售情况不良，或者收视率、口碑差，这反映了电视剧投资或许存在过热的可能。伴随电视剧产量的增多，电视观众老龄化和观众流失问题突出，电视剧的生产越来越重视"质"方面的比拼，而非"量"方面的较量。在当前高投资、高风险的环境下，如果缺乏合理、科学的内容规划，电视剧的投资方很可能损失惨重，而社会资源的错配也会产生严重的浪费。因此，自进入21世纪以来，电视剧的内容策划受到了越来越多的重视。

（一）剧本策划

一战后，美国好莱坞电影凭借娱乐主义、消费主义在全球开拓市场，美剧在世界范围内的畅销并不令人意外。他山之石可以攻玉，我国传统文化土壤丰厚，假以时日，依靠市场的力量，在政府的关心和扶持下，必定能取得辉煌的成绩。美国晚间黄金档播出的电视剧，往往是周播制，每周制作一集供下周播出，在播出过程中往往需要动用大量编剧。那么，哪个编剧具有最高署名权呢？美国黄金时间段的电视剧本在策划阶段，会召集

---

① 郑晓龙：《三十年经典剧作的幕后推手》（2018 - 8 - 7），http://www.xinhuanet.com/ent/2018 -08/07/c_1123231805.htm。

② 蒋肖斌：《2017国产影视剧产量超过1.5万集，播出不超过8000集》（2018 - 1 - 27），http://k.sina.com.cn/article_1726918143_66eeadff020004wvz.html。

大量的编剧用一句话讲述自己新剧本的核心创意，从中筛选出具备较高市场价值的创意。如果能获得制片方、电视台的认可，那么核心创意的提供者就会成为这部电视剧的第一编剧，具备最高署名权。此后，这位编剧需要确保电视剧在每周的拍摄中剧本保持一定的水准和延续一定的创意。

自我国实施电视剧制片人制度以来，电视剧的生产倾向于市场化运作，受到发达国家电视剧制作方式的影响，剧本是其中重要的元素。我国电视剧的审查方式和电视剧生产的规律也要求高度重视剧本的作用。围绕着剧本，电视剧组才能搭建起来，并通过资金配置最终开拍、生产。

2017 年，我国电视剧产量超过 300 部，约 1.5 万集。这意味着电视剧每部平均为 50 集，而将近 150 部电视剧没能播出。电视剧能否播出，主要取决于两个因素，即市场和行政审查。前者要求电视剧具有较高的受众注意力价值，后者要求电视剧符合相关法规，而这些统统可以而且必须在剧本策划阶段进行规划。因此，剧本策划是电视剧生产流程中最为关键的部分，在很大程度上决定了电视剧最终的命运。

（二）资金筹集

电视剧是我国最早实行制片人制度的节目类型，这与其高投资的特征密切相关。1987 年版的《红楼梦》投资 680 万元，电视台提供的经费是 350 万元，余下部分来自社会投资。2015 年后，一些媒体报道了《红楼梦》当年的投资人陈增友。陈增友当年是成功的企业家，喜欢文学，与导演王扶林和制片主任任大惠等人交谈后，一口答应给剧组出资 500 万元，在《红楼梦》开播前，剧组还邀请陈增友赶到北京观看。[①] 在时隔数十年的采访中，剧组主要人员认为他应该是出资了 250 万元。陈增友瘫痪在床、经济困顿后，曾拿出据说是当时与制片方签订的分红协议，要求执行。20世纪 80 年代中期以后，电视剧热潮曾引起社会的广泛讨论，舆论担心电视剧动辄百万元的投资会造成社会资源的巨大浪费。今天看来，这种担心没有考虑到电视剧产业发展带来的巨大经济、社会收益。陈增友在电视剧制片人制度实施之前进行的投资，之所以在多年后存在争执，与当时电视剧投资市场尚不规范有密切关系。与当今流行的电视剧相比，1987 年版的《红楼梦》还有一个独特之处，即其中的演员多半随后结束了影视演艺事

[①] 楚天都市报：《当年豪掷巨款助拍红楼梦，商人如今瘫痪在床吃低保》，http://news. 163. com/15/0528/06/AQMBKAUP00014Q4P. html，2015 年 5 月 28 日。

业，这在今天是不可想象的。这一现象可以被解释为当时影视经纪制度的不成熟。1992 年党的十四大召开，将建立社会主义市场经济体制作为我国经济体制改革的目标。1993 年，国家宣布粮油购销政策全面放开，粮票逐渐从全国市场退出，而在此前深圳、上海等地已率先停止了粮票的使用。今天电视行业的巨大繁荣，与国家市场经济的相关政策密切相关。电视剧投资人权益的保障和演艺行业的成熟，直接受益于国家政策和经济发展。

目前，电影、电视剧的投资居高不下，在明星高片酬的带动下水涨船高之势显著。一旦电视剧没能成功播出或者销售不佳，那么将会产生数亿元的亏损，投资方可能因为一部电视剧的失败而折戟。为了降低电视剧的投资风险，行业普遍采用分散投资的方式，由多家机构、投资方共同分担一部电视剧的制作成本，从而提高电视剧投资的安全系数。因此，电视剧正片后的字幕里，往往涉及大量的投资机构，这在今天的影视剧制作中是普遍现象。

（三）拍摄

20 世纪 80 年代的精品电视连续剧的生产往往耗时数年，今天的电视剧即便是长达七八十集，常常只需几个月即可完成。高效率的生产方式，与电视剧、经纪行业的成熟和市场经济的高度繁荣密切相关。电视剧按商业化的方式运作，作为大众文化产品必然存在较为显著的流行时尚。浙江卫视 2016 年底播出的浙江航美光影影视制作有限公司出品的《美人私房菜》因为收视率不佳被匆匆撤换，引起较大风波。舆论认为，《美人私房菜》在电视平台上的战绩不佳，与其理念、风格的陈旧相关。这部电视剧在此前三年就已拍摄完成，因为种种原因未能及时播出，而三年后受众市场对电视剧题材、流行的需求已发生变化。

电视剧是大众文化产品，娱乐因素突出的电视剧，成败常受流行时尚影响，因此在筹集了剧本、资金后，应该在确保质量的前提下尽快完成拍摄。韩国经纪行业依赖大数据包装艺人，通过网络数据判断目标受众的喜好趋势，并据此设定艺人的言行举止，乃至穿衣打扮、行走坐卧。韩国影视行业、明星经纪、流行时尚已成为密切相关的领域，相互促进，在亚洲地区具有较强的影响力。美剧《纸牌屋》从人物形象、叙事方式、结构安排乃至光影风格都受大数据的影响，皆是奈飞网率先依据大数据研判潜在观众喜好后做出的调整。当然，有关重大历史题材、社会发展、生活现实等方面的正剧，因为具备较强的思想性而更有跨越时代的价值，不受短期大众文化市场流行风潮的影响。一些影响数代人的电视剧作品则可以作为经典反复播出。

拍摄涉及大量的工种，需要导演、制片、监制的共同努力才能提高拍摄效率。电视剧的拍摄首先建立在合理搭建剧组的基础上，剧组的通力合作为电视剧的高效生产奠定基础。

（四）后期制作

在电视剧的拍摄过程中，后期制作人员往往需要同时展开粗剪工作，待粗剪完成后再进行细剪、包装、宣传片制作等。近年来，我国电视剧在题材上偏爱古装、抗日、都市言情、家庭等方面，在后期制作领域往往要求不高。随着分众传播理念的推行和青少年电视观众需求的发展，魔幻、爱情、古装、架空因素兼具的电视剧较为流行，这类电视剧从服道化到后期特效都偏戏剧、夸张，虽然对后期制作有较高要求，但即便略显"粗制滥造"往往也能为观众所接受。总体而言，后期在电视剧制作的过程中往往不被重视，相应地能分得的报酬有限，与剧组花在明星、"收视率合作"方面的经费相比微乎其微。由于电视剧竞争的加剧和广电管理部门对电视剧质量的把控，电视剧剧本质量被认为应该受到更多的重视，因此编剧的报酬不断增加。如果电视剧请了流量明星、王牌编剧，并准备"收视率合作"，那么留给其他工种的经费就十分紧张了，而后期制作的经费往往会被压缩。

后期制作早已实现了数字化，在修补拍摄不足方面具有重要作用。拍摄工作完成后，如果需要补拍镜头，剧组为了降低费用，往往借助后期人员的密切配合。有时，缺损的镜头完全由后期制作环节弥补，以降低成本。在电视剧高风险的背景下，投资方为了降低风险、提高收视率潜在价值，常常坚持邀请流量明星担任男女主角。这在极大地抬高明星片酬的同时，普遍降低了剧组对明星演员演技的要求。一些著名的流量明星曾被曝出种种不敬业的行为，例如不背台词，仅靠口念"一二三四五"和后期的剪辑实现剧情的叙事。再如，一些拿着超高片酬的演员，不愿意出外景，导致大量镜头在室内的蓝绿背景下完成，后期制作时需要进行大量的抠图、合成、美化工作。这种现象反映了后期制作环节、后期制作人员在剧组中不受重视的现象。后期制作应该服务于电视剧生产的整体需要，不应该是为演员、统筹方面的不足而起到垫脚石作用的"血汗民工"，这有违电视剧内容生产专业化的趋势和市场化运作的理念。当然，电视剧的制作有赖于多工种的密切配合，剧组全体成员都应该保持高度的专业素养和敬业精神。然而，在电视剧的实际生产过程中，统筹、剧务的工作失误，往往会造成较为严重的纰漏，而后期则可予以修复。例如，某剧组拍摄同一场景的分镜头时出现了失误，被摄人物的发饰在中间休息时丢失，拍摄现场没人注意到这一细节，后续镜头正常拍摄。当后期制作人员在素材上发现问题后，就可以通过逐帧修图的方式为这个角色人物手工添加丢失的发饰，从而避免价格昂贵的重拍、补拍。

后期制作环节深受导演意图的影响，成本有限、受到的重视不足。后期制作作为技术工种，需要技术人员耗费大量的时间和精力。与欧美发达国家相比，我国电视剧在技术方面的人工费用堪称低廉。这也是网民戏称的"五毛钱"特效产生的原因之一，后期制作受到的重视不足，相关技术人员的报酬低廉，制作的特效往往不尽如人意。

（五）发行

电视剧在获得广电管理部门的《发行许可证》后，才能发行。一般而言，电视剧的发行分为自主发行和委托发行两类。自主发行，即电视剧的制片方作为发行主体，获得发行许可后在国内外销售电视剧集。委托发行，即电视剧的制片方请其他的公司发行电视剧，具体的方式分为代理和买断两类。代理发行，意味着电视剧制片方拥有电视剧的版权而发行方受雇于制片方获得一定的经济报偿；买断发行，意味着发行方直接收购电视剧版权后再予以发行。

伴随受众注意力竞争的加剧，电视剧能否上星播出成为衡量其发行成功与否的重要考量。网络作为视听播出平台发展迅速，已成为众多年轻人接触视听内容的重要渠道。与之形成对比的是，电视观众老龄化现象突出，电视观众的流失问题持续恶化。为了优化电视节目观众年龄的结构，众多电视台八仙过海各显神通，但普遍的做法是在综艺、电视剧节目中将优质明星进行"老中青"搭配，即将不同年代、不同群体喜爱的明星置于同一节目中，以期不造成中老年观众流失问题的同时，吸引更多年轻观众的注意力，《何以笙箫默》中钟汉良和唐嫣的搭配也有此考虑。然而，这种做法因为费用高昂而难以推广。只有一线卫视的王牌节目、当红节目才有足够的资金聘请大量优质明星参与。目前，我国电视剧市场似乎形成了这样的规律：高投资不一定有高回报，但高收视率的电视剧往往是高投资的。我国电视收视率调查停留在"率"上，缺乏对观众的识别、解读，因此投资巨大的电视剧往往需要通过高收视率来取得回报，而不是目标人群的分类开发。为此，上星播出成为众多电视剧收回投资，获得成功的重要方式。

（六）宣传

2016 年底浙江卫视播出《美人私房菜》是引发电视剧制片行业声讨收视率造假、明星高片酬的重要节点。自 2012 年浙江卫视与灿星之间合作的《中国好声音》获得巨大成功后，对赌协议成为一线卫视降低节目购买风险的普遍做法。

对赌协议，将金融期货的思维引入节目交易市场，收视率越低，制片方承担的成本和风险越高，而能从节目收益中取得分红的百分比越低；收视率越高，制片方从节目收益中获取的报酬的百分比越高。例如，收视率低于 1%，制片方承担节目制作的全部费用，广告分红比例为 0；收视率在 1% 到 2% 之间，电视台承担节目制作的全部费用，制片方的广告分红比例为 10%；收视率在 2% 到 3% 之间，电视台承担节目制作的全部费用，制片方的广告分红比例为 25%。以此类推，收视率高到一定程度时，制片方将会获得绝大部分的广告收益。从单独的案例看，它有利于电视台控制成本，降低节目购买风险。然而，从行业整体的发展情况看，对赌协议会造成制片方普遍处于劣势地位。在今天的电视收视率市场中，晚间黄金档的节目收视率稳定居于 1% 以上基本上就属于一线卫视了。对赌协议使电视台降低的风险，全盘转移到了制片方那里，长此以往必然导致电视制片行业的恶性竞争和衰落。正因如此，广电总局对节目买卖中的对赌协议持否定态度，禁止此类协议。即便如此，作为节目交易活动中强势地位的拥有者，一线省级卫视在黄金时间段的买卖中仍私下约定对赌协议。

电视剧的投资回报程度往往与收视率密切相关，而收视率在今天不只与电视剧的质量密切相关，也与节目宣传质量高度关联。2018 年暑期，爱奇艺播出的电视剧《天乩之白蛇传说》因为明星杨紫、任嘉伦出演"高甜"古装神话爱情剧和剧情的争议性受到高度关注。这部电视剧不仅涉及小青、法海恋爱的情节，而且涉及对道教神话人物改编等问题。这部电视剧出现了众多争议，尚未播完就被迫下线，此事作为热门话题在众多年轻群体中受到高度关注。此后，这部电视剧在经过适当的修改后再次由爱奇艺播出，成为话题营销的受益者。

网络独播剧能被称为电视剧吗？网络独播剧在制作、发行方面接受的管理与电视剧相同，也需要申领电视剧的拍摄许可和发行许可，因此除播出平台方面的差异以外，它们皆被称为电视剧应该是恰当的。然而，在宣传营销方面，网络独播剧在播出时往往更具创新性，通过矩阵式的精准营销提升内容的覆盖率和话题热度，再配合网络社交平台的传播需要，往往能获得较高的关注度。

二 电视剧的剧本创作

剧本是电视剧的灵魂，好的剧本才能令观众孜孜不倦地从头追到尾。什么才是好的剧本呢？第一，剧本应该反映时代气质，传播正能量，给予观众以正面的鼓舞和激励，体现为人民服务、为社会主义服务的价值观。第二，剧本应该在注重社会效益的前提下，积极探索电视剧艺术的创新发展。第三，剧本应该坚持百花齐放、百家争鸣的"双百"方针，通过艺术创新提升电视剧的文化品格。第四，艺术源于生活、高于生活，剧本应坚持以人民为中心的创作导向，提供人民群众喜闻乐见的艺术形式。总之，好的剧本应该是思想性、艺术性、观赏性协调统一的作品，寓教于乐。

（一）剧本来源

在我国电视发展的初期，电视剧往往改编自中外小说、新闻事件。当时的电视剧以单本剧为主，叙事体量有限，剧本改编受舞台艺术影响极深，当时电视剧直播的形式也对剧本创作产生了极大的影响。早期没有专门的电视剧生产机构，导演往往在剧本创作方面具有极大的自主性和话语权。受电视剧播出政策的影响，电视剧的剧集数量近几年来居高不下，动辄超过 50 集。剧集数量高的电视剧，对剧本有极高的要求，剧本质量不佳不能对观众形成稳定的吸引力，自然会面临收视率低迷，被电视台抛弃的命运。剧本通过巧妙设计，引导观众与剧情、剧中人物产生共情，直至在大结局中抒发所有郁结、累计的情绪，十分必要。

1. 经典文艺作品

20 世纪 80 年代以后，出于电视节目生产的需要，电视连续剧成为我国电视人关注的重要领域。此时正处于改革开放之初，我国电视人走出国门后发现英国、法国、美国、南斯拉夫等国的电视荧屏上皆有叙事体量宏大的电视连续剧。美国索罗制片公司生产的十七集电视连续剧《大西洋底来的人》，在我国播出后引起轰动，而另一个试图卖到中国的美国电视剧《你在哪里》竟然高达八十集。这开阔了我国电视剧创作的思路，电视连续剧成为电视人试图解决电视内容匮乏的重要手段，而首先面临的问题便是剧本。经典的章回体小说自然而然地进入我国电视人的视野，成为电视连续剧本的重要来源，此后四大名著纷纷走上电视荧屏，成就了一代人难以忘怀的电视经典。《封神演义》《山海经》《聊斋》等古代经典文学作品至今仍是我国电视剧剧本创作的重要灵感来源。此外，《白蛇传》《牛郎织女》《梁山伯与祝英台》等传统戏曲、传说也纷纷成为电视剧剧本来源。

经典文艺作品在 20 世纪八九十年代，对我国电视剧的快速成长起到重要的作用。第一，这些作品深深融入民族血脉，具备巨大的市场潜力，因此成为电视连续剧起步阶段的重要素材。大陆地区首部自制的电视连续剧《敌营十八年》在剧情方面有明显的不足，在当时受到了一些批评，这与电视人当时从单本剧过渡到连续剧时，驾驭能力有待提高相关。在这样的背景下，将经典文艺作品搬上荧屏，成为电视连续剧发展的重要策略。第二，经典文艺作品的叙事方式为我国电视连续剧提供了重要的参考。我国古代小说往往是章回体，与电视连续剧有共通之处，因此在叙事方式方面为我国电视连续剧的相关工作人员提供了参考。大量传说往往已为传统戏剧节目所吸收，传统戏剧中的折子戏，因为戏剧冲突强烈、人物形象丰满对电视连续剧的叙事起到重要的启发作用。

改编经典文艺作品，从市场经济的角度看，有一个关键的优势，即潜在受众数量多，为电视剧的成功奠定了受众基础。当然，在实际的操作过程中，一些电视剧因为在改编经典文艺作品时没能契合受众期望而饱受批评。目前被认为是经典的 20 世纪 80 年代版的《红楼梦》《西游记》当年也曾被众多民众痛批，但这不妨碍经过时间冲刷后这些曾备受争议的电视剧成为几代人共同的美好回忆。迪士尼将短短几百字的《花木兰》改编为世界范围内流行的电影作品，经典文艺作品的魅力经过适当的改编足以跨域国界。由此看来，可供我国电视剧剧本开发的经典文艺资源十分庞大。

2. 当代作家在报刊上公开发表的小说

当代作家在报刊上公开发表的小说是电视剧剧本的重要来源。曾在全国引起收视热潮的电视剧《苍天在上》《北京人在纽约》《新星》《蹉跎岁月》《乔厂长上任记》《篱笆·女人和狗》《四个四十岁的女人》《今夜有暴风雪》《过把瘾》等，皆改编自小说。我国第一部电视剧，即《一口菜饼子》改编自同名小说。此后，有众多电视单本剧由著名小说改编而来，例如《三月雪》《江姐》《虾球传》。

受当代小说创作的影响，武侠、推理、刑侦、伦理、历史等题材的电视剧轮番上映，成为我国电视剧多元化发展趋势的基础。改革开放之初，我国电视台纷纷通过报刊获得电视剧剧本，因为当时通信不便，还出现了同一小说被不同电视台改编为电视剧播出的情况。如 1981 年度拍了两部《山道弯弯》，两部《你是共产党员吗》，两部《一座雕像的诞生》（一名《大地的深情》），两部《白沙巾》（一名《蓓蕾》），两部《代价》（一名《流逝的岁月》），两部《赔碗记》（一名《两家春》），两部《南湖月》（一名《月光曲》），两部《意中人》（一名《脚印》），两部《丹凤眼》（一名《矿工新曲》）等。① 除小说以外，还有其他艺术形式对电视剧剧本产生影响，例如漫画。2001 年台湾青春偶像剧《流星花园》在亚洲地区热播，大陆一些年轻群体对这部电视剧痴迷不已，形成了蔚为壮观的《流星花园》热潮。这部改编自日本漫画作品《花样男子》的电视剧作品，2018 年翻拍后于暑期在湖南卫视播出。

武侠电视剧堪称武侠小说热潮的直接结果。自民国时期开始，武侠题材的电影深受市场喜爱，这些可歌可泣的侠义故事令一代代中国人为之沉迷。金庸、梁羽生、古龙等人创作的武侠小说曾"洛阳纸贵"，为众多华人构筑了武侠梦。1983 年，香港亚洲电视台的武打电视连续剧《霍元甲》在广东播出，万人空巷。1984 年，《霍元甲》在中央电视台播出，全国人民为之沉醉。此后，武侠成为港台电视剧进入大陆地区的重要敲门砖，而我国电视人也纷纷加入将武侠小说改编为电视剧的浪潮。琼瑶的小说也曾多次以改编电视剧的形式在大陆地区播出。

3. 网络小说

近年来多部热播剧有网络小说的背景，《余罪》《琅琊榜》《天盛长歌》《如懿传》《香蜜沉沉烬如霜》皆来源于网络小说，人们将其称为网络 IP 改编剧。IP 是 Intellectual Property 的首字母缩写，意为知识产权。网络小说近年来深受电视剧行业欢迎，成为剧本的重要来源绝非偶然。

第一，能改编成电视剧的网络小说，往往在网络上已大放异彩，拥有广泛的受众基础。作为大体量的叙事艺术，网络小说和电视剧存在许多共通之处，因此将网络小说改编成电视剧并不存在难以逾越的障碍。在大数据的支持下和市场的淘汰机制作用下，阅读量高的网络小说是真正受到市

---

① 阮若琳：《努力提高电视文艺节目的水平》，《电视文艺》1982 年第 2 期。

场认可的作品，在电视剧尚未播出时，便具有了庞大的潜在受众。与网络的分众传播、精确传播相比，电视更倾向于大众传播。因此，在网络上大红大紫的作品，不一定就会在电视上同样获得成功。改编自网络小说《凰权》的《天盛长歌》就出现了口碑不错但收视率低迷的问题，不少观众反映这部电视剧虽然制作精良，但剧情平淡、拖沓。因此，将网络小说改编为剧本，不仅要考虑不同媒介平台的传播特质差异，还要考虑文字和视听节目在艺术表达方面的差异。

第二，网络小说的年轻受众是电视台优化观众年龄结构意图下的重要目标人群。电视观众流失、电视观众老龄化问题突出，令电视台在激烈的受众争夺赛中忧心忡忡。在此背景下，网络小说所能吸引的年轻受众，是电视台纷纷接受将网络小说作为电视剧剧本的重要原因。如前文所述，电视剧投资的风险很高，制片方为了降低发行方面的风险，往往会在剧本尚未成型前就与可能的买方进行沟通，当一些电视台表示收购意愿后，剧本可能才会真正进入制作环节。一般而言，当红的网络小说拥趸广泛，且多为年轻人。从广告商的利益出发，这部分人正是优质的消费者。因此，近年来电视台对由网络小说改编而来的电视剧往往比较青睐，表现出相对更多的信心。在实际的播出过程中，电视台的这一意图似乎是切实有效的，前文提到的《如懿传》《琅琊榜》等电视剧皆有不错的收视率表现，在电视上播出时往往成功地吸引了多个年龄群体的关注。

第三，对于胸有大志的电视剧制片方而言，网络小说改编剧是其实现跨平台传播的重要策略。将网络小说改编成电视剧后，制片方的销售渠道广泛，既可以延续传统做法将其销售至电视台，然后再挑选网络播出平台，也可以只选择在网络平台或者电视台播出。一般情况下，为了增加收益，电视剧制片方往往希望将作品销售到尽可能广泛的地区和多样化的平台上，这就要求电视剧能优先满足年轻受众群体的口味。传统时代，知识、权力、财务往往与经验相关，因此中老年人占据话语权。网络时代，传统的话语权结构消解，年轻人在掌握新知识、新传播技术方面优势突出、动机十足，话语权扩大。此外，年轻群体在消费意愿方面往往也比较活跃，因此是广告商营销活动的重要目标对象。在此背景下，电视剧制片方看中网络小说在年轻群体中已积累起来的所谓"人气"便不奇怪了。

4. 电视剧制片方组织策划的剧本

当代作家在期刊、网络上发表的小说，其影视改编权往往价格不菲，且竞争者众多，并不总能让电视剧制片方得偿所愿。我国电视剧制片机构的日常工作之一，便是积极寻找、筹划优秀的剧本。一般而言，制片方可以根据近年的电视剧流行趋势、当前网络小说的审美变化和广电管理机构的题材规划来确定选题。选题基本确定后，制片方可以邀请编剧、作家进行创作，进而将之修改成为完善的剧本。电视剧制片方自行策划的剧本虽然便于拍摄，但由于其先天地对市场反应不足，可能面临更高的风险。显然，经典作品、当红小说已经历市场大浪淘沙的过程，较之电视剧制片方自行策划的剧本可能更易满足市场需求。

为了降低此类剧本的风险，制片方往往会加强与电视台的沟通，通过与电视台合作拍摄增加电视剧的成功概率。不顾市场条件，强行将制片方满意的剧本拍摄出来，往往很难销售出去。如果剧本来源已被市场证明可行，那么在电视剧发行时往往会更顺利。1987年，广电机构成立"重大革命历史题材影视创作领导小组"，其职责是对重大革命和重大历史题材加强立项管理和题材审批。此类重大题材电视剧，在审查、发行方面往往面临相对更加严格、谨慎的行政程序，其播出平台往往以中央电视台、省级卫视等优质平台为主。这些题材的电视剧在剧本创作过程中，往往受到高度重视，是广电管理机构、电视台、制片方、编剧、历史学家等共同努力的结果。

5. 编剧原创剧本

一些剧本是编剧自行独立创作的结果，完成后可以向制片方销售。这种做法一般比较少，因为一旦不能受到制片方认可，便如石沉大海，难以产生收益，剧本就要束之高阁了。我国一些院校设立有专门的编剧专业，这些专业的学生有一些练习作品，但由于缺乏社会历练，往往比较青涩，难以成功销售到制片公司。优质编剧成名后，在行业中拥有更高的话语权，更有能力、机会将其撰写的原创剧本销售出去，并使之最终制作为电视剧。

严格的知识产权保护是编剧原创剧本获得应有收益的基础。电视剧市场存在明显的流行时尚，一些题材的剧本在数年前或许还有市场，但后来或许就难以销售出去。例如有关少年的刑侦剧前些年曾热播，但近年来在市场上消失殆尽。编剧为了将剧本销售出去，势必要将剧本的核心主旨告知他人，乃至于允许他人翻看剧本，这对于保护原创剧本的权益而言无疑是有风险的。

（二）剧本创作的流程

剧本创作有章可循才能适应电视剧作为文化产业日常生产的需要。作家、编剧胡辛在1998年发表的一篇文章谈到了当时的剧本创作："强调电视剧与小说的缘分更深，并非否认脚本的其他创作方式，如编剧直接编撰和眼下蛮时髦的方式：一群人先侃出个粗坯，美其名曰策划，而后由一人或几人执笔写成。后一种方式让集体的智慧撞击出灵感的火花，众人拾柴火焰高，群策群力，与大工业操作方式相匹配，而且避免了剧本出来后几次三番的讨论。《渴望》《京都纪事》《情满珠江》《女人们》《英雄无悔》《和平年代》似都是这条路子。"[①] 电视剧的剧本创作，从策划选题开始，往往有一定的步骤可以遵守，从而提高剧本的生产效率和指导意义，便于随后成立的剧组加以实现。

1. 选题

重大历史题材需要遵守相关规定，严格遵照审批程序展开。普通题材电视剧在选题方面必须考虑以下几点：第一，具备较大的市场潜力，能有效聚集受众注意力，降低电视剧的收视率风险；第二，题材不敏感，符合电视剧相关行政法规的各项要求，能顺利通过审查；第三，与我国电视剧制作水平相匹配，便于剧组顺利完成工作。

喜欢娱乐是人的本能，因此诉诸娱乐、轻松、趣味、神话、爱情、喜剧等元素往往比较容易成功。后宫剧、婆媳剧都可以在合理范围内满足大众观看权力争夺的欲望，既符合受众需要，也容易通过审查，并对电视剧的制作水平要求不高，观众、制片方皆大欢喜。

2. 剧情大纲

列出包括人物关系表在内的剧情大纲，将选题落实到人物关系、故事结构和叙事脉络上面十分重要。从选题到剧情大纲，编剧需要将策划阶段构想的创意点，落实到人物和故事上，并按起承转合的规律交代人物的意图、困境，破除困难的过程和最终的结果。好莱坞在故事化叙事方面炉火纯青，可以为剧情大纲提供重要的参考。无论是《楚门的世界》《未来水世界》《阿凡达》还是《星际穿越》《功夫熊猫》《美国队长》，这些选题、时代环境设置千差万别的电影，在讲故事的方面有共同点。所有主人公在

---

① 胡辛：《电视剧与小说缘分更深——兼谈〈蔷薇雨〉的改编》，《南昌大学学报》（社会科学版）1998年第1期。

故事开始时，皆处在一定困难、不足中，必须获得一定的成功才能弥补此不足。为了获得成功，主人公的奋斗道路上存在阻力和助力两种截然不同的力量，而助力、阻力往往来源于人物关系，主人公在经历一次又一次的失败时，不断接近目标，最终成功。2018年风靡我国的印度电影《摔跤吧！爸爸》也采用此结构。该结构蕴含的故事魅力可见一斑，值得电视剧本大纲借鉴。

3. 分集剧情

我国电视剧需要在制作完成后发行，每天往往播出两集。每集电视剧向前推动叙事的同时，应在结尾部分牢牢抓住观众，以便吸引观众继续收看，直至大结局。从这个角度看，分集剧情的设置需要是剧本区别于普通文学作品的关键之处。目前，微叙事流行，这也影响了电视剧分集剧情的设计，在数十分钟的单集作品中，剧本往往设置5个到8个相对完整的小环节，每个环节都起到推动剧情的作用，相对独立，但又服务于电视剧整体叙事。

4. 形成剧本

根据分集剧情，编剧完成电视剧剧本的最终创作。最终的剧本，每集由多个场景构成，而每一个场景由数个镜头和人物对话组合而成，包含了人物的动作、仪表、内心活动、互动、人物关系说明等。每一集的剧本，按数字序号给场景依次编码，然后对每一场景的镜头或者对话依次罗列。剧本既可以是分镜头剧本，也可以是对人物对话、动作的设计和描述，依照情况来定。剧本形成后，剧组负责统筹事务的工作人员，按场景设置安排拍摄进程，将同一场景中的内容集中拍摄完成，以提高电视剧的生产效率并降低成本。

（三）编剧的职责

电视剧的本质是面向大众的叙事艺术。法国新浪潮时期，特吕弗等人提出电影作者论。在此过程中，法国电影界就电影的作者问题提出激烈的争论，并影响了今天国人对影视作品的看法。法国电影界当时争执的焦点是：电影的作者到底是导演还是编剧。不少人赞同编剧是电影的作者，因为大众电影艺术就像今天的电视剧那样，以叙事艺术为核心，编剧的作用至关重要。然而，将编剧作为电影的作者，似乎难以将电影艺术与文学艺术区别开来，并不能突出电影作为独特的视听艺术在创作方面的特征。最终，这场讨论认定导演符合一定的要求就能当之无愧地被称为一部电影的作者。此后，这种说法逐渐受到了世界各国影视行业的认可。电影作品，即便用字幕打上"×××导演作品"也不会受到质疑。这场争论，反映了编剧在视听艺术中的重要地位，电视剧编剧具有重要的职责。

1. 精心设计戏剧冲突，突出人物的形象。戏剧性的冲突体现在人物上，因此人物的塑造对电视剧本的张力至关重要。生活中，儒家文化使人们倾向于含蓄，而不是奔放。因此，国人往往并不会在生活中说"我爱你"。影视剧改变了这一数千年的行为习惯，影视剧本的重要任务之一就是要将抽象的东西，变成看得到、听得到的元素，例如将爱情变成声嘶力竭的"我爱你"、鲜花、掌声、泪水等。电视剧的编剧就是要通过听得到、看得到的元素，将戏剧冲突体现在人物身上，进而突出人物，创造戏剧张力。

2. 突出剧本叙事中的语言和动作，使语言、动作成为人物塑造的重点，便于电视剧的拍摄和表现。麦克卢汉将媒介分为冷、热两种，前者指的是信息加工程度不高，需要受众再次深度加工的媒介，例如小说就需要人们发挥想象力；后者指的是信息已被高度加工，受众无须多费脑力便能吸收的媒介，例如电视剧，它生动形象无须观众多思多想。抽象的感情都应该被化解为语言、动作等元素。

3. 合理处理故事结构，确保每一集都能引人入胜、吊人胃口。受到微叙事的影响，获得成功的电视剧往往每一集都设置了 5 个到 8 个相对完整的小故事，并环环相扣。2011 年广电总局发布第 66 号令，即《〈广播电视广告播出管理办法〉的补充规定》："第十七条修改为：播出电视剧时，不得在每集（以四十五分钟计）中间以任何形式插播广告。"[①] 按每集电视剧 45 分钟计算，每个小故事耗时 5 分钟到 9 分钟，方便观众在一个个小故事的欣赏中，不知不觉地看完整集电视剧。

三　剧组筹备

在筹集到剧本和资金后，电视剧制片方常会考虑制片人、投资方的建议，选定导演、制片主任，并筹集剧组工作人员和演员。电视剧的拍摄阶段，是将电视剧策划转化为视听产品的关键阶段，其质量的高低直接影响

---

① 国家广播电影电视总局：《〈广播电视广告播出管理办法〉的补充规定》（2011 - 11 - 28），http://www.gov.cn/flfg/2011 - 11/28/content_2005138.htm。

电视剧成片的水准和发行工作。电视剧剧组需要调用大量的演员、技术人员和拍摄设备。

（一）剧组建制

我国电视剧剧组建制参考了发达国家的做法，但也具有一定的特色，在实际的运用过程中虽然灵活多样，但已形成大致稳定的结构。剧组由多种工种组成，在电视剧拍摄期间起到将剧本转化为视听内容的作用，除导演、制片、摄影师、灯光、编剧等职务外，还有大量提供相关服务的人员。剧组人员一般归属以下几个部门。

1. 制片组：制片人、制片主任、执行制片人、现场制片、生活制片、外联制片、监制、统筹、财务等。

2. 导演组：导演、执行导演、副导演、导演助理、武术指导、场记、演员等。如果演员档期紧张，拍摄任务繁重，导演组就会拆成不同的小组同时拍摄，相应地就产生了 A 组、B 组、C 组导演，B 组、C 组导演往往是副导演，A 组导演往往由剧组导演担任。也有一些剧组将 A 组、B 组、C 组导演称呼为第一组执行导演、第二组执行导演、第三组执行导演。

3. 摄制组：摄影指导、摄影师、摄影助理、灯光师、灯光助理、录音师、录音员、剪辑师等。

4. 美工组：总美术师、副美术师、美术助理、服装组、道具组、化妆组。

5. 剧务组：剧务主任、剧务助理、剧务、场工、司机、保安、厨师等。

6. 其他：根据需要剧组可能会设立现场剪辑组、航拍组等。

（二）主要职务的分工

剧组人员往往达到百人以上，按层级管理方式有效运行。剧组人员数量虽多，但以下职务尤为关键。

1. 制片人

制片人是投资方的利益代表，在按商业化方式运转的剧组中起到重要作用，拥有最大的话语权，对剧本、导演、编剧、摄影师、演员的挑选具有重要决策权力。所谓电视节目制片人，就是电视节目制作的负责人，它是节目制作的主体和节目市场的主体。① 北京电视剧艺术中心首部采用制片人制度的电视剧即《北京人在纽约》，不仅及时还清了中国银行贷款 150

---

① 阎向平：《话说电视节目制片人制度》，《电视研究》1995 年第 3 期。

万美元，还产生了可观的盈利。此后，电视剧制片人制度普遍实施，即便是电视台下属的制片公司也按内部承包制，即内部的制片人制度运行，已被证明是符合市场运作规律的电视剧生产体制。制片人不仅是剧组的职务，也是电视剧生产的制度。在制片人制度确立后，制片人对电视剧的发行也拥有充分的话语权。曾火遍大江南北的电视剧《我爱我家》在实行制片人制度后，作为其制片方之一的中国国际文化艺术中心为了提高电视剧的盈利水平，深耕发行，在全国范围内与众多电视台逐家谈判，最终实现了全国播出。

2. 制片主任

制片人作为投资方的利益代表，在剧组虽然一般拥有最大的话语权，但往往委托制片主任代行职责和监督权力。制片主任一般非常熟悉电视剧的艺术创作规律和实践操作规则，能协调整个剧组的运行，对剧组的合同签订和履行负有重大责任。剧组往往需要历时数月，调用大量的技术人才并涉及大量的杂物，主要通过资金管控和人员调配进行管理，资金管控与人员调配均需要按合同规定进行。

3. 现场制片、生活制片、外联制片

制片部门的主要人员皆是投资方的代表，重大题材电视剧的投资人往往是电视台、文化宣传管理部门、政府等；普通题材电视剧的投资人则颇为多元化，主要以赢利为目的。现场制片、生活制片、外联制片皆受雇于制片人，分别负责片场工作督促、日常生活保障、剧组内外各方联络工作。

4. 监制

监制代表投资方利益，有时是制片人兼任，管理电视剧拍摄的所有环节，确保剧组在规定时间、预算范围内完成电视剧的拍摄工作以便进入发行环节。香港影视剧中的监制，职责范围较之内地影视剧的监制更为广泛，还包括对剧本的把控。监制的重要任务之一就是控制电视剧制作、发行的成本，使之保持在预算范围以内。

5. 编剧

电视剧为了获得拍摄许可，需要提前将剧本送到广电管理部门审查。后来，广电管理部门降低了要求，将拍摄许可证制度改为拍摄制作备案制度，将完整剧本送审的要求改为1500字剧情梗概。这两项变更使电视剧剧本创作获得了更大空间。电视剧备案时，需要提供的剧本的要求是：如实准确表述剧目主题思想、主要人物、时代背景、故事情节等内容的不少于1500 字的简介①。政策修改前，制片方需要将完成后的剧本送审，演员很难临时对剧本做出较大改动。实行拍摄制作备案制度后，送审的是 1500 字以上的简介，编剧拥有了更多的创意空间，一些演员频频修改剧本，甚至在拍摄现场临时改词。这就要求编剧在拍摄现场发挥更多的想象力。术业有专攻，将剧本交由编剧、导演斟酌可能更加符合艺术创作的需要。好莱坞拥有强大的行业工会，编剧、演员归属不同的工会，"跨界"创作往往引起较大不满，因此倾向于各司其职。

6. 导演

导演负责剧组的内容生产，对于剧本的把控、画面的拍摄和镜头的设计负主要责任。剧本往往是导演和编剧共同协商的结果，编剧提供文字创意而导演需要将抽象创意具体地表达为视听觉内容。这是两个紧密相关的任务，因此导演和编剧需要在剧本创作、拍摄现场紧密合作，才能形成合力，为电视剧的艺术表达提供扎实的基础。摄影、美工、剧务、录音等方面的工作都需要按导演意图进行，实现风格方面的统一。因此，导演是剧组中的关键职务，既需要与制片部门保持通力合作，也需要与其他部门积极沟通，确保电视剧内容风格的稳定。导演需要在多工种的配合下，确定电视剧的审美风格、叙事结构、人物形象、分镜头剧本、选景、拍摄日程等。

近些年来，演员片酬不断提高。娱乐化的电视节目倾向，使投资方将利益重心放在流量明星挑选方面，因此主要演员的片酬和话语权不断提升。演员在影视剧的生产中起到越来越重要的作用，不少演艺明星同时出任制片人、导演等职务。演员常常驻足剧组，耳濡目染，对制片、导演等工作十分熟悉。然而，这种现象会成为一种趋势吗？有待继续观察。

第二节 电视剧的运作机制

电视剧的成功不仅与内容高度相关，与其运作情况也密切关联。从拍

---

① 国家广播电影电视总局：《电视剧内容管理规定》（2010 - 5 - 19），http://www. sapprft. gov. cn/sapprft/govpublic/10550/332959. shtml。

摄电视剧的想法萌生，到电视剧面向大众播出，其间经历多个环节，既包括电视剧的生产、发行，也包括行政审批等多个方面。2018 年《延禧攻略》《如懿传》播出，这两部作品涉及的历史事件、人物、情境高度雷同，但展现出来的风格却迥然不同，给电视观众提供不少谈资。人们对这两部电视剧评头论足时，对两家电视剧背后的制片公司、发行团队亦多有品评。电视剧自改革开放以来，经历了多年的高速发展，形成一定的格局和运作规则。

一　开拍前的筹备阶段

进入 21 世纪以来，越来越多的普通人拥有了拍摄设备，业余人士拍摄的电视剧作品频频播出，在一些地方电视台受到欢迎。与此同时，专业制片公司生产的电视剧作品数量更是不断增多。这既反映了电视剧制作门槛的降低和行政审查难度的下降，也反映了电视剧市场竞争的白热化。电视剧的导演、剧本、制片主任、主要演员对电视剧的成功至关重要，这些职务的分配和搭配对电视剧风格的形成具有相当大的影响力。

（一）确定导演、剧本

娱乐是普通电视剧普遍选择的元素，它既远离风险，容易通过审查，也可以营造趣味，提升作品的收视率保障。毋庸赘言，娱乐已成为大众文化传播的显著现象。投资方的利益诉求，使制片方对收视率具有强烈的渴望。在自负盈亏的背景下，电视台强烈追求收视率和广告投资。电视剧呈现较为强烈的娱乐倾向，乃至部分抗日剧、谍战剧都未能免俗，不顾剧情内容、历史条件的限制，在剧情、对白、动作、服道化方面带有浓厚的现代时尚气息和娱乐氛围，引发观众吐槽。一些抗日、谍战"神剧"的导演来自香港。香港电视人对影视娱乐手法高度熟悉，受到投资人认可。然而，一些以娱乐为内核，以经典、红色革命情怀为包装的"神剧"，实乃对革命先辈、历史现实的不敬，受到广电管理机构的严厉管控。

制片方在确定导演时，往往考虑导演以下方面的资质。第一，导演的资历。电视剧导演，需要在视听内容拍摄、电视节目生产、电视剧制作方面具备足够的资历，才能受到制片方的青睐。第二，导演对同类作品的驾驭能力。电视剧已进入了类型化创作的阶段。婆媳剧的导演艺术与抗日剧的导演艺术大相径庭，制片方在挑选导演时往往会考虑对方是否曾生产过同类型的电视剧作品。第三，导演的口碑。王牌导演，往往更受电视台青睐，但报酬较高。即便如此，制片方往往也不轻易启用资历浅的导演。近年，网络自制剧崛起，其中不乏资历相对较浅的年轻导演。

确定导演人选后，导演、编剧、制片人会对剧本进行最后的完善。相对而言，编剧关注叙事，导演关注故事视听表达的审美化和戏剧化，制片人则关注故事的精彩程度和潜在市场价值。欧美发行的电影，有时产生多个版本，常见的是导演版和制片人版。一般而言，制片人版往往比导演版更注重可看度，在播出时更受观众认可。导演、编剧、制片人会从各自的经验、目的和任务出发，共同协调剧本内容，确保在开拍前形成对剧本、故事、人物大致相同的意见。

（二）确定制片主任和预算

我国电视剧制片人制，参考了欧美影视剧对制片人（Producer）一职的设置。改革开放之初，我国仍处于计划经济体制下，对制片人的理解没有脱离当时计划经济体制下的窠臼，常常用"制片主任"一词描述今天的制片人。其中，"主任"二字应是受到了"办公室主任"之类职务名称的影响而来。近年来，影视剧片头、片尾字幕中提到的制片人，往往是投资方利益代表，而制片主任则往往受雇于制片人，负责电视剧的成本预算与控制。

电视剧的成本预算，需要考虑到多个因素：电视剧类型、长度、筹备周期、拍摄周期、后期制作、取景地、演职人员和创作团队报酬等，主要分为人员工资费用，设备租赁、购买费用、耗材费用三个方面。电视剧拍摄时，剧组往往需要使用大量的临时演员。由于缺乏相应的工会组织，临时演员往往不易管理，且难以在短时间内大量调配，因此我国电视剧的剧组往往聚集于某些地区，例如横店。

（三）确定主要演员

按当前的生产效率，数十集的电视剧往往在半年以内甚至三个月便可以拍摄完成。众多一线演员，同时肩负数项影视剧的拍摄任务，还要抽出时间参加综艺节目、路演等活动。目前，大投资的电视剧在挑选主要演员时，首要的考虑因素是演员的知名度和话题价值。一些资历尚浅、演技不高但具有高话题价值的演员，频频担任电视剧中的主要角色，令一些观众感到不满。这种现象与投资人降低风险、提高收益的诉求直接相关，使电视剧花在个别明星身上的报酬水涨船高。有些剧组付给男女主角的报酬，甚至超过了电视剧经费的一半！电视剧制片行业因此受到挤压，不得不在剧组的其他方面压缩经费。2018 年在华人世界取得极大成功的清宫剧《延禧攻略》制作精美，服装、道具、化妆、镜头设计十分精致，获得了好评。舆论普遍认为，这部电视剧之所以能在视觉方面精雕细琢，与其主要演员资历尚浅、报酬低廉有关。我国电视剧演员的受众市场以国内、华人世界为主，但一些人的片酬已高过了好莱坞的顶级明星，从市场经济的角度看并不合理。在电视剧生产的大环境中，制片方、投资方也深受其累，广电总局近年来对明星不适当的高片酬现象加强了管理。这是制片方调整主要演员选取标准的契机。

（四）合同约定法律义务与权利

合同是市场经济环境中，利益多方实现共赢的重要保障，是电视剧开拍前需要反复斟酌、确定的内容。为了降低电视剧的法律风险，制片方往往与律师合作，通过详细的合同约定保障多方的利益，确保权责清晰。目前，一部电视剧投资上亿元并不罕见，甚至成了当红电视剧的必备经济条件。合同可以有效地保障投资方、制片方、播出平台、演员、技术人员、创作人员的法律权益。正式开拍前，制片方需要签订的合同包含以下方面。

1. 电视剧联合投资合同。电视剧投资巨大，动辄数亿元，风险极高，但可能无法播出。如果投资来源单一，很可能使投资方破产，因此电视剧的资金来源往往多元。合同明确标明电视剧投资总额、各方出资情况、分期支付方式、担保和监督方式、版权分配比例的约定。此外，合同还应约定违约责任以及不可抗力、意外事件的权责问题。

2. 电视剧制作合同。电视剧的制作往往也需数家公司通力合作，即便是由一家公司承担，这家公司往往也会与承接电视剧制作任务的团队、个人签订制作合同。合同约定电视剧制作经费情况、支付方式、人员调配权力、制作周期、发行时间等。

3. 剧本版权使用合同。电视剧的投资人、制片方需要和原著小说、剧本的作者签订购买电视剧改编权和拍摄发行权的合同，然后才可以合法使用相关小说、剧本。不仅如此，双方应该对影视改编权和拍摄发行权的时效、范围、报酬、付款方式、纳税方式、违约责任等方面详细约定，以免后续发生争执影响电视剧的投资和利润回收。

4. 编剧、导演、制片主任等的聘用合同。制片人、制片方需要与编剧、导演、制片主任等相关人员一一签订聘用合同。尤其需要注意的是，制片人、制片方需要在与编剧、导演签订合同时，详细约定双方的责任、义务、权利。合同需要明确电视剧知识产权详细的归属情况、剧组筹备、制作、后期的时间安排、剧本、电视剧的质量要求、报酬情况、付款方式、纳税方式、违约责任。

5. 演员聘用合同。主要演员、一线演员的报酬往往高达数千万元，涉及巨大的利益，必须遵守相关的法规，不能为了偷税、漏税而在合同外私下约定。此举不仅触犯法律，招致牢狱之灾，也容易引起经济纠纷，影响整个电视剧的制作进程和发行工作。对于重要演员、大牌演员，合同需要详细约定演员本身以及相关服务人员的报酬、付款方式、纳税方式和违约责任。如有必要，甚至可以约定剧中人物服装、配饰的提供情况。

6. 其他人员的聘用合同。与其他被聘用人员签订合同，需要约定的主要内容是报酬、违约责任、人身意外保险购买等情况。临时人员的聘用合同也需要提前起草，以便保护各方权利。

7. 歌曲、歌词委托创作合同。电视剧往往需要使用音乐、歌曲和歌词，经典电视剧往往能捧红多首歌曲。因此，合同需要约定音乐作品知识产权的购买情况和知识产权归属问题，以免在电视剧播出后产生纠纷。

8. 电视剧后期制作合同。电视剧在拍摄的过程中，往往已开始了粗剪工作，需要在开拍前就对相关工作进度、质量、报酬和相关创作的版权归属问题进行详细的约定。

9. 人身意外保险合同。制片人、制片方可以与保险公司进行合作，为剧组全体成员购买人身意外保险。对于一些特殊人员，依据剧组实际情况，购买单独保险，以防在电视剧的拍摄过程中产生意外伤害并导致巨额经济纠纷。

10. 电视剧贴片广告、植入式广告代理合同。贴片广告、植入式广告是常见的电视剧广告方式。在电视剧实行制片人制度的初期，电视台往往不愿意使用现金高价收购电视剧，而选择提供贴片广告时段给制片方、发行方。依据电视创作的实际情况，制片人、制片方可以委托专门的广告公司代理其贴片广告和植入式广告。

11. 设备、服装、道具、场地和车辆租赁合同。剧组往往要租赁大量的设备、服装、道具、场地和车辆，以便剧组各项工作的顺利展开。

12. 食宿承租合同。剧组在拍摄期间，往往涉及食宿问题，制片主任可以依据具体需要，在剧组法律顾问的帮助下，签订相关合同。

二　《电视剧制作许可证》的申领

现行的《广播电视管理条例》第 35 条规定："设立电视剧制作单位，应当经国务院广播电视行政部门批准，取得电视剧制作许可证后，方可制作电视剧。电视剧的制作和播出管理办法，由国务院广播电视行政部门规定。"[①] 拍摄电视剧的机构必须持有《电视剧制作许可证》。它分甲、乙两种，甲种证 2 年有效，一证可以对应多个作品；乙种证 6 个月有效，一证对应一个作品。

《广播电视节目制作经营管理规定》的相关规定如下[②]：

第十三条　电视剧制作许可证分为《电视剧制作许可证（乙种)》《电视剧制作许可证（甲种)》2 种，由广电总局统一印制。

《电视剧制作许可证（乙种)》仅限于该证所标明的剧目使用，有效期限不超过 180 日。特殊情况下经发证机关批准后，可适当延期。

《电视剧制作许可证（甲种)》有效期限为 2 年，有效期届满前，对持证机构制作的所有电视剧均有效。

第十四条　《电视剧制作许可证（乙种)》由省级以上广播电视行政部门核发。其中，在京的中央单位及其直属机构直接向广电总局提出申请，其他机构向所在地广播电视行政部门提出申请，经逐级审核后，报省级广播电视行政部门审批。

第十五条　申领《电视剧制作许可证（乙种)》，申请机构须提交以下申请材料：

（一）申请报告；

（二）《电视剧制作许可证（乙种）申领登记表》；

（三）广电总局题材规划立项批准文件复印件；

（四）编剧授权书；

（五）申请机构与制片人、导演、摄像、主要演员等主创人员和合

[①] 国务院：《广播电视管理条例》（2005 - 8 - 21），http://www.gov.cn/banshi/2005 - 08/21/content_25111.htm。

[②] 国家广播电影电视总局：《广播电视节目制作经营管理规定》，《司法业务文选》2004 年第 8 期。

作机构（投资机构）等签订的合同或合作意向书复印件。其中，如聘请境外主创人员参与制作的，还需提供广电总局的批准文件复印件；

（六）《广播电视节目制作经营许可证》（复印件）或电视台、电影制片机构的相应资质证明；

（七）持证机构出具的制作资金落实证明。

第十六条 省级广播电视行政部门应在核发《电视剧制作许可证（乙种）》后的 1 周内将核发情况报广电总局备案。

第十七条 电视剧制作机构在连续 2 年内制作完成 6 部以上单本剧或 3 部以上连续剧（3 集以上/部）的，可按程序向广电总局申请《电视剧制作许可证（甲种）》资格。

第十八条 申领《电视剧制作许可证（甲种）》，申请机构须提交以下申请材料：

（一）申请报告；

（二）《电视剧制作许可证（甲种）》申请表；

（三）最近 2 年申领的《电视剧制作许可证（乙种）》（复印件）；

（四）最近 2 年持《电视剧制作许可证（乙种）》制作完成的电视剧目录及相应的《电视剧发行许可证》（复印件）。

第十九条 《电视剧制作许可证（甲种）》有效期届满后，持证机构申请延期的，如符合本规定第十七条规定且无违规记录的，准予延期；不符合上述条件的，不予延期。

三 电视剧拍摄制作备案

电视剧在开拍前，必须进行备案。1986 年，为了繁荣电视剧制作和提高电视剧质量，加强对电视剧的管理，国家广电总局颁布了《关于实行电视剧制作许可证制度的暂行规定》，规定明确要求："任何单位（包括各级电视台）制作电视剧，必须持有电视剧制作许可证。禁止私人制作电视剧。规定只适用于国内制作电视剧的单位。与国外合拍电视剧，由广播电影电视部统一审批。"① 国家广播电影电视总局于 2004 年颁布实施的《电

---

① 国家广电总局：《关于实行电视剧制作许可证制度的暂行规定》（2010 - 2 - 15），http://www.shouxian.gov.cn/openness/detail/content/5a3db017592c20a02088904b.html。

视剧审查管理规定》对电视剧审查做出了详细规定。国家广播电影电视总局于 2010 年颁布实施的《电视剧内容管理规定》替代了《电视剧审查管理规定》，指导当今电视剧的生产。目前，根据 2010 年颁布实施的《电视剧内容管理规定》，我国电视剧施行拍摄制作备案制度。电视剧制片方在开拍前，必须获得电视剧拍摄制作备案。

（一）电视剧禁止的内容

《广播电视管理条例》明确规定电视节目不得载有下列内容[①]：

1. 危害国家的统一、主权和领土完整的；
2. 危害国家的安全、荣誉和利益的；
3. 煽动民族分裂，破坏民族团结的；
4. 泄露国家秘密的；
5. 诽谤、侮辱他人的；
6. 宣扬淫秽、迷信或者渲染暴力的；
7. 法律、行政法规规定禁止的其他内容。

《电视剧内容管理规定》明确规定电视剧不得载有下列内容[②]：

1. 违反宪法确定的基本原则，煽动抗拒或者破坏宪法、法律、行政法规和规章实施的；
2. 危害国家统一、主权和领土完整的；
3. 泄露国家秘密，危害国家安全，损害国家荣誉和利益的；
4. 煽动民族仇恨、民族歧视，侵害民族风俗习惯，伤害民族感情，破坏民族团结的；
5. 违背国家宗教政策，宣扬宗教极端主义和邪教、迷信，歧视、侮辱宗教信仰的；
6. 扰乱社会秩序，破坏社会稳定的；
7. 宣扬淫秽、赌博、暴力、恐怖、吸毒，教唆犯罪或者传授犯罪

---

① 国家广播电影电视总局：《电视剧审查管理规定》（2004 - 9 - 29），http：//www. sxgd. org. cn/v - 1 - 7821. html。

② 国家广播电影电视总局：《电视剧内容管理规定》（2010 - 5 - 19），http：//www. sapprft. gov. cn/sapprft/govpublic/10550/332959. shtml。

方法的；

    8. 侮辱、诽谤他人的；

    9. 危害社会公德或者民族优秀文化传统的；

    10. 侵害未成年人合法权益或者有害未成年人身心健康的；

    11. 法律、行政法规和规章禁止的其他内容。

（二）申请电视剧拍摄制作备案应符合的条件

《电视剧内容管理规定》明确规定符合下列条件之一的制作机构，可以申请电视剧拍摄制作备案公示[1]：

    1. 持有《电视剧制作许可证（甲种）》；

    2. 持有《广播电视节目制作经营许可证》；

    3. 设区的市级以上电视台（含广播电视台、广播影视集团）；

    4. 持有《摄制电影许可证》；

    5. 其他具备申领《电视剧制作许可证（乙种）》资质的制作机构。

《电视剧内容管理规定》明确规定申请电视剧拍摄制作备案公示，应当提交下列材料[2]：

    1. 《电视剧拍摄制作备案公示表》或者《重大革命和重大历史题材电视剧立项申报表》，并加盖对应的公章；

    2. 如实准确表述剧目主题思想、主要人物、时代背景、故事情节等内容的不少于1500字的简介；

    3. 重大题材或者涉及政治、军事、外交、国家安全、统战、民族、宗教、司法、公安等敏感内容的（以下简称特殊题材），应当出具省、自治区、直辖市以上人民政府有关主管部门或者有关方面的书面意见。

---

[1] 国家广播电影电视总局：《电视剧内容管理规定》（2010 - 5 - 19），http：//www. sapprft. gov. cn/sapprft/govpublic/10550/332959. shtml。

[2] 国家广播电影电视总局：《电视剧内容管理规定》（2010 - 5 - 19），http：//www. sapprft. gov. cn/sapprft/govpublic/10550/332959. shtml。

四　申办发行许可证

电视剧拍摄完成后，必须通过审查，取得发行许可证才能发行、播出、评奖，否则即为违规，接受严肃处理。广电总局设立有电视剧审查委员会和电视剧复查委员会，省级广电局也设立了相应的电视剧审查机构。《电视剧内容管理规定》明确规定送审国产剧，应当向省、自治区、直辖市以上人民政府广播影视行政部门提出申请，并提交以下材料[①]：

1. 国务院广播影视行政部门统一印制的《国产电视剧报审表》；
2. 制作机构资质的有效证明；
3. 剧目公示打印文本；
4. 每集不少于500字的剧情梗概；
5. 图像、声音、字幕、时码等符合审查要求的完整样片一套；
6. 完整的片头、片尾和歌曲的字幕表；
7. 国务院广播影视行政部门同意聘用境外人员参与国产剧创作的批准文件的复印件；
8. 特殊题材需提交主管部门和有关方面的书面审看意见。

电视剧的委托发行合同，必须包含发行许可证的相关约定条款。电视剧播出时，每集的片首部分会标明电视剧发行许可证编号，每集的片尾部分会标明电视剧制作许可证编号。近年，广电管理部门对网络大电影、网络自制剧、网络自制节目的审查流程进行规范，必须获得相关许可才能播放。

五　发行策划

电视剧的发行渠道主要包括两个方面：人员销售和交易会销售。人员销售指的是电视剧发行方与包括电视台、网络在内的播出机构洽谈，询问购买意向并签订购买合同。交易会销售，是通过参加电视节、节目交易会进行电视节目的发行工作。我国规模比较大的电视节有：上海国际电视

[①] 国家广播电影电视总局：《电视剧内容管理规定》（2010 – 5 – 19），http://www.sapprft.gov.cn/sapprft/govpublic/10550/332959.shtml。

节、北京国际电视节、四川电视节。节目交易会还包括电视台协作体不定期举办的节目交易市场，我国有全国省级台网协作体和全国市级台网协作体。协作体是一个松散的机构，对下辖的成员电视台没有约束力，主要通过不定期举办的电视节目交易会，在制片方与电视台之间形成沟通，商定广告、电视节目销售价格等问题。

发行市场是我国电视节目走入成熟时才形成规模化运作的体系。1996年9月，由国家广电部社会管理司牵头举办的中国电视节目交易会在北京举办，电视台云集，节目采购销售成为重要研究课题，我国电视节目交易市场全面启动。中国电视节目交易会每年举办一次，是我国目前最大的电视节目交易会。此前，我国电视节目主要通过交换的方式进行。物物交换存在严重不均衡的问题，实力强大的电视台很难从中获取等同价值的节目，而相对弱小的节目则据此获得大量优质节目资源。不仅如此，当时节目盗播现象严重，一些电视频道未经许可即在某些时段转播优势电视频道的内容资源。更有甚者，一些内陆地区的电视台人员住在上海附近，在宾馆录下上海台的节目，然后拿回去播放。在这样的环境下，建立全国电视节目交易市场势在必行。《渴望》投资150万元人民币，与几十个电视台签订了购买协议，原本可以收回更多资金，但由于它的轰动效应，有关部门便以行政的方式要求中央电视台必须播放，结果只拿到了40万元，相当于投资成本的四分之一。[1] 20世纪90年代中期以后，伴随电视剧制片人制度的推行，电视行业渐渐达成建立电视剧交易市场的共识。1996年以后，中国电视节目市场处于发行渠道的拓展和运行机制的规范时期。[2]

（一）发行方式

从发行的主体看，电视剧发行可以分为自主发行和委托发行两类。自主发行往往可以实现制片方的利益最大化，因此大部分的电视剧是由制片方自主发行的。一些实力较弱的电视剧制片公司，如果选择委托发行的话，往往由发行方买断电视剧版权，再进行发行工作，而制片方获得的收益有限。对于一些质量不高的电视剧而言，在买方市场的背景下，也难以找到愿意买断发行的发行商，便只能放在仓库，难见天日。

从发行的次序看，电视剧发行可以分为一次发行、二次发行、三次发

---

① 刘晓玲：《中国电视节目交易市场苦尽甘来》，《声屏世界》1995年第5期。
② 黄承联：《关于中国电视节目市场的思考》，《当代电视》1998年第7期。

行。我国幅员辽阔，电视台、电视频道众多，电视剧往往可以进行多达三次的销售，但一次发行价格最高、所获最多，二次发行、三次发行则堪称"挥泪大甩卖"，盈利能力十分有限。

一次发行，往往采用"2＋X＋网络"的模式，即电视剧发行方在第一轮销售时将电视剧播放权销售至2家卫视平台、8家左右的地面电视台、某些网络视频平台。一次发行还有一种模式是"1＋X＋网络"，即卫视独家首播，这种模式往往是地面频道先播出，然后在一家卫视上播出，而网络播出稍晚于卫视。过去多年，电视执行的是"一剧四星"政策，即一家电视剧最多可以在四家卫视频道上同时播出。2015年1月1日起，电视业开始执行"一剧两星"政策，即一家电视剧最多可以在两家卫视频道上同时播出。这在采购成本激增的背景下，极大地增加了卫视频道的购剧负担。假设一部电视剧价格为2亿元，四家卫视购买，每家出价5000万元即可；"一剧两星"政策施行后，最多只能两家卫视购买，那么每个频道就需出价1亿元。在既往的实践中，卫视独播剧数量相对较少，大部分优质电视剧都由若干卫视频道分担购买。因此，业界对新的电视剧播放政策有争议，一直有改回"一剧四星"政策的传言。

电视剧一次发行后，发行方可以安排电视剧第二次大规模的销售和播放，但因电视剧的话题价值基本已开发完毕，因此二次发行的价格远远低于一次发行。二次发行，有三种模式可以遵循，分别是央视二次发行、省级卫视二次发行、地面二次发行。顾名思义，制片方在二次发行时可以选择在央视播出，但这要求电视剧在一次发行时的口碑和收视率俱佳。不过，央视一套不会轻易接受二次发行的电视剧，央视八套作为电视剧频道，不时采用二次发行的电视剧。省级卫视二次发行的对象，往往是中西部相对弱势的卫星频道。2018年，热播剧《延禧攻略》改变了以往的发行模式，大陆地区的一次发行只选择了网络，二次发行选择了浙江卫视等。优质电视剧制片方和网络优质平台的话语权正在提升。地面二次发行，指的是电视剧发行方在卫视首轮播出后，向省级地面频道和省会频道销售播放权的做法。这是大部分电视剧二次发行的做法，即首轮在2家卫视、8家左右地面频道和网络上播出，然后在其他众多的地面频道进行二次销售。

三次发行，指的是发行方在卫视、省级地面频道、省会地面频道播出完毕后，向众多其他地面频道销售播出权。即便是优质电视剧，第三次发行的价格相对于制作成本和一次发行的价格而言，微乎其微。有些发行方干脆在二次发行时，将三次发行的权力销售给一些省级地面频道或者省会地面频道，再由省级地面频道或者省会地面频道销售到其他地方电视台。

（二）发行程序

电视剧发行方为了实现利益最大化，往往选择省级台、省会台作为主要销售对象，即全国发行，分省销售。电视剧制片方往往是发行方，这对于推动电视剧的销售十分重要。

在剧本形成阶段，电视剧制片方往往会将剧本大概情况送至一线卫视、省级台咨询、反馈，并依据电视台的购片意向进行剧本的调整和策划。制片方为了降低销售风险，电视台为了提高节目采购的精确度，往往会在剧本形成、拍摄阶段便加强合作，电视台因此可以获得符合其采购意愿的电视剧作品。

待电视剧制作完成，获得发行许可后，制片方会将电视剧样片送到目标电视台，以寻求销售的成功。选题、叙事、画面质量俱佳的电视剧往往是电视台争相购买的对象，一旦电视剧获得了上佳的播出成绩，其续集以及原班人马的新电视剧往往会被提前预购。此外，制片方还可以通过电视节目交易会、电视节公开销售电视剧。销售的价格与播出平台性质、制片方口碑、电视剧质量密切相关。制片方、发行方往往等待电视剧播出完成后，才能陆续回收资金。

（三）发行价格

电视剧价格就像市场经济中衣食住行的价格那样，由质量、品牌、市场供需共同决定，差异化定价和两极分化趋势明显，但在历时性上呈现迅速增高的态势。20世纪90年代，中央电视台在购买电视剧时，往往不付现金，而是回报制片方以1分钟的贴片广告。因此，当时电视剧制片方存在一种说法，认为想要赚钱就应该销售到省级台，想要出名才销售到中央台。1994年央视播出的《北京人在纽约》创造了中央电视台以高代价买断电视剧发行权的先例，制片方获得了长达5分钟的贴片广告时间。这部电视剧收视率火爆，寻求广告投放的商家云集央视，以至于央视在门口贴上纸条，声明《北京人在纽约》的贴片广告不在其销售范围以内。

一般而言，古装剧成本高于现代剧，同等情况下销售价格略高。2015年，《芈月传》的价格是单集200万元。2016年上海电视剧直播年会上，

《如懿传》单集价格是人民币 1500 万元[1]，其中网络播放权单集为 900 万元，电视播放权单集为 600 万元。然而，《如懿传》因宫斗内容、血腥暴力镜头过多等问题迟迟不能通过审查，直至 2018 年才播出。2018 年，具有较高注意力价值的电视剧销售价格均在 2 亿元以上，一线古装剧的电视单集销售价格均在 300 万元以上。目前，优质电视剧往往在 50 集以上，一线卫视购买单部电视剧首轮播映权的价格普遍在亿元以上。二、三线卫视因为广告资源不足，难以高价购买优质电视剧，导致广告资源恶化，形成恶性循环和马太效应。

　　现代剧市场呈现两极分化趋势，优质作品价格高昂。湖南卫视 2017 年斥资 3.84 亿元购买了马天宇、钟汉良主演的《凉生，我们可不可以不忧伤》，单集造价达到 480 万元。这部电视剧的网络单集销售价格达到了 1000 万元。近年来，网络平台在购买电视剧时的财大气粗，使电视台的购剧成本急剧增加。目前，优质电视剧的电视版权单集在 300 万元以上，网络版权在千万元左右。一次发行时，普通古装剧价格为 50 万 ~ 120 万元，现代剧价格为 30 万 ~ 120 万元。大量的电视剧因为质量、品牌效应不佳，即便主动降价，也很难获得较好的播出平台。网络为电视剧提供的单集版权价格之高令人瞠目结舌，但每年播出量有限，并不能为广大的电视剧制片方提供更多的回报。

---

① 成都商报：《〈如懿传〉每集售价 1500 万，腾讯既是金主也是网络买家》，http://lady.163.com/16/0316/03/BI8GQIF800264M4F.html，2016 年 3 月 16 日。

第七章 电视综艺节目策划

新闻、电视剧、综艺节目是电视吸引观众收看的主要节目，其质量高低和口碑好坏往往决定频道乃至电视台的地位，是电视节目策划的重点对象。综艺节目这一名称，台湾用得较早、较普遍，大陆出现这一节目形式时，开始称综合文艺节目。① 壮春雨在《广播电视节目的几种形式》中提出我国综艺节目分为栏目型和晚会型两类。高鑫在《电视艺术学》一书中认为综艺节目是充分调动电子的技术手段，对各种文艺样式进行二度创作，既保留原有文艺形态的艺术价值，又充分发挥电子创作的特殊艺术功能，给观众提供文化娱乐和审美享受的电视节目形态。② 《广播电视年鉴》将电视节目分为新闻资讯类、专题服务类、综艺益智类、影视剧类、广告类、其他类。一般而言，收视率调查、节目研究往往将综艺节目与新闻节目、专题节目、影视剧、广告并列。综合与专题是电视节目内容编排的两个方向，前者自杂志型新闻节目《60分钟》播出以来已在电视业受到广泛欢迎。

第一节 综艺节目内容创新策略

一般而言，电视综艺节目指的是综合展示戏剧、歌舞等多种技艺的节目类型，谈话、辩论类节目并不包含其中。然而，网络对综艺节目的理解似乎更为宽泛，《奇葩说》《吐槽大会》皆被认为是当红网络综艺节目。按网络综艺节目的概念反观电视，似乎娱乐性质较为突出的谈话节目也应该包含在电视综艺节目范畴内。综合相关研究和电视实践，可以对电视综艺

---

① 壮春雨：《广播电视节目的几种形式》，《现代传播》1987年第4期。
② 高鑫：《电视艺术学》，北京师范大学出版社，1988，第382页。

节目进行概念界定。电视综艺节目，指的是在电视上播出的，使用视听手段将歌、舞、乐、游戏、语言、杂技、表演、戏剧等艺术经过一定手法编排后呈现的类型节目。

一　综艺节目理念：教育与娱乐

电视综艺节目的内容与形式紧密相关，是体现节目创意的两个渠道。目前，国际电视节目市场中销售的版权节目，往往以节目模板的形式交易，而节目模板被认为是节目形式。目前，电视节目交易市场中的版权买卖主要集中在两个方面：一是以电视剧、纪录片为主的节目播映权买卖，二是以综艺节目为主的节目模板使用权买卖。节目模板，就是一档电视综艺节目在市场化运作过程中，沉淀下来的程式化、模式化、类型化的元素所构成的整体形式。电视综艺节目的内容与形式创新相辅相成，内容方面的创新往往会沉淀成形式方面的稳定元素。

我国电视诞生之初就负有文化娱乐的功能，在当时的社会背景下，电视的文化娱乐功能服务于教育人民的目的，处于从属地位。"文革"时期，电视的娱乐功能被完全禁绝。改革开放后，文艺寓教于乐的观念深入人心，并在电视综艺节目中得到突出体现。

中华人民共和国成立初期，"娱乐"是中性词，与教育、学习相对应，大体意思为玩耍、游戏、消遣、消闲。中华人民共和国成立到"文革"前夕，人们对娱乐观照较少，但"娱乐"一词主要有三种用法。第一是与"教育""学习"连用，作用的对象往往是人民、青少年和儿童。例如1954 年《戏剧报》上的《反对黄色戏曲和下流表演（短评）》："戏曲艺术为人民所爱好，和广大人民有经常的密切的联系，是娱乐和教育人民的重要武器。无疑的，它应当用爱国的、民主的和社会主义的思想教育人民，提高人民的道德品质，丰富人民的精神生活。"[①]第二种是与"文化"连用，以"文化娱乐"的形式出现，例如："凡是用来满足人们衣食住以及文化娱乐方面消费要求的工业品，都叫作轻工业制品。"[②] 1950 年中央人民政府新闻总署规定我国广播事业的四项任务分别是：发布新闻、传达政令、社会教育、文化娱乐。第三种单独使用，如："他们（东汉封建官僚、地主、

---

①　《反对黄色戏曲和下流表演（短评）》，《戏剧报》1954 年第 11 期。

②　葛春霖：《建设和发展祖国的轻工业》，《科学大众》1952 年第 7 期。

商人）还使用艺人作为娱乐的工具。"①

1979 年，作为与"四人帮"做斗争、打破极"左"路线造成的艺术枷锁的途径，在政府的推动下文艺界重新学习周恩来的三篇讲话：《关于文化艺术工作两条腿走路的问题》（1959 年）、《对在京的话剧、歌剧、儿童剧作家的讲话》（1961 年）和《在文艺工作座谈会和故事片创作会议上的讲话》（1962 年）。《在文艺工作座谈会和故事片创作会议上的讲话》指出，"不要把什么都说成是修正主义。有人问我：文艺的教育作用和娱乐作用是不是统一的？是辩证的统一。群众看戏、看电影是要从中得到娱乐和休息，你通过典型化的形象表演，教育寓于其中，寓于娱乐之中。"② 在学习周恩来三篇讲话的过程中，娱乐逐渐从被冷落的中性词，变成具有正面意义的文艺追求。1979 年"寓教育于娱乐"的观点开始出现，③ 并有 6 篇文章提到，包括曹禺的《勇于实践的首创精神——看秦腔〈西安事变〉有感》，以及王朝闻发表在《文学评论》上的《寓教育于娱乐》。据何国瑞 1980 年的《寓教于乐——艺术的辩证法之一》中的信息，1958 年《文艺理论译丛》介绍了贺拉斯的《诗艺》："诗人的愿望应该是给人益处和乐趣……寓教于乐，既劝谕读者，又使他喜爱，才能符合众望。"④

1979 年 10 月 30 日，第四次文代会召开。这次会议受到党和国家领导人的高度重视，叶剑英出席，邓小平发表祝辞，茅盾致开幕词，相关报道和发言在《人民日报》头版刊出。邓小平代表中共中央、国务院提出："雄伟和细腻，严肃和诙谐，抒情和哲理，只要能够使人们得到教育和启发，得到娱乐和美的享受，都应当在我们的文艺园地里占有自己的位置。"⑤

20 世纪 80 年代，报刊经常组织各类知识问答比赛，而教学节目是电视上的重头戏，结合寓教于乐的理念，具备趣味性特征的知识竞猜电视节目出现。当时，知识竞猜类节目多以"智力竞赛"的名目出现。1983 年中央电视台播出了北京中学生史、地智力竞赛和大学生英语竞赛。1985 年上海电视台播出《上海民间童装电视比赛》，让小朋友们穿上父母自制的服

---

① 常任侠：《河南新出土汉代画像石刻试论》，《文物》1973 年第 7 期。
② 周恩来：《在文艺工作座谈会和故事片创作会议上的讲话》，《电影艺术》1979 年第 1 期。
③ 根据对知网论文的检索，含有"寓教育于娱乐"字样的文章在 1979 年首次出现。
④ 赫斯拉：《诗艺》，《文艺理论译丛》1958 年第 2 期，转引自何国瑞《寓教于乐——艺术的辩证法之一》，《江汉论坛》1980 年第 3 期。
⑤ 邓小平：《在中国文学艺术工作者第四次代表大会上的祝辞》，《人民日报》1979 年 10 月 31 日，第 1 版。

装登上电视舞台，竞技特征突出，可看度能与今天的真人秀相比。20 世纪 90 年代前半期，北京台的《开心娱乐城》《黄金乐园》，上海东方电视台的《快乐大转盘》，上海电视台第 8 频道的《智力大冲浪》，都具备高度的娱乐特征，于所在区域掀起了一股电视娱乐浪潮。

　　今天，电视娱乐备受争议，乃至被批评，很难想象《快乐大本营》能获得 1998 年全国第 16 届电视金鹰奖的综艺类大奖。对此观众们争相传告，不少业内人士则有些诧异，因为湖南卫视的覆盖面并不算广，而且《快乐大本营》又娱乐性极强，按常规，在领导和专家眼里应该是不起眼、上不了"大席"的节目……但事实是各地的节目已纷纷效仿，的的确确在全国刮起了一阵"快乐的旋风"。①

　　当时的研究者对《快乐大本营》多有赞誉，认为它实现了寓教于乐、雅俗共赏。1999 年周星在《论当前电视节目的假大空与浅薄俗——对中国电视节目病的分析批评》中说："何谓电视节目的'俗'呢？主要指墨守成规，难得创新。"② 《快乐大本营》在文中是正面形象，蜂拥而上模仿《快乐大本营》的节目则被批评为"薄"。

　　进入 21 世纪后，广电管理机构、学者、专家、民众对电视娱乐的批评声不断高涨，电视综艺节目的从业人员则对娱乐寄予更多的希望，在节目层面表现为综艺节目娱乐程度不断加深。所谓综艺节目的教育功能，指的是电视节目在内容方面应该具有为人民服务的立场，起到团结人民、教育人民的作用。为了达到教育的目的，往往需要内容上的精英主义取向，情感上的膜拜成分和传播姿态上的仪式感。在娱乐浪潮裹挟我国电视节目前，包括综艺在内的各类型节目基本上呈现精英主义取向、仪式感浓重等特征，《春节联欢晚会》《曲苑杂坛》皆是如此。这也是《全国青年歌手电视大奖赛》与《快乐大本营》《超级女声》之间的本质不同，后者是更为纯粹的娱乐节目，呈现生活化、"草根"式的审美品格。

　　电视娱乐的泛滥，使民众对电视多有非议，然而当红综艺节目往往在受到众多批评的同时，获得极高的收视率。以生产现象级综艺娱乐节目著称的湖南卫视也是如此，一方面其优质综艺节目收视率高，另一方面这些

---

① 游洁：《电视娱乐本性的回归——从〈快乐大本营〉说起》，《现代传播》1999 年第 6 期。
② 周星：《论当前电视节目的假大空与浅薄俗——对中国电视节目病的分析批评》，《中国电视》1999 年第 5 期。

节目连同湖南卫视一起受到舆论批评。这些矛盾产生的根源是分众传播。在综艺节目娱乐程度不断加深的同时，分众传播现象愈演愈烈。除《天气预报》《春节联欢晚会》《新闻联播》等少数节目以外，大部分节目都是对象性节目，以一定的观众为目标对象。娱乐成分较多的湖南卫视，更易于在年轻观众那里获得收视率支持，而被家长等其他观众批评。年轻观众话语权往往受限，难以在大众媒体上发声，因此当红综艺节目常常一边创造收视率奇迹，一边饱受舆论诟病。

伴随着市场竞争的加剧，综艺节目呈现全面娱乐化的特征，而慢电视、文化节目作为市场中娱乐节目的补充获得认可。网络综艺节目在娱乐方面呈现更加激进的姿态。《奇葩说》《吐槽大会》等热播的网络综艺节目，娱乐特征突出，语言尺度大，同样的节目几乎不可能在电视播出，却可以在网络上推广。这对电视而言，形成了较大的压力，其受众资源和广告资源不断地被网络侵蚀，电视节目的泛娱乐程度加深。

二 内容创新策略

1984 年 7 月，中央电视台开始实行栏目化播出。[①] 综艺类节目的日常化、栏目化是 1989 年以后电视文艺发展的一个新趋势。[②] 从节目形态、播出和编排情况看，综艺节目分为晚会型节目和栏目型节目，前者往往是年度型播出节目，而后者属于日常播出型节目。1990 年，中央电视台在《周末文艺》《文艺天地》的基础上，创办了当时央视唯一的现场直播类综艺节目《综艺大观》。此后，电视综艺节目纷纷进行栏目化的改造。所谓栏目化的改造，指的是电视节目定时、定量播出，便于观众收看，也便于电视节目的制作。在实施栏目化改造前，电视节目的编排具有极大的随意性，正常播出的节目往往因为临时插播的特别节目而改变播出时间，影响观众收看。目前电视综艺节目已实现了栏目化的播出，人们默认最为优质的栏目型综艺节目在周五、周六、周日的晚间 21：30 左右播出。因此，周末晚间黄金档集结了优质的栏目型综艺节目，具备大制作、高成本、高收益的特征。综艺节目常见的内容创新策略包含以下几种。

---

① 岳淼：《中国电视新闻节目发展史研究 1958—2008》，博士学位论文，厦门大学新闻与传播学院，2009，第 76 页。

② 杨伟光：《坚持走民族化的道路　进一步繁荣电视文艺——在"星光奖"颁奖十周年研讨会上的讲话》，《中国电视》1997 年第 1 期。

第一，杂糅、拼贴。杂糅是后现代艺术的创作方法，深受杜尚文艺观念的影响，它将现成物件、元素剥离出环境后，置入其他情境，即可产生令人耳目一新的事物。拼贴同样是后现代艺术常见的创作方法，指的是将多种现成物件、元素抽离出原有环境后，作为片段、局部、部分整合到新的作品中。19世纪照相机诞生，出于差异定位的需要，西方美术界从模仿自然的写实派、具象派向抽象派过渡。20世纪以后，抽象派、抽象艺术成为西方艺术中的璀璨明星。第二次世界大战后，社会经济快速恢复，消费主义蔓延。此后，西方先锋艺术逐渐从抽象主义转向对消费主义的回应。1960年，法国新写实主义流派的创始人里斯塔尼（Pierre Restang）在抨击抽象艺术时说："在欧洲同在美国一样，我们正在自然里寻找新的方向。所谓当代的自然，就是机械的、工业的和广告的洪流……日常生活的现实，如今已变成了工厂和城市。"①

小说、戏剧、影视剧、综艺节目皆属于人们日常生活的现实，可以被用来作为创意的元素，例如将差别显著的节目进行杂糅，即可在短时间内创作出多档新的节目。例如，将《天气预报》在演播室参照动态云图播报信息的方式和足球赛事直播的现场解说，引入《等着我》，则可以形成一档风格迥异于《等着我》的新节目。将《梨园春》的戏曲主题引入《爸爸去哪儿》，也可产生一档让明星亲子参与梨园主题活动的新节目。以此类推，只需将特色比较鲜明的任意电视节目元素引入其他节目，即可产生一档新节目。

第二，反向思维创造新与异。纵观国内外电视节目的发展路径，不难发现，电视节目永远走在求新、求异的道路上。这是市场竞争决定的规律，对于市场竞争激烈的综艺节目、娱乐节目而言，这一点尤其重要。针对当红节目、节目时尚潮流，逆其道而行之即可在求新、求异方面获得成功。从来没有一档电视节目可以做到百分之百的创新，与人们普遍的看法相反，新的电视节目只需在个别元素方面具有迥异于其他节目的特征，即会被市场视为一档全新的节目。

选取任意一档电视节目的主要元素，反其道而行之，即可创造新的电视节目。以《中餐厅》为范本，反其道而行之即可获得一档全新的节目。

① 〔美〕H. H. 阿纳森：《西方现代艺术史：绘画·雕塑·建筑》，邹德农、巴竹师、刘珽译，天津人民美术出版社，1994，第600页。

《中餐厅》记录明星远在异国他乡开办美食店的过程和经历，吃饭的则是普通人。可以创作一档大学生开美食店，为明星、演职人员提供美食服务的真人秀节目。既然选择大学生做主要嘉宾，那么节目成本和广告招商能力相较于《中餐厅》便会同时下降。为提高节目的广告招商能力和降低节目成本，可以选择在某剧组附近开设美食餐厅。电视台在电视剧采购方面拥有较大的话语权，完全可以在电视剧制作的同时，制作这样一档节目，一举两得，对电视剧制片方和电视台皆是加大节目宣传力度的一桩美事。

《天气预报》的预报员往往正装出镜，节目策划人员可以在这一点上反其道而行之，由穿着 Cosplay 服装的播音员播报节目，立即就能创办一档迥异于市场上同类节目的新节目。想象一下，主持人装扮成葫芦娃、葫芦爷爷，甚至蝎子精、蛇精播报天气预报，将会在短期内产生何等强烈的话题价值！

第三，释放受众压力。现代生活节奏快，年轻人压力较大，这是娱乐在大众文化领域盛行的重要原因。电视节目是社会系统中的组成部分，我们很难脱离现实环境创办出脍炙人口的节目。随着全球化经济的发展，越来越多的年轻人处于工作、生活、学习、家庭的巨大压力下，娱乐渐成大众文化通行世界的手段，可以轻松跨越国别、文化、地域、职业、年龄差异带来的传播障碍。爱娱乐是人的本能，但娱乐他人是一种能力，是专业素养和工作经验的体现。20世纪90年代，民众渴求个人情感的表达和抒发，因此流行音乐、通俗电视节目盛行。能够回应受众个人情感表达和抒发需求的节目，往往有极高的收视率，如《正大综艺》《综艺大观》。

随着网络技术的发展，人们获取信息、知识的方式发生重大变化，网络检索已成为许多人获得信息、知识的方式。电视综艺节目提供信息、知识的功能不断被分化出去，研究并满足受众释放压力的情感需求则成为节目策划的重要方向。当红的电视综艺节目《奔跑吧》《歌手》《非诚勿扰》《野生厨房》《我是大侦探》《演员的诞生》《向往的生活》等，在传递信息、知识方面的功能并不突出，主要是通过多种手段释放受众的压力和满足受众的情感需求。马斯洛需求层次理论早就解释了人类需求的复杂性。爱娱乐是人的本能，但人具有理性精神，拥有复杂的需求，无论是娱乐功能突出的综艺节目，还是文化气息浓厚的综艺节目，都需要满足受众需求才可能获得成功。

第四，突出主持人的个人特色。《正大综艺》《综艺大观》这两档节目，相较于 20 世纪 80 年代正襟危坐、仪式感极强的晚会型综艺节目，具有较强的通俗特征，而杨澜、倪萍等主持人也得以在节目中较多地展现个人特色。《综艺大观》初期频频更换节目主持人，如王刚、成方圆、李玲玉、韦唯、毛阿敏。近年播出的《我是歌手》《国家宝藏》等节目，使用演艺界明星担任主持人，令观众耳目一新。实际上，这个做法早在 30 年前《综艺大观》等节目就尝试过了。因此，电视节目元素的流行时尚，在很大程度上就像发型、服装的时尚一样，存在轮换现象。

湖南卫视《快乐大本营》创办之初，拥有较为浓厚的晚会特色，但李湘鲜明的主持风格使其自身、节目显著受益。李湘在《快乐大本营》中不仅表现出了浓重的个人特色，更展现了当时大陆电视主持人罕见的随意风格。人们后来将这种随意风格称为娱乐，但在当时震惊了电视行业和荧屏前的电视观众，大家感叹：还可以这样主持！娱乐气息浓厚的主持人、电视节目因为满足受众的本能需求，所以更易获得成功。电视节目最易引起受众关注的元素非"人"莫属，因此主持人往往是电视节目品牌运营着力打造的对象。

第二节　真人秀的创新策略

真人秀的形式已成为栏目型综艺节目的普遍选择。在此背景下，真人秀节目的规模蔚为可观，是当今电视荧屏上的重要组成部分。真人秀成为栏目型综艺节目的普遍选择绝非偶然，它借用嘉宾、主持人的个人特色，提升节目品牌的识别度。这在制作成本急剧提升的背景下，不失为提高节目收视率的高明做法。

一　真人秀的特质

真人秀节目与非真人秀节目之间有什么区别？真人秀能赋予综艺节目什么样的特色？仔细观察《全国青年歌手电视大奖赛》与《快乐女声》等歌曲选秀类节目的不同，即可在相当程度上解惑。

《全国青年歌手电视大奖赛》创办于 1984 年，在电视发展最为迅速的岁月里凭借央视的平台，有极大的影响力，是我国知名度、权威性极高的声乐赛事平台，曾培养出一大批优秀青年歌手。该节目亦是在我国 20 世纪

80 年代电视竞赛热潮中诞生的优质节目。

广东临近香港地区，观众常常能接收到香港的电视信号。为提高本地节目的竞争能力，广东电视台在节目创新和内容改革方面的表现比较突出。1980 年，广东电视台播出《六一有奖智力测验》，因内容具有较强的冲突性、戏剧性、竞争性，深受当地观众欢迎。这一节目兼具知识性和可看度，寓教于乐，很快在内地的电视台中引发了一场创办同类节目的热潮。1984 年，中央电视台播出第一届《全国青年歌手电视大奖赛》。1985 年，中央电视台创办了《家庭百秒十问竞赛》，"原想通过竞赛帮助观众扩大知识面，进行科普宣传。想不到，节目开播后反应强烈，许多家庭来信，说老少三代抢答题，不但增加了知识，还活跃了家庭生活"①。这档节目因为影响力大，还走进人民大会堂，作为庆祝国庆的群众联欢会节目。1986 年前后，电视屏幕上突然生出一阵"竞赛热"，②中央电视台播出了第二届《全国青年歌手电视大奖赛》和第一届《亚洲大专辩论会》，此后这两档节目皆是两年举办一次，成为年轻人、大学生群体喜爱的节目。

1984 年，我国部分青年热衷于港台流行乐，但这些音乐在当时被主流文化认为是危险的靡靡之音。《全国青年歌手大奖赛》的创办具有正本清源的意图，旨在选拔符合主流文化认可的青年歌手，同时提高电视观众的音乐素养。20 世纪 80 年代，中央电视台的影响力如日中天，依托中央电视台的《全国青年歌手电视大奖赛》因此具有极高的权威性。当时大陆的重量级优秀青年歌手几乎皆曾在这档节目获奖，例如关牧村、殷秀梅、彭丽媛、韦唯、毛阿敏、阎维文、董文华等。

《快乐女声》是湖南卫视娱乐浪潮中的重磅节目，受到国际节目交易市场中的王牌节目《美国偶像》的直接影响。《全国青年歌手电视大奖赛》具有较强的意识形态，并有为国家、人民选拔优秀声乐人才的目的。与之相对应的是，《快乐女声》自策划之初就是为了收视率、广告销售，海选、PK 和晋级赛是手段，知识生产是副产品。创作初衷的不同，使这两档多处相似的节目，在风格、审美方面大相径庭。《快乐女声》堪称电视业主导的第一次"草根"狂欢，群众动员能力显著，发动大量的观众参与。节目进行过程中，大量"黑幕"广泛流传，这为《快乐女声》带来更多话题

---

① 鲁丹：《接近观众——电视宣传得天独厚的优势》，《新闻与写作》1986 年第 7 期。

② 郭镇之：《新时期中国电视的 10 年》，《新闻研究资料》1990 年第 2 期。

和曝光率，客观上对节目收视率的成功起到推动作用。简言之，这是一档"身段"更低、亲和力更强的节目，人们或称赞或批评，客观上都推高了节目收视价值。这档节目能火爆，不仅依靠赛事规则，更重要的是采用了当时已在国际电视节目市场中受到高度认可的真人秀形式，而真人秀形式是提高、操控节目话题价值的重要手段。

真人秀的节目形式自《快乐女声》后，广泛应用于综艺节目，其核心特质是用技艺、故事提升人物形象的丰满程度，进而增强节目的吸引力。20世纪八九十年代播出的综艺节目、社教类竞猜节目，嘉宾的表现服务于技能、技艺的展示，而真人秀节目的技能、技艺的展示服务于人物形象的展示。因此，真人秀节目往往不断地推出一些言行举止奇葩的嘉宾、演员以吸引人们的注意力。这一点符合受众心理。歌舞、杂技等技艺能吸引的人群有限，并伴随节目的不断更新而面临内容雷同、资源匮乏的问题，而表演技艺的"人"是吸引观众注意力的富矿，可永续开发。以街舞为例，如果节目致力于展示精彩的街舞表演，那么一年有52周，每周播出一集的话，节目很快就办不下去了：后面的节目资源往往与前面重复，选题越来越难。同样的节目，如果引入真人秀的形式，就获得了无限的创作可能，即便是同样的舞蹈，但跳舞的人不同，做出来的真人秀节目便截然不同。

真人秀是一种节目形式，在视听节目竞争激烈的背景下，可以有效地提升节目的辨识度。真人秀类的综艺节目，以技艺、故事为手段，展示丰满的人物形象，从而提升节目观赏性。

二　真人秀元素组合方式

食色，性也。吃喝玩乐是人的本能，而教育、知识的获取常需要人们压抑自己的本能。伴随娱乐潮流的盛行，真人秀在综艺节目中广泛应用。美食、旅行、游戏成为真人秀与综艺节目相结合的主要元素，但人们所能穷尽的各种主题其实都可以用真人秀的形式展现在综艺节目中。

从综艺角度看，依据嘉宾身份的不同，真人秀节目可以分为两类，即明星真人秀节目、素人真人秀节目。素人这个词来源于台湾电视行业，用于指称不具有公众知名度的普通人。台湾电视业的"素人"一词来源于日语"しろうと"，指外行人士。大陆电视行业和观众，往往将素人真人秀称为"平民"真人秀，实际上"平民"一词在这里并不妥帖。平民，指的是与官员、贵族相对应的普通人，而演艺明星往往既非达官贵人，也没有社会特权，所以用"平民真人秀"一词作为"明星真人秀"的对应颇为不妥。

我国最早的真人秀节目当属广东电视台 2000 年播出的《生存大挑战》。节目找了三位挑战者从广西出发，沿途经过多个地区，最终到达辽宁。许多的电视工作人员跟随挑战者的步伐，拍摄了此间发生的故事、见闻，创造了收视率奇迹，很快引起内陆地区电视人的关注。后来，该节目还播出了主题为"重走长征路"的真人秀节目，20 位挑战者耗时 5 个月、行程 6000 多公里最终完成了任务，节目播出后收视率再创佳绩。此后，类似的户外竞技类真人秀节目不断播出，例如中央电视台的《金苹果》、浙江卫视的《夺宝奇兵》等。2005 年，第二届《超级女声》火遍大江南北后，真人秀迅速成为综艺节目的宠儿，广泛应用。

真人秀元素的组合方式基本上是："真人秀形式 + 主题（美食/旅行/美景/演艺/其他） + 人物（明星/素人）"。在确定了主题和人物身份设置后，策划人员基本上可以使用真人秀的形式架构节目。真人秀的核心是展示"人物"独特的形象，为此一些节目工作人员不惜编造人物的悲惨身世。一些知名真人秀节目频频被曝嘉宾身份、故事造假。但需要注意的是，观众对这些故事并不气愤。恰恰相反，观众喜爱这些戏剧性十足的故事、嘉宾身份，他们气愤的是这些故事、嘉宾身份是假的。电视编导出于何种考虑、动机要编造故事呢？艺术来源于生活且高于生活，但网络时代信息透明度的提升使人们发现，生活中的一些真实事件往往比编造出来的故事还精彩、离奇。例如新华网 2014 年曾报道了一个奇葩案件《少女发现被拐卖后反将人贩子卖掉》①。案件中的主人公事发时未满十八岁，竟然能在自己异地被骗、被卖后，成功将 30 多岁的女贩子骗至家附近的小镇，然后将其卖掉。这个姑娘一审被判处有期徒刑 3 年，二审决定对其批评教育、不再判刑。这样离奇的故事和人物，自然而然地能吸引观众极大的注意力。然而，对 24 小时播出的电视频道而言，好的故事可遇不可求，寻找好故事和有趣的人物，时间和资金成本极高，难以负担。在此背景下，造假成为"投机倒把"思维下的失范"选择"。不论如何，真人秀的关键是通过技艺、故事突出人物形象，它不仅使千篇一律的歌舞技艺显得花样百

---

① 《少女发现被拐卖后反将人贩子卖掉》（2014 - 3 - 31），新华网，http://www.xinhuanet.com/video/2014 - 03/31/c_126335673. htm。

出，而且能提升节目的注意力价值、话题价值和生动形象的程度。

真人秀的主题十分丰富，几乎到了海纳百川的地步，只是目前比较流行美食、旅行、美景、演艺等。1985 年上海电视台播出的《上海民间童装电视比赛》，让小朋友们穿上父母自制的服装登上电视舞台。这个节目还拍摄了展示父母设计、裁制服装的一部分镜头，稍加改造，以真人秀的形式展现，在今天仍有较高的收视价值。

三　真人秀类综艺节目的创新策略

今天的综艺节目，基本上由真人秀类和晚会类占据主要地位，而创新是每一档综艺节目的追求、理想。电视节目的创新，既不同于论文选题创新，也不同于科技创新，电视节目只需在个别内容或形式元素方面区别于其他节目，即可成为一档辨识度较高的新节目。目前，模板节目已成为国际电视节目交易市场中的重要部分。相关资讯机构依据多个指标判断新节目的市场潜力，但最为重要的判断标准往往是这档节目与其他节目的差异程度。简言之，一档新节目越是与众不同，越可能吸引人们的关注。

（一）跟随策略

无论是《生存大挑战》《超级女声》，还是《星光大道》《中国好声音》，在获得收视成功后，皆引发了国内电视台跟风模仿的热潮。为什么多年以来，跟风模仿其他知名节目的电视台如此之多呢？首要原因是它确实有效。尤其是在综艺节目采用季播形式的今天，许多新型节目一旦播出并获得市场认可后，很快便完成了第一季的播出，这就形成了市场空白，为其他电视台仿制节目提供了便利。不过，自《中国好声音》播出后，仿制当红的综艺节目已变得困难，原因有二。第一，《中国好声音》自 2012年播出后，当红综艺节目的单集制作成本高，非一线电视频道难以承受，而低价仿造出来的粗制滥造的节目没有竞争力。第二，电视台版权意识加强，不仅表现为愿意购买节目模板，也表现为购买模板后加强舆论宣传，将抄袭、模仿置于舆论场中的不耻地位。

所谓跟随策略，指的是新型综艺节目引起人们广泛关注后，往往会开发出新的受众需求，电视策划可以跟随新型综艺节目的步伐，通过适度的创新满足新开发的受众需求。例如《爸爸去哪儿》播出后，亲子互动类真人秀节目市场得到开发，就可以开发一档相关的真人秀节目。一般观念认为，仿造、跟风的节目影响原创节目的收益。在国际节目交易市场上的确如此，一些国家、地区的仿造行为自然有碍节目版权销售到这些国家、地区。然而，在同一个市场中，仿造、跟风往往会使首款同类节目处于更加有利的地位，众多仿造的节目形成集合效应"拱卫"首款同类节目的权威地位。

（二）补充策略

电视综艺节目存在明显的时尚潮流，不同年代流行的综艺节目具有显著差异，同一时期当红的电视节目则往往具有共通之处。当众多节目一窝蜂地开发歌舞类、客栈类、旅行类真人秀节目时，寻找市场空白点，不失为一种好的生存策略，例如湖南卫视的《我是大侦探》《声临其境》就给观点带来了耳目一新之感。

对一线卫视频道而言，采用补充策略研发新兴节目不失为出奇制胜的好方法。对非一线卫视和收视率一般的地面频道而言，补充策略很难奏效，采用跟随策略或能获得一定的关注。2018年网络综艺节目点击量排名靠前的《明日之子》和《创造101》皆是大型才艺选秀节目。电视综艺节目早已深耕这一领域，但网络自制节目中的大型才艺选秀节目比较少，这两档节目不失为网络综艺节目市场中的恰当补充。伴随视听节目的发展，老少沉迷的"爆款"综艺节目越来越少，分众传播、精确传播成为网络综艺节目、电视综艺节目普遍的选择。因此，补充策略是电视综艺节目创新的重要方式。

（三）逆行策略

所谓逆行策略，指的是与当红综艺节目或者综艺节目的主流趋势背道而驰的创新思维，它与节目时尚潮流针锋相对，具有独特的市场价值。慢综艺即是逆行策略下的节目创新：当综艺节目讲究快节奏、高效率、密集对抗时，慢综艺提供叙事缓慢、格调温暖的节目。《我是歌手》也是逆行策略思维创造出的节目，当时国际市场上的草根类选秀节目盛行多年，明星选秀节目因为与综艺节目主流背道而驰，很快引起关注。《幸存者》也可以被视作逆行策略的成功。当时《老大哥》的节目模板在国际上畅销已久，室内的竞技真人秀在全球盛行。在此背景下，办一档户外的竞技真人秀就显得与众不同了。

目前当红的真人秀类综艺节目，制作成本极高，无论是室内真人秀，还是户外真人秀，往往都需要动用大量的设备、人员，机位动辄数十乃至上百。这对编导和后期制作人员而言，无疑是巨大的挑战。例如，大量的机位拍摄必然导致素材众多，而粗剪工作繁重，有时甚至要从上千小时的素材中挑选出几十分钟的内容。爱奇艺拥有大量的自制综艺节目，已开始使用人工智能进行素材的粗剪，以减轻剪辑师的负担。电视综艺节目应该及时将数字技术、人工智能技术引入节目策划、制作、播出、反馈等环节。近年来人工智能技术已经被引入电视综艺节目制作领域，例如中央电视台 2017 年播出的《机智过人》即采用了人工智能技术。

第三节　慢综艺的策划原理

在慢综艺节目潮流中表现突出的湖南卫视，被认为频频"借鉴"韩国综艺节目，因此慢综艺常常被误认为源自韩国。我国 2015 年出现的慢综艺理念，直接受到挪威慢电视、韩国综艺旅行节目（Variety - travel show）的影响，并包含了相当的原创成分。它是先锋艺术大众化、慢运动潮流发展的直接结果，而影响慢综艺理念的先锋艺术、慢运动则皆是对抗消费主义、对抗过度娱乐化趋势的思潮。随着市场经济的发展，慢综艺成为全球慢运动的一部分，在我国广告市场、受众市场中具备相当的基础。

一　挪威慢电视的文化动机

在欧美电视界，挪威慢电视被普遍认为源自安迪·沃霍尔的实验电影《沉睡》《帝国大厦》。挪威国家电视台 NRK 第 2 频道于 2009 年播出其首档慢电视节目《卑尔根铁路：分分秒秒》前，多个国家都曾出现过同类型的慢电视节目，但因为缺乏受众基础，皆昙花一现，未能形成趋势。

安迪·沃霍尔作为波普艺术大师，其艺术理念直接受马塞尔·杜尚影响。马塞尔·杜尚的艺术观念来源于对一战期间人们残酷互杀的深恶痛绝，具有极强的颠覆性和反抗性。他提倡"反艺术"理念，主张彻底颠覆西方传统艺术的一切法则，使用现成的物件作为艺术品。1917 年，马塞尔·杜尚将买来的小便池当作名为《泉》的艺术品，在纽约独立艺术家协会举办的展览上展出，轰动西方文艺界，成为西方艺术界变革的重要节点。安迪·沃霍尔的波普艺术通过对现有符号的再加工，夸张地展现人类社会的工业现实和由此而来的消费主义生活。与五彩斑斓、活色生香的波普艺术相比，安迪·沃霍尔的电影作品似乎呈现截然相反的清冷特征，但它们始终如一地贯穿着反艺术的理念。安迪·沃霍尔的电影是其"反电影"理念的实验成果，于 1963 年以后陆续播出。此时的安迪·沃霍尔已成名，深受欧美年轻群体、先锋文化界、大众文化的关注。反电影理念实为马塞尔·杜尚反艺术理念的分支，提倡与电影艺术的一切规则背道而驰，例如反叙事、反蒙太奇等。实验电影《沉睡》长达 5 小时 20 分钟，讲述的是美国诗人约翰·吉奥诺（John Giorno）在沉睡。1964 年，安迪·沃霍尔的电影作品《帝国大厦》面世，它以固定机位、镜头拍摄纽约帝国大厦，时长 8 个小时。这两部作品皆是无声片，彻底颠覆传统的、商业化的电影创作理念和影像叙事规则。影评人批评这些作品无视观影者的需求，但安迪·沃霍尔的反电影理念很快在电视行业引起了反响。

受安迪·沃霍尔的影响，西方国家陆续推出慢电视节目。1966 年，纽约地方电视台 WPIX 率先播出慢电视节目，在圣诞夜直播木头在壁炉中燃烧的过程，辅之以多种圣诞音乐。1986 年以后加拿大环球电视网陆续播出慢电视节目《夜间步行》《夜间驾驶》《夜间行动》，以循环播放的方式填充深夜空白时段。1996 年日本 NHK 电视台、2003 年德国巴恩电视台（Bahn TV）都曾播出过与挪威慢电视类似的电视节目，它们皆采用直播、添加配乐、反叙事的手法，在长时间的节目播出中不插播广告。这些慢电视节目因为形式新颖、数量稀少，往往能在收视率方面取得成功。然而，这些节目在广告价值、受众市场持续开发方面的短板，使之始终未能在行业、全球形成潮流。

2009 年挪威国家电视台第 2 频道播出的慢电视节目，由于慢文化、慢运动在发达国家的盛行而得以形成趋势。1986 年，意大利政治活动家卡洛·佩特里尼（Carlo Petrini）提出慢食运动（Slow Food）。他路过麦当劳时，目睹众多年轻人大嚼汉堡、薯条后深感痛心，认为人们不应该取食于全球化、标准化的快餐，应该汲取地域化、个性化的健康食物。卡洛·佩特里尼是意大利共产主义组织——无产阶级团结党（Partito di Unità Proletaria）的政治家，长期为左翼报纸《宣言报》（iL manifesto）和意大利共产党机关报《团结报》（L'Unità）撰稿。作为美国消费主义文化的代表，麦当劳是经济全球化的产物，而慢食运动抵制的正是经济全球化带来的快餐文化和孕育了快餐文化的消费主义。慢食运动提出后，在西方发达国家逐渐蔓延，并最终在多个领域产生影响，形成了蔚为可观的慢运动、慢文化。慢运动试图颠覆消费主义对人们的控制，打破各行各业对快节奏、高效率的追求，提倡人们按事物原本的节奏生活、工作和学习，通过慢下来享受生活，寻回真正的自我。2004 年加拿大记者卡尔·奥诺雷（Carl Honoré）在其著作《慢的赞美》（*In Praise of Slowness*）中，首次明确提出慢运动一词。《慢的赞美》在包括挪威在内的多个发达国家畅销，与消费主义相对抗的慢运动此后被越来越多的群体接受。2008 年金融危机使全球化经济的弊端暴露无遗，这使与之针锋相对的慢运动成为抚慰众多群体，特别是年轻群体的良药。挪威国家电视台播出的慢电视节目生逢其时，在2009 年首次播出后便乘着慢运动的春风引起了全球众多媒体的关注，包括欧美、日韩在内的众多国家纷纷模仿，而香港地区也推出了《鱼乐无穷》等慢电视节目。

二战后，马歇尔计划获得成功，欧美经济发展迅速。1968 年法国发生大规模罢课、罢工的"五月风暴"事件。这次事件以街头革命的形式反对消费主义文化对人类社会、生活日常的控制，是现代西方艺术、文化、哲学的重要节点。此后，西方艺术、文化、哲学紧紧围绕对消费主义的思考展开，波普文化、景观主义、赛博朋克等皆是如此。在大众传播领域，消费主义通过泛娱乐潮流，对社会文化产生深刻影响。日常生活审美化、审美的日常生活化作为后工业时代边界消失的内爆现象，使先锋文化从地下、边缘、非主流的地位进入大众的视野。一经出现便席卷全球的慢文化就是先锋艺术、先锋文化大众化过程中的一个表征。

以快节奏、高效率为特点的美国文化，其本质是消费主义文化。借助媒体的力量，慢食运动的影响力在全球快速拓展，并延伸出了包罗万象的慢运动。慢运动意图抵制当前的消费主义文化，颠覆"越快越好"的生活、工作、学习理念，提倡蜗牛速度，让万物顺其自然地按原本的节奏运行。慢运动是众多组织在慢食运动理念的启发下，共同形成的抵制消费主义的浪潮，并没有统一的组织架构，在欧洲有较大影响力的是慢食运动、慢城联盟（Cittaslow），慢生活国际研究组织（The World Institute of Slowness）则在澳大利亚、日本等地比较流行。慢电视深受这场席卷全球发达国家的慢文化的影响①，慢运动、现代先锋艺术皆是对消费主义的思考、

① Roel Puijk. "Slow Television：A Successful Innovation in Public Service Broadcasting", *Nordicom Review*，2015（6）.

反思，其在电视屏幕上的交叉点便是慢电视。

二　韩国综艺旅行节目的受众基础

湖南卫视等频道的慢综艺节目深受韩国王牌制作人罗英锡的综艺旅行节目的影响。罗英锡因为制作年播的《两天一夜》在亚洲电视界名声大噪。2013 年，他从韩国 KBS 跳槽到 tvN 后制作了季播的《花样爷爷》《花样姐姐》《花样青春》《三时三餐》《新西游记》《新婚日记》《尹食堂》以及相关衍生节目。在 2007 年播出的《两天一夜》中，罗英锡首次将旅行元素注入明星真人秀节目中，创造了收视奇迹。节目不仅捧红了旅行目的地、明星嘉宾，也捧红了一些节目制作人员。在节目组对明星嘉宾的访谈中，罗英锡作为制作人频频出镜而成为韩国家喻户晓的名人。以年轻人为目标受众的 tvN 原本在韩国竞争激烈的电视频道中毫无名气。罗英锡跳槽后，立即在 tvN 推出了以高龄老艺人为核心的真人秀节目《花样爷爷》，并再次选择旅行元素。这档以老年人海外旅行为内容的真人秀节目，竟在年轻观众中创造了高收视率奇迹，tvN 一跃成为韩国炙手可热的当红频道。2014 年，tvN 播出罗英锡的《三时三餐》，节目邀请明星远离城市，在偏远地区自己动手丰衣足食，再次创造高收视率战绩。韩国在亚洲时尚、明星、电视节目产业中占据领先地位，国内收视率竞争激烈，在受众注意力争夺赛中电视节目的视听刺激不断加强。在此背景下，罗英锡背离消费主义、娱乐浪潮的平淡节目，竟能连续在韩国乃至亚洲地区的年轻人中创造高收视率战绩，令亚洲电视业为之称奇，我国慢综艺也最终于 2017 年兴起。

2008 年金融危机后，韩国年轻群体中流行幸福运动（Wellbeing Movement）和 YOLO（You Only Live Once 的首字母缩写，意为你只能活一次）思潮。幸福运动实为慢食运动的组成部分，意在抵制西方文化，抵抗消费主义浪潮中的快餐文化，提倡韩国本土化的绿色健康饮食和适当的健身运动，以达到减低压力的目的。幸福运动认为，人不应该为了追求房、车和各种可购买的产品，而不惜牺牲健康。随着幸福运动在年轻群体中的流行，慢运动在韩国的影响力不断扩大。YOLO 一词在 21 世纪早期流行于欧美社会的墙面涂鸦、文身、社交网站。2011 年，加拿大饶舌歌手奥布瑞·德雷克·格瑞汉（Aubrey Drake Graham）的歌曲"The Motto"将 YOLO 一词在全球推广开来，并在韩国流行。2015 年时任美国总统的奥巴马，为了推广医保方案在社交网站 Buzzfeed 发布视频《每个人都会做，但都不会说出来的事》，并面对镜头以"YOLO，Man！"结尾。此后，YOLO 思潮在一些发达国家的年轻群体中盛行。2008 年金融危机后，全球经济迅速恢复，韩国房价继续此前一路高涨的态势，年轻人通过工作买房的希望渺茫，因而 YOLO 文化流行。YOLO 努力打破人们为了工作和金钱而活的思维，认为此刻、此处比未来更重要，因此应该从当下的日常获得幸福，并最终诉诸旅行。

不少韩国人在怀抱 YOLO 理想的同时，被迫努力工作、节衣缩食。在幸福运动和 YOLO 思潮的影响下，一些韩国年轻人放弃为买房攒钱的追求，辞掉工作去旅行。韩国联合通讯社在 2017 年发表的《韩国年轻人拥抱 YO-LO 思潮》一文中，明确提到 YOLO 思潮已影响到电视节目和消费潮流，认为《尹食堂》正是因为能满足年轻人到异国他乡简单生活的梦想而走红。韩国众多行业利用 YOLO 思潮，鼓励大众消费。然而，理想与现实的距离已令不少亲身实践 YOLO 思潮的韩国年轻人重返日复一日的繁重工作中。2017 年韩国一个名为《金胜民的收据》（Kim Saeng - min's Receipt）的网络节目火爆，成为大众话题，它逆 YOLO 思潮而行，鼓励、教授人们过有趣而节约的小日子。2018 年，节奏更为缓慢、被我国媒体戏称为禅综艺的《林中小屋》播出，制作人罗英锡在新节目推广的发布会上表示："《林中小屋》就像《尹食堂》一样，基于这样的假设：电视观众在欣赏明星在奇怪地点或野外慢节奏、平静生活的过程中，会获得莫大的舒适感。这种悠闲、度假般的生活对于繁忙的韩国人而言，很难拥有。"由此可见，这些在我国引发慢综艺潮流的节目，在其韩国本土因为能满足人们特别是年轻人逃避工作、缓解压力的需求而获得较高收视率。

三　我国慢综艺节目概念的孕育

2015 年 5 月，挪威系列慢电视节目的制片人托马斯·海鲁姆（Thomas Hellum）访问韩国。托马斯·海鲁姆在韩国表示，其制作的挪威慢电视节目之所以引人注目，关键原因在于独特性。为了维系节目的独特性，挪威慢电视节目极力保持低产量，每年播出 1 到 2 次。他认为，挪威慢电视节目的选题专注于挪威人的兴趣，例如旅行、编织和砍木材。挪威慢电视延续了安迪·沃霍尔实验电影的风格，不插播广告，以先锋艺术作品的形式出现在荧屏上。罗英锡研发的综艺旅行节目是主流的商业节目，并非先锋艺术作品。每周播出的季播节目，不得不考虑盈利问题，不能完全选择反叙事的道路。罗英锡的新节目在韩国收视率竞争压力巨大的背景下，往往能以百分之一二十的收视率开播。然而，其2018年的新节目《林中小屋》因为具备了相当的反叙事特征，第一、二期的收视率分别为4.7%、3.2%，堪称遭遇"滑铁卢"。它直接证实慢综艺并非越慢越好，它必须符合受众的需求。这也正是慢运动的精髓：慢运动不提倡越慢越好，而是追求世间万物原本的节奏。

慢综艺是我国电视业原创的概念，韩国将《向往的生活》《尹食堂》《偶像来了》等类型的节目称为综艺旅行节目。最早打出慢综艺旗号的节目是湖南卫视2015年7月25日释放先导片、8月1日正式播出的《偶像来了》。慢综艺是作为竞技类真人秀节目的对立面而提出来的，起初并不被市场看好。2015年8月后，媒体逐渐开始用"马拉松式慢综艺"描述腾讯视频、东方卫视联合制作和播出的黑马型节目《我们15个》，例如《新京报》2015年8月21日的报道《〈我们15个〉"马拉松式"直播吸引3.8亿点击，有啥好看?》。2015年9月12日，浙江卫视播出的《挑战者联盟》也打出慢综艺的旗号，并创造了浙江卫视综艺节目首播收视率最高的纪录。这档慢综艺节目首期的收视率高于《中国好声音》《奔跑吧兄弟》的首期收视率。《我们15个》《挑战者联盟》以及渐入佳境的《偶像来了》共同奠定了慢综艺的市场基础。2016年后，陕西卫视的重点节目《丝绸之路万里行》更名为《丝路上有你》，并打出慢综艺的旗号宣传。2017年，众多非竞技类节目纷纷以慢综艺的旗号展开营销，例如北京卫视的《非凡匠心》、央视的《朗读者》、安徽卫视的《蜜食记》。湖南卫视2017年播出的《向往的生活》《中餐厅》作为现象级节目，终于将慢综艺节目推向了舆论巅峰，引发了慢综艺节目的创办潮流。

四 慢综艺节目的市场基础

慢综艺概念的提出，深受挪威慢电视的影响。2009年挪威慢电视节目播出后，饱受媒体关注，挪威以及国际媒体普遍将慢电视节目描述为"马拉松式"节目（marathon television），我国媒体也很快以同样的方式报道了这一电视奇观。号称慢综艺的《偶像来了》第一季第一集播出后，舆论普遍批评节目内容拖沓，王思聪与《偶像来了》节目组的互怼更令该节目在舆论场中处于不利地位。同时期播出的《我们15个》作为一年365天、一天 24 小时网络直播的生活实验真人秀，没有剧本和剪辑，获得了极高的点击率，并在播出之初广受好评。《偶像来了》所宣传的慢综艺概念，自然而然地被《新京报》、腾讯等媒体用以赞扬、描述《我们 15 个》。虽然《我们 15 个》后期因为恶性炒作被多方批评，但媒体纷纷用"马拉松式慢综艺"对其进行描述，并将之与挪威慢电视进行横向比较，得出我国慢综艺不够慢的结论。慢综艺一词在早期往往以加引号的方式出现在媒体上，后来这一概念逐渐深入人心，才开始由戏称转为正式概念。

慢综艺节目被市场认可，与罗英锡综艺旅行节目的成功密切相关："明星 + 旅行 + 情境体验"的模式作为植入广告的优良土壤受到广告商认可。我国慢综艺概念受到认可的关键节点是《向往的生活》《中餐厅》的成功，而这两档节目在创办之初被认为与罗英锡研发的《三时三餐》《尹食堂》相似。自"限娱令"后，网络综艺节目崛起，我国电视综艺节目的相对劣势突出，网络对电视广告商的分流成为不争的事实。"明星 + 旅行 + 情境体验"模式的成功，伴随《向往的生活》《中餐厅》的播出被证实可以在我国荧屏复制，因而在 2017 年后成为新节目研发的重要方向。

简言之，与竞技类节目相比，慢综艺节目在广告投放方面，因为情景植入和明星推广，更具说服力、影响力。慢综艺节目作为竞技类节目的对立面，可以泛称多种非竞技类、叙事节奏相对缓慢的节目，但主要是指情景体验式的旅行节目。与安迪·沃霍尔冗长、单调的《沉睡》《帝国大厦》相比，罗英锡的综艺旅行节目和我国的慢综艺节目主要倾向于用明星、旅行、情景体验的元素提升观众的舒适度，而挪威慢电视则结合美景、饥饿营销等将自身打造为一年一度的电视奇观。罗英锡的综艺旅行节目、我国慢综艺节目与挪威慢电视迥然不同之处在于，它们既有商业追求，也需要日常播出。

伴随全球化进程在我国的推进，慢运动逐渐在我国年轻群体中产生影响力，是慢综艺流行的受众基础。此前便流行于我国网络的种种"治愈系"节目，已反映了年轻群体对节奏缓慢、内容温暖的非竞技类视听节目的需求。慢文化、慢食运动的发起人卡洛·佩特里尼 2003 年、2006 年、2007 年分别出版了《慢食运动：品位的例子》《慢食革命：饮食与生活的新文化》《慢食运动：为什么食品要讲究优良、清洁、公平》三本书。其中，《慢食运动：为什么食品要讲究优良、清洁、公平》在全球的大众文化中有重要影响，2012 年播出的《舌尖上的中国》，在创意、分集方面皆受到这本书的影响。《舌尖上的中国》在全球取得的成功，与金融危机后慢运动在全球的盛行亦有关联。从我国电视节目的发展结果看，这部受到慢运动鼻祖卡洛·佩特里尼影响的纪录片，几乎可以说是慢综艺节目的前奏。在网络媒体快速发展、慢运动蔓延的背景下，2008 年后慢新闻在发达国家盛行。2016 年底《重庆晚报》的客户端"慢新闻"推出，颇受好评。随着市场经济的发展和消费主义的盛行，慢综艺成为缓解观众特别是年轻人工作压力的渠道。它在满足年轻人 YOLO 梦想的同时，在泛娱乐浪潮中因为独特而具备受众注意力价值。

第八章　电视社教节目策划

电视社教节目指的是宣传、普及社会教育和科学知识、文化知识、生活常识的电视节目样式，又被称为电视科教节目。社教节目是我国电视节目中的重要组成部分，以社会科学教育为宗旨。在电视数十年的发展过程中，它起到丰富荧屏的作用，同时为受众提供了大量的信息、服务，并在思想教育、舆论引导等多方面表现突出。

电视社教节目既然立足于宣传、普及社会教育和科学知识、文化知识、生活常识，就应向观众展示无所不包的广阔世界，从动物世界到人类健康、从拼音常识到平仄押韵都可以是其展示的对象。1958年5月1日中央电视台试播第一晚播出的社教影片《电视》来自苏联，此后我国制作并播出了大量自制的社教节目，以满足电视播出后的节目生产需要。早期社教节目题材十分广泛，社会、政治、军事、文化、历史、艺术、科技、体育、卫生等无所不包，但它以教育性、知识性为主，兼有欣赏和服务性，栏目的对象性很强。[①] 随着电视事业的不断发展，电视节目形态趋于稳定。从内容和受众定位的角度，社教节目可以分为对象节目、生活服务节目、教学节目、专题节目、纪录片和知识普及节目。

对象节目指的是以部分人群为传播对象的广播电视节目，在分众传播理念兴起后，又被称为分众传播节目。电视作为大众传媒，以广大民众为传播对象，但教育往往需要"因材施教"，因此在分众传播时代真正来临前，社教节目已实施了分众传播理念。对象节目是分众传播理念下的社教节目，在电视实践的过程中，主要以妇女、儿童、中老年人、对农节目为主。

生活服务节目，指的是以服务百姓生活、提供百姓生活所需要的信息为宗旨的社教节目。生活服务节目，往往包含天气预报、生活小窍门等内

---

① 刘习良：《中国电视史》，中国广播电视出版社，2007，第41页。

容。进入 21 世纪后，民生新闻紧扣"三贴近"原则获得了认可。此后，作为贴近实际、贴近生活、贴近群众的需要，电视台创办了众多形式新颖、风格活泼的生活服务节目，受到人们的认可。帮忙、情感调解、婚恋交友等生活服务节目因为兼具戏剧性、娱乐性的元素，成为一些频道的王牌节目。

教学节目，指的是以课堂教学的形式系统讲授某一领域专业知识的社教节目。教学节目是电视大学教学遗留的节目类型，在电视诞生之初和"文革"结束后曾起到重要作用，为我国提高识字率和人民的文化知识水平做出了重要贡献。经过多年的改革和发展，我国学校教育系统已趋于完备，电视教学节目在知识教育体系中的作用不断下降，收视率下滑不可避免，20 世纪八九十年代的辉煌不再。当前，电视教学节目市场狭小，很少需要新的策划。

专题节目，指的是具有特定主题和内容的社教节目，主要包括专题片、体育节目、军事节目等。专题片是我国电视节目中的重要组成部分，包括重大题材专题片、新闻专题片等，具有思想性强的特征。20 世纪 90 年代前，纪录片也包含在专题片的范畴内。此后，随着改革开放步伐的推进和大众文化的兴起，纪录片从专题片中独立出来，纪录片指向客观记录的纪实影像，专题片则指向意识形态浓厚的纪实影像。

纪录片起源于电影创作，后被引入电视，指客观记录真实事件、人物的影像作品。纪录片在 20 世纪八九十年代曾风靡一时，制造了收视盛景，但在娱乐浪潮中受到冲击，2012 年播出的《舌尖上的中国》使我国再次兴起纪录片热潮。20 世纪八九十年代的纪录片虽然名噪一时，但相当一部分在当时被称为专题片，此后纪录片概念被我国电视行业引入，因此专题片也称为纪录片。

知识普及节目，指的是宣传科学、法律、自然、医疗等专业知识的社教节目。知识普及节目内容广泛，当前主要包括法制类节目、科普节目等。近年来，传销、"魏则西"事件、"权健"事件等有关大众缺乏相关知识导致财产甚至生命健康受损的报道频频被关注。这些事件无一例外地反映了大众相关知识的匮乏和相关行业监管的漏洞，这正是知识普及节目需要关注的问题。

第一节 对象节目策划

"对象节目"是大众传播时代电视节目以老少皆宜为创办理念时提出的概念,指的是以部分人群为传播对象的广播电视节目。进入 21 世纪后,受到营销和广告理念的影响,分众传播理念被应用到电视节目策划中。

一 节目发展情况

分众传播理念认为,为了追求更好的传播效果,节目、内容应该先从广大的观众中识别出部分群体,进而制定更有针对性的战略。从这一理念出发,一档节目往往有目标受众和实际受众之分。

(一)儿童节目

少年儿童作为民族的未来,在我国电视创办之初就受到特别的关照。1958 年 5 月 1 日,我国电视诞生后便创办了《对儿童广播节目》。"文革"前的儿童节目,兼具革命性、文化性特征,注意照顾儿童收看电视节目时的心理特征和接受能力。

上海美术电影制片厂出品的动画片是我国数代人共同的美好回忆。20 世纪 20 年代,万氏兄弟(万古蟾、万籁鸣、万超尘、万涤寰)将中国传统文人审美与西方的动画艺术相结合,创作广告、动画片。1941 年,万氏兄弟为鼓舞抗日士气制作的动画片《铁扇公主》,在国内大城市和国际上引起轰动。中华人民共和国成立后,万氏兄弟在上海美术电影制片厂继续生产动画片。上海美术电影制片厂历史上生产的大量优质动画,与此类优秀人才资源密切相关。日本动画大师手冢治虫受到《铁扇公主》的影响,投身动画业,创作了《铁臂阿童木》。1980 年 12 月,轰动亚洲的《铁臂阿童木》在中央电视台播出。这部动画片由日本手表著名品牌卡西欧免费赠送,附加条件是播放卡西欧手表的贴片广告。同年,手冢治虫专程到上海美术电影制片厂拜访万籁鸣,两人合作了一副孙悟空与铁臂阿童木握手言欢的画作,成为中日动画界的美谈。民国时期的优秀国产动画片和上海美术电影制片厂在中华人民共和国成立后制作的经典作品,往往有万氏兄弟参与。这些作品充分吸取我国传统文化、戏剧审美的营养,并将之与动画艺术相结合,寓教于乐,广受少年儿童和成人的喜爱。

在此之外，艺术团表演的木偶戏、小朋友表演的节目频频登上荧屏。1958 年 5 月 29 日播出《两个笨狗熊》是中央电视台首个自办节目，由中国木偶艺术团现场表演。1959 年，中央电视台播出第一个少儿新闻节目《少先队号角》。1960 年中央电视台播出《对学龄前儿童广播》《对学龄儿童广播》；1961 年播出针对少儿的《新年猜谜会》《革命传家宝》《聪明的机器人》《少年俱乐部》《有趣的故事》。儿童电视剧也有发展，多以教育儿童提高革命意识、思想道德水平为主要内容。

"文革"时期百业凋零，少儿节目受到了极大的冲击，"文革"后期稍有恢复。"文革"后期，中央电视台播出《红小兵》节目，黑龙江电视台、天津电视台恢复播出《少年儿童》节目，长春电视台播出《少年儿童节目》。

随着电视剧的兴起，儿童电视剧受到欢迎，例如上海电视台制作的《好好叔叔》、中央电视台制作的《故乡》皆在 1981 年举办的全国第三次电视节目工作会议上受到嘉奖。政府大力提倡发展少数民族题材的儿童剧节目。1985 年，第一届全国少数民族题材电视艺术"骏马奖"评奖。1987 年，第二届"骏马奖"奖项除电视单本剧、艺术片，还设置了儿童电视剧奖项。中国儿童电影制片厂、中央电视台影视部、北京儿童电视艺术中心生产了大量的儿童剧，例如《豆蔻年华》《普莱维梯彻公司》《特混舰队在行动》《告别骷髅岛》《小龙人》等。1996 年，广播影视部召开的全国广播电视（影视）厅（局）长会议要求以中央电视台为龙头，组织全国力量，实施"六个一百"的创作规划，即 100 首儿歌、100 集童话剧、100 集动画片、100 集科普专题片、100 集人物系列片、100 集游戏节目，尽快拿出一批高质量的少儿电视作品。[①]

"文革"结束后，各级电视台兴起创办少儿节目的热潮。综合性儿童节目大量创办，并形成多档王牌节目。1981 年，我国电视节目出现主持人一职，中央电视台《为您服务》的沈力和上海电视台儿童节目的陈燕华成为我国最早的一批电视节目主持人。陈燕华的主持风格生动、活泼，被"小观众"称为"燕子姐姐"，她主持的《娃娃乐》《燕子信箱》《快乐一刻》《少儿智力竞赛》等节目在上海地区的儿童群体中有极大的影响。1984 年，中央电视台播出分别面向学龄前儿童、小学生、中学生的《七巧

---

① 孙家正：《把握导向　多出精品　促进广播电影电视工作迈上新的台阶》，《中国广播电视学刊》1996 年第 3 期。

板》《天地之间》《我们这一代》。主持《七巧板》的鞠萍因为节目的热播，成为全国喜爱的主持人。这些寓教于乐的儿童节目，尊重儿童学习的规律，促使儿童在游戏过程中获得知识、构建自我，受到儿童和家长们的热爱。1995年，中央电视台的《大风车》播出，成为儿童节目中的常青树。

动画节目在数量上获得了极大的突破，但是受到国外尤其是日本动画片的冲击，国内动画节目面临生存困境。1999年上海美术电影制片厂生产的《宝莲灯》几乎可以被认为是该厂最后一部经典大作。20世纪90年代开始，大量优秀的动画人才流失到体制外，在深圳、广州等地为国外动画片代工，其收益远超原来。中华人民共和国成立后上海美术电影制片厂之所以能够生产大量经典作品，在相当程度上受益于体制所带来的稳定报酬和销售保障，动画人才能够安心创作，追求艺术审美而少受市场干预。在市场化运作的新时代，大型动画片《西游记》《蓝皮鼠和大脸猫》《舒克和贝塔》《大头儿子和小头爸爸》《糊涂神》《蓝猫淘气三千问》《喜羊羊与灰太狼》《熊出没》等受到儿童的喜爱。我国动画片在创作和播映方面受到政策的保护，但与国际一流作品尚有差距。

2003年12月28日，中央电视台少儿频道开播，在全国受到广泛欢迎，在索福瑞收视率调查中多年稳居卫视排名前10位。目前，中央电视台少儿频道和湖南金鹰卡通频道在全国皆有较好的收视率成绩。

（二）女性节目

1981年底中国女排获得女排世界杯冠军，全国人民沸腾。此后，中国女排频频出现于电视荧屏之上。1995年，第四次世界妇女大会在北京召开。为迎接这次大会，宣传妇女在社会建设中的重要作用，中央电视台《半边天》于1994年12月1日试播，1995年元旦正式播出，成为我国迄今为止最著名的女性节目之一。2001年，安徽卫视设置八大剧场，其中"女性剧场"集中播放以女性为对象的电视剧作品。2003年，中央电视台进行大规模的改革，将央视一套中午的剧场设置为以女性观众为对象的"午后长篇"剧场。

进入21世纪后女性节目发展迅速，但收视率不佳。2004年湖南卫视播出由杨澜主持的《天下女人》，收视率欠佳，倪萍也推出了以女性观众为目标对象的《聊天》，同样面临收视率不佳的问题。2004年，在收视率竞争日趋激烈的背景下，广西卫视出于差异化定位的考虑，提出"女性特色的综合频道"定位。

电视业注重用时尚主题创办节目、频道,以吸引年轻、消费能力强的女性的注意力。2003 年,光线传媒和上海东方卫视合作推出《摩登时代》《时尚炫风》;付费数字女性时尚频道——江苏靓妆频道播出。2005 年湖南经视播出有关女性整容的《天使爱美丽》。2009 年,《时尚芭莎》与旅游卫视合作播出《BAZAAR 必须时尚》《BAZAAR 绝对时尚》等节目;上海电视台生活时尚频道成立星尚传媒。星尚传媒推出大量季播的女性真人秀节目,例如《星尚婚礼》《魔法天裁》。中央电视台也开设了数字付费女性频道"CCTV - 女性时尚"。由东方风行集团制作的《美丽俏佳人》是我国比较有影响力的时尚类女性节目,曾在旅游卫视、安徽卫视等多个平台播出。

(三) 老年人节目

20 世纪 80 年代,电视掀起竞赛热,中央电视台播出《金色人生——首届全国老年知识团体决赛》。此外,20 世纪 80 年代中央电视台还有一档《老年之家》节目。1989 年底,北京电视台播出《今日风光正好——中老年时装模特大赛》。1991 年天津电视台播出《晚霞余晖》。1993 年 10 月 1 日播出的《夕阳红》是我国最为知名的老年人节目,起初在央视一套播出,后挪至央视社会与法频道,2010 年停播。

《夕阳红》的观众,男女比例相当,老年人比例偏高,40 岁以上中老年人占 60%,但 14 到 20 多岁的年轻人的收视率也不低,实际上观众是老年主题的爱好者。[①] 这档节目曾经推出过《智慧老人擂台赛》环节,因为具有较强的对抗性和趣味性,深受观众喜爱。

(四) 对农节目

对农节目指的是专门为农村、农民开办的节目,不局限于与农业生产相关的内容。1985 年 3 月,全国电视农村宣传工作会议在北京召开,要求做好农村电视报道。20 世纪 80 年代后期,中央电视台播出《农业教育与科技》等一批惠民节目。

1994 年,我国提出"金农工程",标志着我国农业信息化的开始,电视台响应政府号召纷纷创办对农节目。中央电视台军事·农业频道 1994 年 3 月 1 日试播,1995 年 11 月 30 日正式播出。1995 年,湖南台创办《乡村

---

① 梁晓涛、靳智伟、胡智锋:《2006:中国电视忧思录》,《现代传播》2007 年第 1 期。

发现》，在对农节目中影响力较大，此后数次停播、复播。1998 年，我国实施"村村通广播电视"工程，以提高农村、偏远地区的广电信号覆盖水平。2001 年，中央电视台军事·农业频道播出《致富经》节目，报道致富信息、故事和典型人物，至今仍是该频道的王牌节目。2002 年，中央电视台军事·农业频道这个唯一的半农业频道，其中有关农村、农业和农民的节目仅占 1/3；省级电视台中，只有十五六家开办了农村专栏，如安徽台的《致富之路》、吉林台的《农村俱乐部》、广东台的《摇钱树》、辽宁台的《黑土地》、山西台的《黄土地》等。① 山东电视台的《乡村季风》曾风靡一时。2003 年，中央电视台的《农业新闻》节目因为收视率不佳而被"末位淘汰"。2005 年中央 1 号文件要求提高广播电视村村通水平，占领农村宣传文化活动阵地。《经济日报》（农村版）2006 年 1 月推出的"农业电视节目现状扫描"系列报道中指出，在全国电视节目年播出总量的 1004万小时中，农业电视节目不超过 1%，这种资源配置和我国国情"严重错位""极不相称"。②

近年来，中央电视台军事农业频道的《每日农经》《科技苑》《乡村大世界》《聚焦三农》《致富经》《乡村法制剧场》《农业气象》《绿色时空》是比较成功的对农节目。

二 节目创新策划点

融媒体时代的重要背景元素是网络技术的普及和多屏互动的现实。电视社教节目由于娱乐性相对较弱，往往难以适应市场竞争。即便在私营电视业繁荣的美国，此类节目也依靠公营电视机构生产非娱乐内容，以弥补市场的不足。目前，电视社教节目形态老化、程式化特征明显，难以适应市场需要。网易公开课等平台受到了年轻群体的欢迎，社教节目的市场可见一斑。为了适应融媒体时代发展的需要，对象节目在策划时应当注意以下方面。

第一，加强对象节目的垂直细分市场的开发。对象节目不应该简单地以青少年、女性、老年人、农民等群体对目标受众。这是一个网络发达的

① 董育中：《让关心"三农"之情充满声画之间——对新时期农村电视节目的思考》，《新闻战线》2002 年第 10 期。
② 周懿、张建平：《〈致富经〉对农业电视节目创作的启示》，《科技信息》2008 年第 4 期。

时代，大众传播应该提高精确度，不能再简单地以年龄、性别、职业进行目标受众的区分。以青少年节目为例，我国电视自诞生以后便重视此类节目的生产，以加强对青少年的教育。然而，与 BBC、PBS 相比，我国青少年节目在目标对象划分方面过于粗糙，缺乏针对性。美国的尼克国际儿童频道，突破地域、文化、宗教等因素的限制，依靠市场竞争在世界上多个国家受到欢迎，《海绵宝宝》即是其优质产品。这个频道以学龄前儿童为目标受众，而我国电视观众的收视调查以 4 岁以上的人群为目标对象。这在一定程度上反映了我国当前收视调查的不足，4 岁以下的儿童也是重要的观众群体，央视少儿频道、湖南电视台金鹰卡通频道、北京卡酷少儿频道位列 2017 年频道收视份额排名前 20 位的成绩绝非偶然。不同地域、职业、喜好的女性，对社教节目的需求存在较大差异。对象节目应该加强对目标受众的细分，以获得更为精确的效果。我国幅员辽阔、人口众多，真正能适应垂直细分市场需要的对象节目，可以依靠卫视和节目销售体系获得广阔的市场。粗放式的对象节目经营已不适应时代需要。

第二，依据垂直细分市场的特征，开发具有知识、信息价值的对象节目。网易公开课、新浪公开课等网络社教节目深受一些年轻群体的喜爱。网络时代知识、信息冗余而非不足，这同样导致了人们在知识、信息获取方面的不便。在信息海洋中，有价值的内容往往淹没在大量的垃圾信息中，谷歌、百度应运而生。这首先说明受众的信息、知识需求，其次也暗示当前的电视社教节目未能满足人们对于知识、信息类视听节目的需求。学生群体和城市白领，拥有较强的学习能力和需求，娱乐虽然广受欢迎，但不代表这是人们对于视听内容的全部需求。

第三，在市场竞争激烈的背景下，对象节目还需注重趣味性的表达方式。内容稀缺的时代一去不复返，自媒体可以生产大量的视听内容，快手、抖音、今日头条皆聚集了大量由用户生产的内容，且据此吸引广泛的人群。电视社教节目，较之快手、抖音等平台具有较强的组织性，是专业的内容生产平台，必须注重知识、信息的趣味性表达才能在视听内容竞争激烈的背景下，获得受众的关注和认可。好莱坞电影以商业性著称，但在政治正确和爱国主义教育方面向来作用突出，因此被认为是新兴的殖民方式，通过商业电影输出文化。好莱坞电影的成功，再次证实了寓教于乐的可行性。电视社教节目不应该拘泥于严肃的表达形式，可以通过趣味十足的方式争取更好的传播效果。

第四，注重微叙事的表达需要，适应跨屏传播的潮流。微叙事适应人们碎片化阅读的需要，在移动智能终端盛行的今天，对电视节目的生产具有较大的影响力。碎片化的传播需要，要求电视节目应在三五分钟内，设计一个叙事相对完整的小段落。节目播出后，工作人员可以将节目拆分成数个短视频，用于网络播出。跨屏传播的核心是移动智能终端。所谓"终端"，既可以理解为网络的终端，也可以理解为人的终端，它是人与网络进行信息交换的端口。因此，对象节目应该注重微叙事的表达，适应移动智能终端普及的需要。

第二节　生活服务节目策划

生活需要智慧，生活服务节目提供的就是更为智慧的生活方式。然而，当前的一些生活服务节目，为了广告销售的需要，违背节目初衷，误导观众，产生了不良影响。在融媒体的背景下，生活服务节目的传播不能局限于电视平台，而应该通过网络拓展自身的影响力。

一　节目发展情况

生活服务节目因为能够切实满足人们的生活需要，自我国电视诞生之后便出现。伴随着传播技术的提升和社会经济的发展，生活服务节目的形态不断发展。

（一）健康养生节目

我国电视诞生后，科技卫生和实用知识节目不断播出。此后，《生活知识》《医学顾问》创办，成为最早的一批生活服务节目。《医学顾问》于1960年开播，每周播出两三次，[①] 邀请北京的著名医生介绍常见疾病的症状、预防和治疗方法。当时技术水平有限，为了丰富节目的表达手段，工作人员在专家讲解时还根据需要插入图片、模型、影片资料。当时，健康养生类的节目被称为卫生节目，包含中西医内容，深受观众喜爱。

"文革"时期，健康养生节目受到严重冲击。"文革"结束后，中央电视台开办了《卫生与健康》节目，该节目于1989年获得全国电视社教节

---

① 刘习良：《中国电视史》，中国广播电视出版社，2007，第41页。

目奖。1996 年，脱胎于《卫生与健康》节目的《健康之路》播出，目前由中央电视台科教频道播出，是大型谈话节目，以多种形式和手段宣讲健康养生类知识。中央电视台国际频道 1998 年 6 月 1 日开播的《中华医药》在海外有较大的影响力。中央电视台于 2004 年开播付费数字频道——卫生健康频道，中央人民广播电台于 2005 年开播付费电视频道——家庭健康。

受消费主义影响，健康养生类节目已成为电视台创收的重要手段，呈现节目与广告混淆不清的趋势。一些健康养生广告以电视节目的形式在地方电视台的深夜时段播出，甚至销售假冒伪劣产品。2017 年，"四大神医"被网民曝光，这些所谓"神医"在多家卫视、地面电视台以包治各种疑难杂症的专家身份出现在看似正规电视节目的医疗广告中。所谓的"四大神医"在不同电视频道、广告中以不同身份、名字出现。这种过度消费观众信任感的恶劣广告，严重影响了健康养生节目的发展。伪装成养生节目的广告，在某县电视台连续播放 6 个月只需缴纳 7000 元的广告费。这些广告、节目几乎成了骗子的代名词。

（二）情感类节目

相亲、交友类电视节目在我国数轮热播。20 世纪 90 年代末，受台湾《非常男女》的影响，湖南卫视《玫瑰之约》、湖南经视《真情大复活》、上海东方卫视《相约星期六》播出。此后，多个地方电视台纷纷上马成本低廉而颇能吸引观众眼球的相亲节目。2010 年，相亲、交友类电视节目再度热播。2010 年 1 月，山东卫视播出《爱情来敲门》，江苏卫视播出《非诚勿扰》。此后，湖南卫视的《我们约会吧》、东方卫视的《百里挑一》、安徽卫视的《缘来是你》、浙江卫视的《为爱向前冲》《婚姻保卫战》《爱情连连看》、重庆电视台都市频道的《凡人有喜》上映，一时间形成电视荧屏的相亲节目热潮。为提高收视率，一些相亲节目无所不用其极，通过嘉宾的奇葩言行提高节目的关注度。2010 年 6 月 9 日，广电总局下发《广电总局关于进一步规范婚恋交友类电视节目的管理通知》《广电总局办公厅关于加强情感故事类电视节目管理的通知》，要求加强节目规范。2010 年 6 月 22 日，《人民日报》发表文章《收视率诱导逐利乱象　相亲节目低俗化当止！》。目前，《非诚勿扰》堪称此类节目中影响力最大者，但是相亲节目的热潮已经被情感调解节目替代。

进入 21 世纪后，频道定位差异化战略受到重视，江苏卫视定位于"情感频道"。2004 年，中央电视台社会与法频道播出的《心理访谈》节目，通过个案访谈关注人们的心理压力、危机和困境，至 2019 年仍是此类节目中的翘楚。目前，卫视上播放的情感调节类节目往往具有权威性和专业性的特征，例如江苏卫视的《调解》、北京卫视的《真情互动》、湖南卫视的《真情》、江西卫视的《金牌调解》。河北电视台的《非常帮助》、上海电视台的《心灵花园》也颇具影响力。一些地面电视台节目制作经费不足，看中情感调节类节目的低成本优势，派出年轻记者深入家庭中调解人们日常的生活矛盾。这些节目具有趣味性、接近性的特征，选题贴近百姓生活，因此收视率较有保障，但是部分内容有侵害他人隐私的问题。

（三）生活小窍门类节目

生活智慧是这类节目传递的主要内容。1979 年，中央电视台创办了《为您服务》节目，这是我国第一档主持人节目，此后又引进沈力，成为当年轰动全国的经典节目。这档节目的子栏目《生活智多星》提供各种奇思妙想，以低成本的方式解决百姓生活中常见的小难题，深受观众喜爱。中央电视台财经频道于 2004 年推出《超市大赢家》（2005 年后更名为《快乐主妇》，已于 2010 年停播），于 2005 年推出《交换空间》。《交换空间》曾在国内掀起收视热潮，近年来收视率下滑。北京电视台生活频道于 2004 年元旦播出《快乐生活一点通》，形式新颖，以真人秀的形式展现生活小窍门，由北京银汉文化传播有限公司制作，目前已经在多个地面频道播出。除此之外，《家政女皇》《家有妙招》《生活帮》《百科全说》《幸福辞典》都以生活小窍门为主要内容，女主持人形象往往以亲和、活泼为主。

（四）生活服务类信息节目

《天气预报》《市场行情》是常见的生活服务类信息节目。20 世纪 70 年代末 80 年代初，全国从中央到地方的电视台普遍办起了专栏节目，内容大部分是有关生产建设和人民生活服务的各种信息，如"天气预报""商品广告""市场行情""为您服务""下周屏幕""祖国各地""观众之友""少儿节目"等几十个专栏，电视战线呈现一派生机。[①] 1979 年，中央广播事业局局长张香山发表《在全国电视节目会议上的讲话》，要求改进气象报道节目，认为中央电视台一套节目的天气预报不能局限于北京地区的

---

① 居易：《论电视主持人节目（上）》，《新疆新闻界》1990 年第 4 期。

气象情况,而应该播报全国的气象情况,"至少报一下华北的气象"①。

20世纪80年代的电视新闻改革,使新闻节目之后普遍播出天气预报、交通、旅游等信息。1980年广东台的《家庭百事通》,内容涉及健康、养生、家庭等方面。1981年上海台播出《市场掠影》,关注市场行情、经济动态。1993年,中央电视台使用主持人播报天气信息,身着正装的"气象先生""气象小姐"成为气象节目的常态。1994年元旦,中央电视台在《新闻联播》后播出6个5秒钟的广告。同年4月,中央电视台将《新闻联播》《天气预报》之前插播的广告延长至一分零五秒。此后,《天气预报》成为我国生活服务类信息节目中广告费最高的节目。

进入21世纪之后,受到娱乐浪潮的影响,生活服务类信息节目也朝着个性化、趣味化的方向发展。2003年湖南电视台播出有色情暗示的《星气象》,南京电视台则播出用美女主播"养眼怡情"的《气象新感觉》,吉林电视台播出以靓丽女主播为特点的《气象女生》。《星气象》播出后收视率较高,但批评者众多,最后停播。2006年山西电视台推出了《老西说天气》节目,主持人以太原方言播报天气情况,语言生活化,风格诙谐有趣。河南电视台推出《网络天气》节目,通过两位女主持人的调侃将气象信息串联起来。此后,湖南卫视、旅游卫视皆推出过风格生动的《旅游气象站》。2011年国家广电总局下发"限娱令",生活服务类信息节目的娱乐化程度有所控制。

2017年,老年观众人均收视时间首次出现下滑,中青年观众游离于传统电视外的趋势加剧,黄金时段收视萎缩现象加剧。② 由于中青年观众流失等问题,生活服务节目观众老龄化问题突出。这就需要电视人做出抉择,或者通过多种手段挽回中青年观众的注意力,或者针对日益突出的观众老龄化现象,制作更具有针对性、对市场进行垂直细分的节目。

二 节目创新策划点

融媒体时代,智能手机成为人们决策的重要工具。无论是天气情况、股市行情,还是医疗健康,越来越多的人通过网络搜寻信息,而不是等在电视机前。显然,在广阔的网络信息海洋中,便捷的信息检索服务,满足

---

① 张香山:《在全国电视节目会议上的讲话》,《现代传播》1979年第2期。
② 徐立军:《中国电视收视年鉴2018》,中国传媒大学出版社,2018,第21~25页。

了人们从电视节目中求而未得的需求：从广阔的信息库中获得即时的互动、反馈。目前，我国电视节目在频道专业化方面尚未取得显著成效，生活服务节目的分众传播趋势并不显著。在融媒体的背景下，生活服务节目的策划应该注意以下内容。

第一，提升节目品牌温度，以弥补时效性不强的问题。品牌是现代营销神话，而依据《想象的共同体》《人类简史》的观点，人类社会依靠想象构建起来，是全球化的意识形态的基础。电视作为大众传媒，在意识形态宣传方面具有得天独厚的优势。纵观人类的传播历史，时效性从不是决定大众传媒兴衰的唯一标尺。即便是网络新媒体，也并不因技术相同而并驾齐驱，不同的网络新媒体在人群中的受欢迎程度大相径庭。技术不是决定传媒成败的唯一要素。在大众文化领域，品牌营销通过对受众进行情感干预产生巨大影响力，从苹果手机到爱奇艺视频网站的胜出，皆是例证。选择并培养主持人的品牌形象，将之与节目品牌相关联，可以有效地提升生活服务节目的品牌鲜活度。由于生活服务节目以提供生活信息、智慧为内容，因此节目品牌的温情程度是提升观众情感体验的重要手段。

第二，加强互动与反馈，利用电视平台的权威性和专业性，制作自媒体、网络媒体力所不能及的优质内容。自古至今，优质内容始终是大众传播的核心资产，观众关心的不是传媒技术进步，而是优质的内容和服务。毋庸置疑，传播技术的进步是制作、生产优质内容的重要基础，然而数字化的传播技术早已运用到了电视节目的制作、播出等环节。电视作为大规模的、专业化的内容生产机构，在自媒体狂欢的背景下，具有显著的权威性、专业性优势。以物价变化、高考信息等为例，自媒体、网络媒体所能观照的范围有限，目前难以提供全国性的、权威性的解读，这正是电视生活服务节目的优势所在。当然，选题是电视节目成功的基础，而非全部。当前的生活服务节目，程式化问题显著，缺乏投身市场满足电视观众的热情。

第三，响应后现代文化边界消失的潮流，打破节目创作的惯性，通过逆向思维提升节目的新鲜感。生活服务节目作为成熟的电视节目类型，具有显著的类型化特征，与类型化特征背道而驰的创意，往往可以引起人们的关注。例如，众多生活服务节目由主持人串联内容，由专家以及德高望重、经验丰富的嘉宾介绍情况、信息、秘诀，现场观众、电视机前的观众则扮演点头如小鸡啄米的角色。在逆向思维的指导下，观众可以扮演验证人、挑战者的角色，这不仅能提升节目的对抗性，也可以增强节目的互动性。即便是天气预报节目，如果可以添加质疑者的角色，无疑是对网民吐槽天气节目不准现象的回应，可以显著增强节目的可看度。

第四，强化节目在快手、抖音、今日头条、爱奇艺等网络平台上的传播力度，拓展节目传播渠道。电视节目的网络推广目前已成为昂贵的营销支出，往往由电视制作、播出机构委托专业公司完成。一线卫视往往将网络营销的费用集中用于王牌综艺节目、电视剧的推广，而非一线卫视在资金不足的情况下，往往只对少数节目展开较大规模的网络营销。在自媒体狂欢、虚拟社交盛行的背景下，生活服务节目因为具有贴近实际、贴近生活、贴近群众的特点，具备吸引网民的潜质。轰动性、反常性、接近性、实用性是自媒体判断话题价值的重要因素，生活服务节目可以据此制定网络平台的传播策略。

第三节　专题节目策划

1979 年，中央广播事业局局长张香山发表《在全国电视节目会议上的讲话》，要求"专题节目要充实起来，地理、历史、科技、体育等都有广泛的题材。"[①] 1979 年以前，电影发行部门和文艺演出团体为扶持电视的发展，低价或免费向电视台提供电影、文艺节目的电视转播权。1979 年以后，电影发行部门率先停止向电视台供应尚未正式发行的影片，以保护自身的经济利益。此后，部分文艺演出团体也停止低价、免费向电视台提供文艺节目电视转播权。这导致电视台产生严重的节目荒问题。当时，节目编排普遍采用"每天见面三大块"（新闻＋专题＋文艺）的陈规俗套。[②] 为了提高节目质量，电视台在提高电视剧产量的同时，开始加强专题片质量。

一　节目发展情况

自我国电视诞生以来，专题节目始终是党加强舆论引导的重要渠道，

---

① 张香山：《在全国电视节目会议上的讲话》，《现代传播》1979 年第 2 期。
② 裴玉章：《办出电视的特色来》，《新闻战线》1979 年第 6 期。

在推进我国社会主义建设方面作用突出。

（一）政论专题片

"电视专题片是指运用纪实手法，对社会生活的某一领域或某一方面，给予集中的、深入的报道，内容较为专一，形式多种多样，允许采用多种艺术手段表现社会生活的纪实性电视节目形态。"[①] 我国电视诞生之初，具备纪实性特征的专题片普遍具有较强的意识形态。这些专题片主要是新闻事件的相关报道，时效性不强，思想性较强，与电视新闻的主要区别是时间比较长。早期电视专题片深受苏联电影新闻纪录片的影响，如《长江行》。

20 世纪 80 年代，改革开放不断推进，我国与日本电视行业的沟通加强，受日本纪录片的影响，专题片逐渐演化为政论专题片和纪录片两类。在当时，学界、业界对专题片、纪录片的概念、内涵和关系多有争议。例如，有专家认为：所谓专题报道，就是带有新闻性的专题节目，习惯上被称为电视纪录片。[②] 1985 年，上海电视台派工作人员到日本拍摄专题片，倾向于客观记录，已经具备纪录片特征。但是在当时，这些作品被称为专题片。20 世纪 80 年代，各级电视台普遍设有专题部，用于生产专题节目。有研究者认为，专题节目是整个电视节目中的一大门类，从字面上讲，是泛指那些有一个专门主题的节目。[③] 事实确实如此，专题是与综艺相对应的概念，指的是内容、选题方面的集中。进入 21 世纪后，电视理论研究趋于成熟，专题片一般专指政论专题片，指的是意识形态强的纪实作品。中央电视台 1978 年播出第一部系列专题片《丝绸之路》，对社会、观众影响有限，但对后来的电视业影响巨大。此后，中央电视台生产了多部影响极广的政论片，例如《话说长江》《话说运河》《唐蕃古道》《黄河》《血缘》《蜀道》《大潮》《让历史告诉未来》。1988 年，上海电视台制作的《摩梭人》在第二届上海国际电视节上获得提名。此后上海电视台多部作品受到国际认可，例如《十字街头》《十五岁的初中生》《德兴坊》等。我国电视业开始正视专题片与纪录片的差异。上海电视台获得国际认可的作品，一般具备意识形态较弱、客观记录的特征。这对国内电视业影响巨大，纪录片与专题片逐渐分流。

---

① 高鑫：《"电视纪录片"与"电视专题片"界说》，《中国广播电视学刊》1992 年第 3 期。

② 孙忠瑞：《电视专题报道的魅力》，《新闻业务》1985 年第 12 期。

③ 张建堂：《电视专题节目刍议》，《中国广播电视学刊》1987 年第 2 期。

20 世纪 90 年代，《望长城》播出，它大量使用纪实手法和同期声，在制作手法上与国际流行的纪录片制作手法接近。此后，众多电视台将专题部改为社教部，而纪录片在电视节目中越来越受欢迎，但在 21 世纪前受到娱乐浪潮的影响而衰落。纪录片成为用平民视角展现社会生活的作品。这一时期，中央电视台的专题部改为纪录片部，再改为文化专题部。进入 21 世纪之后，中央电视台是政论专题片生产与播出的重要机构，《大国外交》《将改革进行到底》《必由之路》《永远在路上》等皆是大型政论专题片中的精品之作。

（二）纪录片

高鑫认为："电视纪录片是指运用新闻镜头，真实地记录社会生活，客观地反映生活中的真人、真事、真情、真景，着重展现生活原生形态和完整过程，排斥虚构和扮演的新闻性电视节目形态。"① 如果将电视纪录片视为客观记录社会生活的作品的话，那么可以认为 20 世纪 90 年代《望长城》播出之后，纪录片在我国数度兴起。此前的所谓纪录片，由于意识形态浓厚，应该被归类为今天所称的专题片、政论专题片。20 世纪 90 年代以后，电视纪实风格盛行，专题片与纪录片有混淆的趋势，众多意识形态浓厚的纪录片被称为专题片，例如 1966 年摄制的《收租院》。《收租院》曾经在全国引起强烈反响，是立场鲜明的优质电视作品。今天，人们普遍将纪录片、专题片视为并列关系的概念，前者强调客观观察和表达，后者注重意识形态引导。

1976 年 1 月 12 日、15 日和 16 日，中央电视台播出关于周恩来丧事活动的三条电视纪录片——向遗体告别、吊唁和追悼会。② 当时电视节目的时效性不强，这三条纪录片与新闻片的区别就是时间更长，远超当时电视新闻数分钟的规格。当时的电视新闻节目普遍在 30 分钟以内，而单条新闻的时长往往在 10 分钟以内。电视新闻记者从现场拍摄到的画面，如果超出了电视新闻的规格，就需要作为专题片单独播出。

早期纪录片深受《新闻简报》的影响。过去，人们在放映电影正片之前，往往会先播一些重大新闻事件的影像资料，这些资料被称为《新闻简报》。《新闻简报》时效性差，画面侧重于表达事件的琐碎片段，重画面轻

---

① 高鑫：《"电视纪录片"与"电视专题片"界说》，《中国广播电视学刊》1992 年第 3 期。
② 郭镇之：《中国电视史略（1958—1978）》，《现代传播》1989 年第 2 期。

文字。早期的影视行业缺乏成熟的字幕技术，因此依赖画面。伴随电视采、录、字幕技术的发展，中央电视台的纪录片制作逐渐从重画面轻文字转为重文字轻画面，解说词成为推动节目叙事的核心元素，画面处于附庸地位，起到搭配解说词的作用。

20 世纪 80 年代，学界、业界对专题片、纪录片的概念争论不休。上海台国际部纪录片科从 1984 年到 1992 年生产的纪录片共有 24 部在国际和国内获奖。[①] 淡化纪录片创作主体的存在感，客观展现被摄对象逐渐受到普遍认可。1996 年，任远提出：在已经过去的十余年，特别是最近的四五年间，我国的电视纪录片创作，出现了空前繁荣的盛况。[②] 纪录片的播放数量惊人，当时央视每年播出上千部（集）纪录片，国家级和省级电视频道有大量专门播出纪录片的节目，例如中央电视台的《祖国各地》、北京电视台的《今日京华》、上海电视台的《纪录片编辑室》。

进入 21 世纪后，电视节目的赢利压力较大，我国纪录片虽然在国际上获得了不少奖项和称赞，但是赢利能力不足，很快受到娱乐类节目的挤压。中央电视台大型纪录片《故宫》《中华之剑》《香港沧桑》《复活的军团》《中国记忆》《大国崛起》《圆明园》等制作精良、内容厚重，受到国内外观众认可，但未能再现 20 世纪八九十年代经典电视节目的盛景。《流浪北京》《英与白》因为关注个体精神层面的思考，具有浓厚的人文主义气息，受到好评。

2012 年中央电视台播出《舌尖上的中国》，再次点燃了观众对纪录片的观赏热情，而电视业也因此重新审视纪录片所蕴含的经济价值和收视率价值。值得注意的是，《舌尖上的中国》在审美方面具有显著的大众文化趋势，相较于 20 世纪八九十年代曾经盛行一时的纪录片、专题片，《舌尖上的中国》具有显著的世俗化特征，这与电视大众文化的审美趋势相同。此外，《舌尖上的中国》注重讲故事、内容饱满、色彩丰富、镜头语言时尚，与同期市场上的纪录片相比显然制作更精良。此后，中央电视台积极延续《舌尖上的中国》的品牌效应，在推出第二季、第三季作品的同时，不断播出制作精良并兼具家国情怀的纪录片，但未能再现《舌尖上的中国》第一季的成功。2016 年中央电视台播出的《我在故宫修文物》是近

---

① 赵群：《电视纪录片的新收获》，《中国电视》1993 年第 12 期。
② 任远：《我国电视纪录片的发展和成熟》，《中国广播电视学刊》1996 年第 4 期。

年来较为成功的纪录片，寓教于乐，受到年轻观众的喜爱。

（三）谈话节目

讲话、讲座节目是中央电视台诞生之初教育大众的重要节目类型，因契合了时代精神而广受好评。我国电视诞生当晚，即播出了《工业先进生产者和农业合作社主任庆祝"五一"节座谈》，内容是嘉宾依次讲话。每逢新年，如有重要外宾，电视台要邀请客人到电视台讲话。①

一些典型人物因为登上电视荧屏，发表了极具感染力的演讲，成为时代标志，例如"铁人"王进喜。根据宣传的需要，当时有众多的典型人物在电视节目、演播室发表演讲。此后，中央电视台专门播出《新人新事新风尚》节目，为典型人物的电视演讲、报告、座谈提供平台。1966年2月17日，王进喜到中央电视台做报告，他不用演讲稿，用生动朴质的语言描述大庆油田建设过程中的鲜活故事。当时电视台演播室条件差、通风不好，在节目直播的过程中，王进喜大汗淋漓。许多观众打电话给电视台："让铁人喝一口水吧！""让铁人擦一把汗吧！"② 王进喜十分擅长演讲，还能现场作诗，深深地打动了电视机前的观众，再加上报刊、广播上的相关报道，王进喜成为时代符号与代表。

1998年3月19日，九届全国人大一次会议举行记者招待会，新当选的国务院总理和副总理与中外记者见面，并通过电视直播向全国电视观众讲话。随着电视直播技术的成熟，每逢重大会议、事件，中央电视台往往会直播招待会、领导人发言。

自20世纪80年代开始，传播学在我国逐渐受到欢迎，受众研究渐成显学，"互动"深受电视节目的重视。电视谈话、讲座节目因为缺乏互动，在日常的节目生产中逐渐让位于访谈节目。1979年，中央电视台专题部成立，随即推出一档政论节目——《观察与思考》。它是我国较早采用出镜记者的节目，极大地提高了电视节目与观众的交流感。1994年中央电视台播出的《焦点访谈》是我国最为成功的新闻评论节目，采用访谈的形式进行深度报道。此后，中央电视台推出了《实话实说》《倪萍访谈录》，前者取得巨大的成功，而后者则因为收视率不佳被淘汰。《实话实说》《艺术人生》曾经被认为是我国最成功的大众访谈类节目。《鲁豫有约》《五环夜

① 郭镇之：《中国电视史略（1958—1978）》，《现代传播》1989年第2期。
② 刘习良：《中国电视史》，中国广播电视出版社，2007，第42页。

话》等节目也曾广受欢迎。进入 21 世纪之后，数档脱口秀节目受到认可，例如《壹周立波秀》《金星秀》等。这些娱乐性极强的脱口秀节目，表达手段丰富，有时候被认为是综艺节目。

（四）节假日、重大事件特别节目

我国电视诞生之初，便在节假日和重大政治、体育事件发生时制作、播放特别节目。20 世纪 80 年代初，中央和上海电视台为中小学假期增办专门节目。① 1987 年，国家广播电影电视总局首次举办星光奖。星光奖正式设置了特别节目奖，这既是对我国电视特别节目的肯定，也是激励。此后，我国各级电视台纷纷在节假日、重大事件时进行特别编排，并适时推出特别节目。1997 年柯受良驾车飞越黄河，从壶口瀑布一跃而过。事前，电视台对该特别节目进行大量的宣传和铺垫，但是因为策划方面的问题，部分观众感到失望。更有研究者认为："特别节目《飞越黄河》就是一个失败的例子，它把一个很精彩的新闻节目策划成一个平庸的文艺节目。"②

2003 年，上海电视业改组成立了东方卫视。此后，东方卫视为 2003 年温家宝总理访美、2004 年别斯兰事件制作了规模宏大、手段丰富、现场直播的特别节目，很快便从地方频道中脱颖而出，进入省级卫视的一线梯队。中央电视台的"3·15"宣传、"质量万里行"、"中国经济年度人物"、"两学一做"系列特别节目——《榜样》等，皆是影响力巨大的特别节目。

二 节目创新策划点

我国电视的前二十年，节目构成相对单一，节目自制能力不足。1979 年中央电视台以"每晚播出三小时计算，国内、国际新闻加在一起约占半小时，专题节目时有时无，有则十至二十分钟，其余全凭电影、戏剧等文艺节目支撑。有时干脆就是十来分钟的新闻，加上一出戏或一部电影算完。在新上映的电影、复映片和新排演的戏剧播放上受到有关方面的限制后，自办节目跟不上，产生了节目荒，只好重复多次地播送旧影片，出现了'炒冷饭填时间''凑合对付过日子'的状况"③。此后，电视业在自制

---

① 林青：《改进电视节目播出工作》，《新闻战线》1983 年第 10 期。
② 谭天：《谁持彩练当空舞》，《中国电视》1997 年第 11 期。
③ 裴玉章：《办出电视的特色来》，《新闻战线》1979 年第 6 期。

节目方面积极探索，加强了电视剧、新闻、专题节目的制作，其中电视剧的市场化程度最高，在制播分离的理念下成为行业投资热点。与之相对应的是，专题节目的市场化程度并不高，因此在激烈的市场竞争中并没有做出及时的调整。广播电视是社会公器，本来就不应该全面地市场化，而专题节目在当下汹涌的娱乐浪潮中具有重要价值，是电视节目多元化发展的重要组成部分。专题节目策划的创新，需要适应社会发展的需要和人们的需求。

第一，将专题性质的内容落实到人物身上，通过展现人物提高专题节目的创新力。"人上一百，形形色色"，同样的选题，落实到具体的人物身上后，就能给人以千变万化的视听感官体验。每到春节临近，大量相关的专题节目就会播出。这些专题节目多年来大同小异，有的几乎沦为摆设，没能向观众提供鲜活的内容，何谈传播效果和价值观、舆论的引导。同样是贴春联，不同的人家通过不同的方式获得春联，其间往往蕴含人间百态。即便是同一时刻、同一地点买来的春联，只要将镜头对准不同的人，就会获得大相径庭的视听素材。美国商业电视发达，在娱乐节目生产方面具有显著优势，版权几乎可以在全球范围内进行销售。以美国版《老大哥》第 17 季第 1 集通知选手参加节目为例，小小的环节设计即可证明人物在丰富节目表达、提高节目创新方面的重要作用。节目需要通知八位选手参与，策划、编导人员怎样通知才能多样化地展现人物激动的心情呢？电视对事物的表达需要落实到具象的视听元素上，例如，"我爱你"就需要变成鲜花、眼泪等看得到、听得到的东西，而不能复读"我爱你"。该节目将信息"你中奖了，你可以参与节目录制了"，物化为一个闪亮的超大号银色钥匙状卡纸。这个道具随着选手的晃动，流光溢彩，极具视觉冲击力，是整个画面构图中最耀眼的部分。原本需要故作声嘶力竭、重复八次的"你中奖了"，就被处理为闪亮的视觉冲击。节目组将这八个钥匙状卡纸植入选手的日常生活场景中，这八位选手就分别在钓鱼时的栈桥边、酒吧托盘上、健身房设施旁等处发现了这个卡纸。节目展现了八种差别极大但用同样的钥匙状卡纸表现的激动、兴奋之情。这仅仅是通知选手参与节目的小细节，就已体现了人物在提高节目创新力方面的重要作用。他山之石，可以攻玉，学习畅销娱乐节目的表达方法，有利于专题节目提升可看度。

第二，针对重大事件、节假日等制作的特别节目，可以从话题价值的角度提炼出个别热点，通过与节目相关内容的病毒式营销，以点带面，提升整个节目的传播影响力。2019 年春节，微视频《啥是佩奇》广为流传，作为春节档电影《小猪佩奇过大年》的先导片，以病毒式营销的方法起到先声夺人的作用。虽然《小猪佩奇过大年》最终在口碑、票房方面表现不佳，但这不妨碍《啥是佩奇》为节目营销拓展新的思路。《啥是佩奇》讲的是"留守"老人盼望春节与儿孙团圆。这样的节目主题每逢春节便出现，观众司空见惯。众多专题节目、特别节目千篇一律地通过干巴巴的解说词和程式化的画面元素进行宣传，而《啥是佩奇》却能通过与热点元素——小猪佩奇进行结合，将这一传统主题进行全新的表达，获得市场广泛认可。2018 年，小猪佩奇在我国大众文化中火热异常，作为幼儿节目的主角，在哔哩哔哩、快手等平台上受到众多成年网民的喜爱，并被诠释为复杂多样的"社会人"形象。管理部门禁止恶搞小猪佩奇，进一步提升了小猪佩奇的知名度。国际知名媒体也曾报道这一现象，并试图做出解释。在此背景下，《啥是佩奇》获得成功就不足为奇了。《啥是佩奇》已证明，即便在注意力争夺战激烈的今天，通过策划话题价值实现低成本的病毒式营销，依然可行。

第三，选题关注热点问题、现象、人物，提升节目的关注度。网民在发表批评言论时，往往指责一些人、物"蹭热点"。"蹭热点"在网络传播的时代背景下是有效的，因此有众多营销团队据此营生，引起网民反感。《啥是佩奇》的热播证明，只要手段高明、策划得当，"蹭热点"可以皆大欢喜。电视专题节目往往具有较强的思想性、知识性，与纯娱乐内容不同，通过关注热点问题、现象、人物提升民众对相关事物的认知水平，往往会获得多赢的结果。今天的网络上纯娱乐内容充斥。深入浅出、生动活泼的社教内容，因为与众不同，一旦获得广而告之的机会，往往能收获赞誉。中央电视台《等着我》《朗读者》因为浓厚的人文主义精神和舒缓的节目叙事进程，与当前的娱乐浪潮形成鲜明的对比，被誉为当今视听节目的清流。倪萍因为主持《综艺大观》蜚声华人世界，其在享有盛名之时主持的其他节目（例如《倪萍访谈录》）往往因为收视不佳而被淘汰。进入21 世纪后，倪萍作为资深节目主持人逐渐淡出人们的视野，却能在 2014年凭借《等着我》重新受到大众的欢迎，这与该节目关切社会热点有关。人贩子偷孩子、抢孩子的虚假信息，常常登上微信年度十大谣言的排行榜，这正反映了人们对于孩子丢失问题的敏感和关心。《等着我》自播出后，节目片段在网络媒体上受到欢迎也反映了这一现象。

第四，通过节目形式的多元化，提升专题节目的吸引力。电视节目包装是提升节目亲和力、吸引力的重要手段。目前，综艺节目、电视剧在节目包装方面走在前端，而包括专题节目在内的社教节目，往往沦为节目包装不佳的典型，比如常用简单的字幕条提供基本的节目信息。BBC 作为公营媒体，多年以来在社教节目方面表现突出，其生产的优质内容资源尤其是纪录片可以销售到世界多国，经久不衰，这与其节目包装方面的多元化手段有关。这是一个注意力稀缺的时代，外观不佳的电视节目往往遭遇无人问津的惨淡结局。知名专题片《话说长江》1983 年播出，不仅使用了主持人，还使用了数个当时令人惊心动魄的航拍镜头作为片头，给当时的观众留下了深刻的印象。时至今日，电视节目表达的手段十分丰富，从解说词、字幕条，到动画、图表无所不包，然而专题节目在电视节目表达手段的运用方面，明显弱于综艺节目。这既与专题节目赢利不佳有关，也与专题节目样态固化，缺乏创新有关。

第五，将解说词、串联词进行故事化、细节化、通感式的处理，突出解说词的风格。解说词是专题节目的重要组成部分。20 世纪 90 年代，纪实风格受到电视行业的重视，专题片"主题先行""主体先行"的创作方法一度受到批评。随着社会经济的发展，个体自我情感表达的需要上升，因此 20 世纪 90 年代电视的话语体系发生了变化，通俗文化逐渐流行。专题片则普遍保持了原有的电视话语体系风格，坚持主题先行的创作方法，体现出浓厚的意识形态特征，成为对抗当今过度娱乐浪潮的中流砥柱。然而，审美的变迁潜移默化，年轻观众对专题片宏观话语体系的接受程度发生变化。为了提高电视专题片、专题节目对年轻观众的影响力，可以对解说词、串联词进行创新性的设计，适当地迎合年轻观众的审美，增强节目对年轻观众的影响力。

第四节　知识普及节目策划

传播知识是大众传播的基本功能，电视社教节目自我国电视诞生后，快速发展，在扩展民众的社会、文化、科学、艺术等知识方面起到了重要的作用。从广义上看，电视节目普遍具有知识传播的功能，但从传播者的初衷和电视节目功能的层次看，以知识普及为首要任务的电视节目应该被视为社教节目，而打着社教节目旗号、行娱乐大众之实的节目往往难以服众，仍会被人们普遍认为是综艺节目、娱乐节目。

一　节目发展情况

早期知识普及节目注重选取与生活、民众爱好和传统文化密切相关的内容。1958 年 5 月 1 日，我国电视诞生后，《电视台的客人》《集邮爱好者》《摄影爱好者》《文化生活》《科学知识》《国际知识》开办。1961 年播出的《文化生活》比较关注传统文化，介绍传统手艺人、戏曲艺术家、过年习俗、传统书画、音乐知识等内容。人类社会发展到今天，各类知识繁多，而相关的节目数不胜数。目前，知识普及节目中，法制节目和科普节目是最为成熟的节目类型，不仅在知识普及方面功效突出，在收视率方面往往也能获得较好的成绩。

（一）法制节目

"十七年"时期，电视机的普及率极低，电视台的信号覆盖范围非常有限，缺乏针对大众的普法节目。"文革"期间，电视台受到了严重的冲击，法制节目更是无从谈起。上海电视台在"四人帮"的挟持下，"创造性"地播出电视批斗大会，使其沦为"极左"的工具，造成了恶劣的影响。"文革"结束后，中央电视台直播了中华人民共和国最高人民法院特别法庭依法对林彪、江青反革命集团的审判过程。这次直播对我国电视业影响巨大，不仅使观众认识到电视的巨大魅力，也使广电管理机构、电视从业人员意识到电视在普法方面的巨大功能。20 世纪 80 年代中后期，电视荧屏上掀起了知识竞赛热，而法律常识则成为多家电视台知识竞赛节目的内容，例如中央电视台的《法律在身边——"二五"普法特别节目》。

1994 年，中国广播电视学会电视法制节目委员会成立。中央电视台于1996 年、1999 年开播《社会经纬》《今日说法》，以真实的案例展现法律内涵。《社会经纬》常用的情景再现的手法，已经普遍为法制类节目所采用，成为提高节目吸引力的重要手段。此后，各级电视台制作并播出了大量的法制类节目。1999 年，长沙电视台率先开播了大陆地区首家政法频道。法制类节目在收视率方面的普遍成功，使节目在广告投资价值方面受到认可。

2002 年中央电视台西部频道播出，但是由于定位模糊，未能有效聚合西部省份的电视市场，最终因为收视率低迷，于 2004 年底改为中央电视台社会与法频道。

法制节目、法制频道数量的增多，使此类节目为了应对激烈的竞争而进行新的探索。目前，法制电视节目的新闻化特征明显，以现在进行时的手法展现已经发生的真实案例，以增加节目的戏剧性，例如北京电视台的《法治进行时》、中央电视台的《法治在线》。一些法制节目为追求收视率，将法制节目与情感调解相结合，例如湖北电视台综合频道的《调解现场》，南京电视台科教频道的《有请当事人》，江苏城市频道的《石头会说话》《甲方乙方》。普法栏目剧在一些地方电视台受到欢迎，它将普法专题节目与电视剧相结合，有些还以方言进行演绎，具有较强的接近性。2018 年全国法制电视节目年会在河南省三门峡市举办，中央电视台的《平安 365》、上海电视台的《庭审纪实》、重庆电视台的《大城小事》等节目获得全国十佳栏目的称号，而普法栏目剧《丁香白》《丹心铸检魂》则获得栏目剧和微视频类的一等奖。

（二）科普节目

1958 年，中国电视诞生之后，最早的科普节目《科学常识》很快播出。当时的中央电视台技术有限，缺乏录制设备和技术，因此包括电视剧在内的节目皆需直播。1978 年全国科学大会举行，电视台响应号召，纷纷制作科普节目，北京电视台的《科学与技术》受到欢迎，钱学森、苏步青、茅以升等著名学者纷纷登上电视节目进行科普宣传。

20 世纪 80 年代，知识传播功能受到电视台重视，各台纷纷成立科教部，专门制作科普、教育节目。1981 年底，中央电视台的《动物世界》播出。1995 年，我国提出科教兴国战略。1996 年，广播影视部召开的全国广播电视（影视）厅（局）长会议要求以中央电视台为龙头，组织全国力量，实施"六个一百"的创作规划，即 100 首儿歌、100 集童话剧、100 集动画片、100 集科普专题片、100 集人物系列片、100 集游戏节目。为推进"六个一百"的创作规划，中央电视台推出科普专题片节目《神奇之窗》。1997 年中央电视台播出《走近科学》，起初它的故事化叙事方式受到观众和电视行业的好评，此后节目程式化的叙事方式引起观众的抱怨，被认为存在故弄玄虚的成分，而中央电视台的科普谈话节目《公众与科学》则因末位淘汰于 2003 年停播。21 世纪前后，科普动画片《蓝猫淘气三千问》热播，将科普与动画片的形式相结合。2001 年 7 月 9 日，中央电视台科教频道开播。

进入 21 世纪后，观众对科普节目的审美疲劳，使电视台尝试通过真人秀等方式提高节目的趣味性、娱乐性。近年来，中央电视台综合频道的《加油！向未来》、中央电视台科教频道的《大真探》《原来如此》、湖南卫视的《我是未来》、江苏卫视的《最强大脑》、山东卫视的《奇迹时刻》皆有不错的收视成绩。中规中矩的科普节目不再受市场欢迎，趣味性、可看度成为科普节目创新、改革的方向。

二　节目创新策划点

网上聚集了大量免费的内容资源，知识普及节目如不能通过内容和形式的创新吸引人们的关注，其他功能便无从谈起。综合考虑电视节目的运作实际和网络新媒体的发展趋势，电视知识普及节目在策划时应当注意以下方面的创新。

第一，用包装时尚、新颖的微视频发起病毒式营销。许多学科、领域的知识点常是散碎的，因此可以被切割成一个个微视频进行传播。这种形式，天然地适应移动智能终端小屏幕传播的需要，也符合人们在零散时间寻求视听内容欣赏的心理。英国广播公司儿童频道（CBBC）播出的《糟糕的历史》在世界多国受到儿童和成人的喜爱。这档节目每期 30 分钟，从喜剧的角度调侃人类历史中滑稽、尴尬的事实，节目风格欢快，包装时尚，片头音乐充满戏谑，堪称历史知识节目中的翘楚。《糟糕的历史》穿插动漫和真人表演，身为社教节目，风格和包装手法大胆、新奇，着实能吸引观众注意力。在微博、微信中广泛传播的谣言，可供电视人研究病毒式营销的秘密。能在社交平台广泛传播的谣言，标题往往触目惊心、言简意赅，内容则信口开河，缺乏宣传知识应有的谨慎、理性态度。《糟糕的历史》等喜剧、调侃风格的知识普及节目在世界范围内的成功，似乎说明知识普及节目风格可以多元化，不必拘泥于正襟危坐的严肃形式。You-Tube 上点击量高的知识普及节目，往往时长短，使用大量图片，快节奏完成叙事。2017 年，一篇有关"香蕉配枣，一口就倒"的科普文章在社交平台热传，据说香蕉配枣会产生类似粪便的味道。一些自媒体以"XX 实验室"的名义制作了科普视频，以科学实验的方式验证这篇文章，受到了大量网民的围观、喜爱和模仿。

第二，依据受众的媒介使用习惯，制定节目内容策略。电视节目策划在设定目标受众时，往往依据观众的人口统计学特征展开，例如从观众的性别、年龄、职业、收入、健康、婚姻、文化程度等方面设定目标受众。这在当今精确传播、大数据盛行的媒介环境下，越来越不科学。依据观众的人口统计学特征，进行收视调查和目标受众定位，是传统大众媒体时代全数据调查成本过高的情况下产生的妥协方案。在网络新媒体普及前，报纸、杂志、广播、电视普遍追求"一网打尽"式的传播策略，以发行量、收听率或收视率为目标，期望尽可能广泛地吸引受众。这在当时具有坚实的社会基础。时至今日，情况大有不同。即便人口统计学特征完全相同，在同一公司、岗位工作的人，在媒介使用方面也千差万别，这是精确传播面临的新情况。电视节目的跨平台输出已成为国内外电视业的发展趋势，知识普及节目应当寓教于乐，更需要提高节目的针对性。通过大数据技术，研究受众的媒介使用习惯，将这一因素与观众的人口统计学特征相结合，进行目标受众定位，既具有技术基础，也极有市场发展的急迫性。

第三，通过系列节目的生产和编排，产生集群效应，提升节目的市场关注度。知识普及节目需要将零散的内容组合到节目中。为提高品牌识别度，节目可以通过制作内容系列，产生集群效应，增强电视节目在观众中的影响力。2018 年初，优酷发布三档"这！就是"系列网络综艺节目，包括《这！就是街舞》《这！就是铁甲》《这！就是偶像》。这种新颖的系列节目编排方式和营销手段引起人们的关注，其中《这！就是街舞》获得了较大的成功。无独有偶，进入 21 世纪后网络微视频盛行，汽车、奢侈品等行业纷纷发布微视频进行产品宣传，"11 度青春"系列电影、《4 夜奇谭》均是如此。

第四，通过拟定口语化、故事化的标题，提升节目片段在社交网站上的传播效力。知识普及节目内容的公益性、教育性、信息性，为节目品位提供了相当的保障，使用在市场中行之有效的部分娱乐手法，可以显著提升节目的趣味性。网易自媒体"制造原理"在普及机械常识方面表现突出，吸引了大量优质用户，其成功除得益于高质量的微视频以外，还与其擅长拟定引人注目的标题有关。例如，"好强大的仿生机械，这才是真正的黑科技！""好犀利的劈柴神器，比斧头好用多了""价值 41000 美元金条熔化，倒进水里会有什么反应？"这些口语化、故事化的标题，适合网络平台的播出需要，通过催生观众的好奇心，引发观众点击收看的行为。好奇之心人皆有之，这正是知识普及节目在娱乐盛行的时代广泛传播的受众基础，口语化、故事化的标题并不必然意味着内容的低俗、恶俗。

第五，关注科幻、赛博朋克等具备"时髦"特质的知识领域，提供常识背后鲜为人知的知识，加强对年轻观众的吸引力。进入网络时代后，新鲜、时髦的技术、词汇、亚文化频出。电视知识普及不应局限于自然和科技知识。目前有关历史、机械、文化、习俗等多方面颠覆性、补充性的知识受到青年学生、白领的喜爱，成就了众多影响力较大的公众号，例如微信公众号"大象公会""混乱博物馆""短史记"等。"存在即合理"这句话，反映到视听节目领域便是"存在即市场"。如果电视知识普及节目没能填补这些需求，相关的自媒体、新媒体自然会应运而生。"生活常识"往往是人们对于连续发展的事物在当前阶段的片面理解，知识普及节目可以由此入手，向大众展示生活常识背后鲜为人知的演变过程，这是众多网络新媒体、优质自媒体正在推进的社教、知识普及工作。知识普及节目永远不会落伍，常识的背后隐藏着鲜为人知的历史，而常识外则是鲜活的新世界。

第九章　电视节目的创新与抄袭之辩

自网络走进千家万户以来，有关电视节目抄袭问题的讨论与争执不绝于耳。一档节目的抄袭或者创新，应该如何判断？对节目的创新与抄袭产生基本的共识与专业判断，是电视节目策划的重要基础。

第一节　"创新"是晚近兴起的理念

从批判的主体看，对我国电视节目抄袭问题最痛恨的似乎是网民。然而，这部分网民对所谓抄袭节目也贡献了收视率、点击率。这里产生了矛盾，为什么痛恨抄袭的网民，还要坚持一边看节目一边痛骂呢？为什么一些所谓的抄袭节目似乎在人人喊打的情况下，收视率、点击率却往往高启呢？电视台、电视工作人员面临网民枪林弹雨般的指责，为什么要坚持所谓"抄袭"而不创新呢？这些问题有些看似容易回答，有些却令人百思不得其解。超越网民对创新与抄袭问题的愤怒判断，是了解我国电视节目创新现状的重要途径。20 世纪 90 年代以后，"创新"一词流行，越来越受到关注、提倡。创新的重要性是建构的结果，它随着社会发展所导致的某种、某些需要而变得重要起来。它并非人类社会与生俱来的理念，有必要研究一下它在我国、欧美变得重要起来的时机和原因，进而可以对我国电视节目的抄袭、创新问题展开更为理性、自信的研判。

一　创新理念在中国

《现代汉语词典》对创新如此解释："动词，抛开旧的，创造性的；名词，指创造性；新意。"① 《现代汉语词典》的这两条解释强调创新与旧事

---

① 中国社会科学院语言研究所词典编辑室编《现代汉语词典》（第 6 版），商务印书馆，2012，第 205 页。

物的对立，它让旧事物相形见绌，产生与众不同的事物，因此它被强调为"创造性的"。

按《现代汉语词典》对创新的解释，创新理念似乎与中国传统文化格格不入，甚至背道而驰。传统儒家文化强调正统和周礼，在此基础上的宗法制度要求个体服从整体，通过中庸之道达到天人合一。按孔子的观点，正统和礼在上古圣贤那里已达到完美，后世所要做的就是尽量效仿上古圣贤，因此他一生都在呼吁人们恢复周礼，使尊卑有序、各安本分。儒家文化深深影响中国及亚洲多国，故而有"东亚儒家文化圈"一词。可以看到，韩国电视节目的流行范围基本以东亚儒家文化圈为核心。古代文人受儒家文化的深刻影响，著书立说、教诲世人、劝谏君上时采用的策略往往是引经据典，动辄以古人如之何来达到说服目的。此观念导致一些文人假托古人之名，著书立说。该风气从秦汉时期盛行，一直流传于各朝代。伪造古籍的做法，用现今的观点看绝对属于严重道德问题。

记录奇闻逸事、编撰故事传奇在古代士人阶层看来属不务正业，当时普遍认为学问应服务于仕途，所谓"学会文武艺，货卖帝王家"。古代奇闻逸事、故事传奇的记录、创作者往往是失意文人，他们借助故事、小说的创作，抒发内心郁积的情怀，打发无聊的时光。这些作品或是成为戏曲被传唱，或是成为抄本四处流传，但通常不会给创作者创造收益。此类创作在古人看来与提笼遛鸟没有太大差别，造成的后果是：没有也不需要版权意识。不仅作者如此，读者也是这样。因此，古代的传奇故事、小说的作者身份往往不明，版本众多，令后世百般求索而不得解。尚古精神、对仕途的崇拜、对商业的鄙夷等因素，共同导致了古代文艺市场狭小，对新故事、新小说、新戏剧、新舞蹈的知识产权保护意识全无。例如，四大名著《水浒传》《三国演义》《红楼梦》《西游记》的作者皆有争议，且都有多个版本存世。《金瓶梅》不仅多个版本存世，作者身份不明，而且按现在的观点，其本身就存在知识产权侵犯的问题：它是从《水浒传》中西门庆、潘金莲的故事往下续写的。红学发达，人们得以看到《红楼梦》的多个版本以及续写版本，续写的作者按现今网民的观点是否属于知识产权侵犯呢？

人需要用历史的、全面的、发展的观点去看待这些问题。在当时的历史条件下，完全不存在知识产权理念，祭祀、礼仪以外的文艺创作无非是不登大雅之堂的堕落生活而已。按引经据典的习惯，续写、改写、重写一些作品有时甚至是梨园行的美事。1910 年，中国出现第一个版权法《大清著作权律》，对著作权进行厘定、解释和保护。

民国时期，大量现代报刊的出现使稿费为文人普遍接受，知识产权保护意识初步萌生，人们开始接受这样的观点：一个人的学问、想法转换成文字、歌舞的同时，应该得到一些报酬，这不丢人。《新青年》、五四运动为中国培育了一批有志文人，他们通过评论、电影、戏曲、歌曲等多种形式促进思想解放，致力于为中国培养"新人"。出于培养新人、介绍西方思想的目的，大量西方著作被翻译、引入中国，但这些著作的引入往往是侵犯知识产权后的结果。更有甚者，一些留学归国者，直接将海外的著作翻译、编撰后署上自己的名字。

1959 年，"究竟知识是公有，还是私有"的问题被提出。此后，文艺创作者、新闻工作者的稿费不断减少。1966 年，"文革"开始后，众多出版单位主动取消了稿酬。在邓小平的关心下，1977 年我国恢复了基本稿酬；1980 年恢复按印数情况付稿酬的做法。此后，文艺作品的稿酬办法不断完善。1990 年我国通过了《中华人民共和国著作权法》，此后经历数次修正，对规范、保护我国著作权、版权、知识产权起到重要作用。

1990 年《中华人民共和国著作权法》的通过，适应了市场经济发展的需要，是此后"创新"理念在我国兴起的重要法律保障。

二　创新理念在西方

传统中国属于典型的农耕文明，祖宗崇拜、宗族观念、安土重迁、墨守成规利于传统农业的维持，而不利于创新理念的萌生。欧洲多个国家临海，是典型的海洋文明，面对变幻莫测、危险重重的海洋，墨守成规反而容易造成危害。这一点已为诸多社会学家、人类学家所认知。此外，欧洲多国领土面积小，甚至有诸多城邦国家，没有大一统的观念，缺乏统一的语言、文字、货币、度量衡，相互间存在频繁的交流和碰撞，这也对墨守成规观念的发展不利。然而，创新、开放与墨守成规、封闭并无高低贵贱之分，在漫长的历史岁月中墨守成规、相对封闭的中华文化反而创造了悠久的辉煌历史，只是近现代以来创新、开放才逐渐显现出优势。不仅如此，从 5 世纪到 15 世纪，欧洲维持了千年的中世纪时期。这一时期的思想受到罗马天主教廷的高度钳制，表现出强烈的愚昧和迷信特征。与此同时，典型农耕文明的中国创造了人类历史上伟大的繁荣。可以认为，创新与墨守成规的价值在不同时间、地点、历史背景下是不同的。不能因为创新理念在当下的环境中受到认可，就反过来认为它总是"伟光正"。

罗马帝国曾是世界上强大的国家。公元395年，罗马帝国的皇帝将帝国一分为二，分别交给两个儿子，此后罗马帝国分裂为西罗马帝国和东罗马帝国。在东、西罗马帝国分裂前，罗马帝国的皇帝刚刚宣布基督教为国教。东、西罗马帝国分裂后，两国在社会、文化、语言等方面的差异，导致基督教在两国的传承上出现了仪式、细节、教义方面的差异。西罗马帝国早在公元476年即宣告灭亡，但西罗马帝国所信仰的基督教和教廷势力始终维持。随着时间的推移，双方教廷的争执和矛盾越来越难以调和。1054年，基督教正式分裂为天主教和东正教。今天的英国、荷兰、德国、意大利、梵蒂冈、马耳他、瑞士、葡萄牙、西班牙、突尼斯、埃及、利比亚、摩洛哥等国家的全境或者部分曾处于西罗马帝国的统治下。1453年，奥斯曼土耳其帝国攻入东罗马帝国的首都君士坦丁堡，东罗马帝国灭亡。

东罗马帝国的灭亡至少造成了两大历史后果：第一，东西方贸易路线受到沉重打击，西欧、南欧与中国、印度的贸易路线由于奥斯曼土耳其的隔断而受阻，开启欧洲的地理大发现时代；第二，东罗马帝国覆灭后一部分精通希腊文化的学者逃到西欧，并将在文艺复兴中起到重大的推动作用，从而为中世纪的结束、资本主义的兴起提供文艺、理论方面的支撑。

欧洲与中国、印度的贸易千年以来连绵不绝，瓷器、茶叶、香料等货物源源不断地在其间流通。东罗马帝国统治时，对穿越其境内，往来于西欧、东亚的商品征税并提供保护。东罗马帝国覆灭后，奥斯曼土耳其帝国对欧洲商队课以重税。当时的西欧各国多信仰基督教，而奥斯曼土耳其帝国信仰伊斯兰教。东罗马帝国控制下的土耳其海峡是当时东西方贸易路线的重要节点，雄心勃勃的奥斯曼土耳其帝国将之占领后，扼住东西方贸易路线喉咙，导致欧洲商队利润急剧下降。此时，西方国家的商人、皇室、贵族被迫启动海上探险，寻求向西与中国、印度进行贸易的海上路线。麦哲伦、哥伦布的冒险和创新精神为地理大发现拉开了序幕。此后，欧洲港口贸易繁荣，远洋航队不断发现新的世界，冒险、创新可以为个人、国家带来丰厚的回报，这时因循守旧在资本主义发展的车轮下就变成了绊脚石。德国哲学家马克斯·韦伯在《新教伦理与资本主义精神》中，对基督教新教与资本主义发展之间的密切关联，有详细论述。

东罗马帝国东正教学者手中有大量有关希腊文化的资料，他们在帝国灭亡后西逃至地中海沿岸的一些城邦国家。这时的佛罗伦萨、米兰、威尼斯已成为新兴资本主义萌芽迅速发展之地。新兴的资本主义出于反对中世纪教廷对社会钳制的需要，正迫切地等待足以与基督教神权所倡导的宗教禁欲主义相抗衡的理论。这时从东方逃难而来的东正教学者所持的希腊资料如雪中送炭一般珍贵，提倡人文主义精神的文艺复兴在西欧迅速发展。在文艺复兴后，启蒙运动推动自然科学迅速崛起，冲击了欧洲封建主义和天主教廷，为资本主义革命、现代哲学、政治制度的发展打下坚实基础。

近代以来，西方传统艺术理论的主流仍是模仿说。① 人文主义精神的崛起、地理大发现、资本主义对冒险精神的需要，以及由此所带来的丰厚的财富回报，共同促使创新在西方成为重要理念。简言之，市场经济的发展需要使创新可以变成真金白银，因此创新变得越来越重要，而因循守旧则越来越面目可憎。

1421 年，一名建筑师设计了可以装载起重机的运输船，这在资本主义萌芽已兴起的地中海沿岸国家、城邦具有重要的商业用途。因此，威尼斯政府规定三年以内在阿尔诺河上使用该技术运输重物者，都需要向这位建筑师付费。这成为现代专利的起源。1474 年，威尼斯正式颁布了世界首部专利法，用于鼓励新技术、新工业的发展，从而为当地政府、商人、居民带去更多的商业利益。专利制度进一步将创新的变现价值确定下来，它在辅助现代商业蓬勃发展的同时，确定了新技术、新发明获得收益的正当性，而著作权也是如此。历史发展到今天，专利制度、著作权等对创新的保护，已被视作知识产权，成为国家、民族、公司、个人的重要资产。

简言之，市场经济、现代商业的发展需要，使创新以知识产权的形式受到严格保护，而创新的主体将因之从市场中获得与其重要性、独特性相对应的经济回报。

第二节　电视节目为什么要抄袭

创新既然如此重要，且依据其重要性、独特性具有变现价值，那么自

---

① 牟春：《图像效果的发现与发明——论贡布里希的漫画研究》，《文艺理论研究》2018 年第 5 期。

然就有人想要走捷径——抄袭。这就如同黄金一样，它作为货币具备普遍的、极强的交换价值，那么有人想要窃取黄金便不足为奇。因此，世界上任何金库、金矿都毫无例外地受到重重措施的保护。为什么有人要抄袭电视节目呢？答案与"为什么有人要窃取黄金"相同。

一　电视节目的知识产权保护现状

知识产权是指"知识财产——人的智力创造和经营成果——在法律上设立的财产权利。知识财产是与传统的物（包括动产和不动产）并列的财产类型，其本质是无形的可复制的信息。"[①] 知识产权通常包含著作权和工业产权两部分，而著作权与版权是同一事物的两种不同称谓，工业产权则包含专利权、商标专用权等。我国和国际社会对版权的保护建立在一个通行的原则上，即思想与表达二分法，著作权保护表达不保护思想。任何人都不应垄断思想，否则会阻碍人类社会的进步。此外，思想、想法是无形的，著作权保护的是思想的表达，即具有一定物质形式的、人类智力的载体。人类的想法瞬息万千，如果想法、思想没有通过物质形式固定下来，就无法获得保护。

（一）知识产权保护电视节目，但不保护电视节目元素和模板

与"辛辛苦苦"的抄袭相比，直接盗播他人的王牌节目岂不更是省时省力吗？为什么人们常常听到某个频道、某个节目抄袭，而几乎没人听到电视台盗播他人节目的情况？这与知识产权相关法律的规定密切相关。

电视节目具有知识产权吗？电视节目本身作为电视从业人员工作内容的固化形式，理应受到知识产权保护。因此，在我国以及世界各国，未经授权就播放他人的电视节目，毫无疑问是对知识产权的侵犯。进入21世纪后，一些人通过录制设备截取美剧，并通过自发组成的字幕小组，为之添加中文字幕，使之在论坛中流传，供人欣赏、下载，这种做法当然是对知识产权的侵犯。这部分内容，从未在我国电视播出。从这个角度看，我国电视业对影视知识产权的保护要远远优于网络对其的保护。在网络不断加强对知识产权保护的当下，人们仍可从网络看到侵犯知识产权的、盗播而来的影视作品。《超级女声》《中国好声音》《奔跑吧兄弟》最为火爆之时，也没有电视台、电视频道盗播。这基于一个简单的法律事实：电视节

---

① 世界知识产权组织编《知识产权纵横谈》，世界知识出版社，1992，第3~4页。

目具有毫无争议的知识产权，受到法律的充分保护。如果浙江卫视未经授权，就播出湖南卫视的《快乐大本营》，广电管理部门、湖南卫视一定不会置之不理，湖南卫视定能轻而易举地获得法院的支持。

既然没有频道敢于践踏法律，公然盗播他人节目，那为什么会有众多频道、节目抄袭呢？答案呼之欲出：我国以及世界上大部分国家都不支持对电视节目元素、模板提供知识产权保护。

在我国以及国际社会，创意不受版权保护。法律认为创意属于思想范畴，因此不能获得版权保护。2017 年，动漫系列剧《美食大冒险》的著作权人广州易动文化传播有限公司状告动漫电影《吃货宇宙》的制作方北京圣壹门文化传播有限公司和北京天工异彩影视科技有限公司。这两部作品高度相似，不仅主要角色名称（分别为饺子、包子、馒头、烧饼、油条、寿司）相同，角色造型也高度相似。海淀法院审理后驳回了原告的诉求，理由是："关于著作权方面，《著作权法》只保护表达，不保护思想。……故创意上相似，表达不同的情况下，法院无法认定二被告之行为侵犯了原告包括作品改编权在内的著作权。"① 关于主角造型相似的问题，海淀法院认为："无论从整体形象还是从细节的服饰搭配、五官及身形配比、颜色设置等方面与原告据以主张权利的动漫卡通形象都具有明显的区别，二者不构成相同或者相似表达，故被控侵权作品与原告作品不构成实质性相似。"②

无独有偶，2000 年 Endemol 公司因为制作《老大哥》被控告抄袭《幸存者》，荷兰最高法院同样没有支持原告的诉讼要求。荷兰最高法院给出的理由是，一个节目的模板由多个元素构成，而节目元素是不受著作权保护的，因此只有当电视节目元素以能被辨认的形式被抄袭时，才构成对原有节目版权的侵权。换句话说，《老大哥》的节目元素与《幸存者》高度一致时，法院才会认为是抄袭。然而，哪里去找这么笨的电视人，以至于节目会抄得近乎一样呢？另外，想要抄成完全一样，本就不易，例如"邯郸学步"。

2014 年，琼瑶起诉于正的《宫锁连城》抄袭其《梅花烙》。2015 年，

---

① 海淀法院：《〈著作权法〉并不保护思想》（2017 - 7 - 7），http：//www. xinhuanet. com/zgjx/2017 - 07/07/c_136421914. htm。

② 海淀法院：《〈著作权法〉并不保护思想》（2017 - 7 - 7），http：//www. xinhuanet. com/zgjx/2017 - 07/07/c_136421914. htm。

经过 19 个月的艰难过程，琼瑶胜诉获赔 500 万元。此事一时成为热点，在媒体、网络论坛上引起热烈讨论。一些专业人士认为，应该以此为契机，加强对电视节目模板的保护，提高对电视节目抄袭问题的控制力度。实际情况是，这件事情对知识产权保护的影响力相对较小，并没有对后来相关案例形成示范效应，如上文所提到的《美食大冒险》《吃货宇宙》相关的法律诉讼。琼瑶成功获赔，或许与法律外的因素有关，一是琼瑶台湾知名作家的身份，二是琼瑶基于此身份所发的公开信。

总之，电视节目享有毫无争议的版权等知识产权的保护，而电视节目的构成元素、模板则不然。至于节目创意，由于它归属为思想，因此不受版权保护。

（二）所谓节目模板引进

既然节目模板在我国以及国际社会一般难以获得知识产权保护，那么所谓节目模板引进以及版权引进节目又是怎么回事呢？电视人花费宝贵外汇购买的到底是什么呢？目前，我国以及国际电视节目交易市场中所涉及的节目模板购买，实际上并不是购买节目模板版权，而是打包购买而来的"模板包"，包括节目模板手册、商标使用许可、专利使用许可、节目原创团队的技术指导等。

1. 节目模板手册购买

节目模板（mú bǎn）的读音，极易令人联想到恰恰能反映该词本质的另外一个词汇"模子（mú zi）"。模子，是用来规范浇注、压制成型的模型。作为我国街头传统手工艺的"倒铝锅"，曾在市场经济繁荣前为国人广为熟知。工匠用炉子将铝制品烧化为银白色的金属水，然后将之倒入模子等待冷却、脱模，铝制的锅、马勺、漏勺便成型了。耳闻或目睹这一手艺的人，往往能轻松地理解电视节目模板的作用：就像"倒铝锅"那样，电视节目模板就是"倒电视节目"的模子，它既是生产新电视节目的样板，也是确保新节目拥有某种固定样式的关键。

创新，作为思想的一部分，不受版权的保护，版权、知识产权保护的是创新的表达。因此，电视节目的样式在世界多国都难以受到版权的保护，而详细描述节目样式的电视节目模板手册则受到版权保护。

节目模板一词指的往往是节目模板手册，即一本有关节目制作的文档。电视节目模板手册，是指有关节目创意、制作流程的详尽文案，它在对节目形成过程和构成元素进行详细描述的同时，可以指导电视节目按创作团队的意愿准确呈现。1960 年，美国作家协会对电视模板给出的概念是：电视模板是指框定连续性播出电视节目的书面文件，它在确定主要人物的行为模式的同时，确定节目中重复出现的因素。①

在我国电视生态中，原本并不存在节目模板一说，这一概念直接来源于我国电视行业对相关英文的翻译，包括 TV Format、Television Programformat 等。2004 年，湖南卫视播出的《超级女声》引起巨大反响，在国际上受到广泛关注，其第二届冠军李宇春更因此登上《时代杂志》的封面。《超级女声》被研究者普遍认为是《流行偶像》的山寨版。当国内学者从多个角度研究《超级女声》之时，原版的《流行偶像》受到关注，电视节目模板成为电视学界、业界的热点。

电视节目模板手册，所获得的版权保护，基于其作为文字作品所享有的著作版权。简言之，电视节目模板手册无论如何详尽地描述电视节目形式，都无法使这档电视节目因此具有版权，但电视节目模板手册作为类似于小说、文学的作品，其本身拥有版权。这意味着，直接模仿电视节目往往不受法律制裁，而盗用、抄袭电视节目模板手册则毫无疑问地属于知识产权侵犯行为，一经证实即会在世界各国依法受到处罚。这个道理和"倒铝锅"仍是相通的：模仿别人的技术去"倒铝锅"不侵犯知识产权，但偷别人的"倒铝锅"模子毫无疑问犯法。多国通行的法律，在电视节目所谓"抄袭""借鉴"问题上，与网民的直观判断大不相同。从多国通行法律看，仿造他人的电视节目并不侵犯知识产权，但偷取、抄袭别人的电视节目模板手册则侵犯了知识产权。然而，哪有这样的笨贼呢？无论是电视人，还是观众，皆明白一个道理，仿造别人的节目只需要看过人家的电视节目即可，何必去偷人家的文字材料呢？

电视节目模板手册的作用与服务行业的统一标识和员工手册相近。1990 年，麦当劳在大陆开设第一家餐厅，当时被年轻人视为时髦受到追捧。除汉堡、薯条以外，麦当劳还带来了两样让国人大开眼界的事物：统一标识和员工手册。这两样事物，确保了麦当劳在中国陆续开设的分店，在外观、内容、服务方面给人的感官一致。电视文化产业一词早已深入人心，既然它是"产业"，便在市场运作方面与麦当劳、富士康有相通之处。

---

① Robin M eadow：Television Formats—The Search for Protection. *Califormia Law Review*，1970 (2)．

成熟的电视产业，意味着流水线式、标准化的生产。电视节目的生产应与汉堡、肥皂大致雷同——规模化的流水线生产，才符合电视文化产业的真正需要，而不是手工作坊式。这正是好莱坞电影、电视节目风靡世界的重要原因。

有趣的是，在麦当劳进入大陆后的第五年即 1994 年，我国金融巨鳄——中国银行，觉得有必要学习国际大企业统一标识的做法。承接这单生意的人，怀揣在美国送外卖、勤工俭学挣来的 10 万美元刚刚回国。此人从其兄弟处获得了部分资金支持后，因为统一标识相关的生意，收获了高额回报，并最终成长为我国影视行业的巨头。此人即是华谊兄弟传媒集团的王中军，而为他创业提供了资金支持的即是其弟弟王中磊。

节目模板手册，作为类似于小说的文学作品具有版权，就像"倒铝锅"、统一标识、员工手册那样，可以确保电视节目的生产按流水线作业的形式展开，从而保证同样形式的电视节目高效、准确地批量复制。

2. 商标使用许可

经过法律程序核准的商标注册人，拥有商标的专用权，未经其许可，他人不得以任何形式使用，否则即视为侵权行为。商标使用许可，指的是经过法律程序核准的商标注册人，同意、允许他人按约定使用其商标。在市场经济的环境下，商标权是法人享有的重要财产权，在品牌运营中可能具有极高的资本价值，例如可口可乐的商标使用许可。可口可乐的前董事长罗伯特·伍德鲁夫曾豪言，哪怕可口可乐所有厂房一夜间化为灰烬，但凭其品牌、商标价值便能从各大银行获取贷款，从而再次崛起。它之所以成为名言，就在于它具备显而易见的商业可操作性，描述了品牌、标识等"软实力"在市场经济环境中所具备的价值。

《芝麻街》《幸存者》《英国偶像》《谁想成为百万富翁》等曾在全球畅销的电视节目模板，都涉及商标使用权的许可。按许可要求，模板引进节目需要按许可方的授权使用母版节目的商标、视觉标识。以《中国好声音》为例，其母版节目的名称为"The Voice"，于是其各国的版本大致采用了"国别名称＋The Voice"的翻译方法，浙江卫视播出时节目名称即是如此。模板节目销售时，往往会将节目名称注册为文字商标，以便为节目模板的销售提供法律保障。除此外，版权方对母版节目的包装样式往往会尽可能地申请图形、字幕、颜色组合商标，以使节目创意在销售中获得法律保护。《中国好声音》串场用的金属手势即获得节目版权方的商标使用许可。

2014 年，浙江卫视、灿星失去《中国好声音》母公司的模板授权，而商标使用许可自然无从谈起。浙江卫视、灿星的应对方法已为大众所目睹。《中国新歌声》替代《中国好声音》，以"原创节目"的形式播出。它反映了电视节目模板销售中商标使用许可的脆弱。荷兰 Talpa 公司很难证明"中国新歌声"是对"中国好声音""The Voice"的仿造。这是模板节目在国际上，特别是在跨语言环境销售时面临的普遍问题。《芝麻街》是儿童教育类节目，版权方直接向不同国家、地区提供略有内容差异的不同版本，可有效规避这一风险。

3. 专利使用许可

在激烈的市场竞争中，高额的资本投入往往为影视节目的创新带来巨大动力、压力。专利许可近年来成为影视节目保护知识产权，提高自身收益的重要渠道。

电影《阿凡达》的视觉效果惊人，对全球影视节目领域的制作思维、技术带来巨大冲击。从 2006 年多家制作公司加盟到 2009 年底《阿凡达》播出，这部电影耗费母公司 20 世纪福克斯高达数亿美元费用。电影在播出后虽获得巨大成功，但在前期投资中毫无疑问因高投资、缺乏巨星加持等问题，充满风险。《阿凡达》幕后制作团队来自美、英、法、加拿大、印度、日本等国的数十家技术公司，包括导演卡梅隆自己的公司 Lightstorm Entertainment。这些公司各司其职，研发并使用大量专利。《阿凡达》播出后，该电影成为这些技术专利的推广大使，为相关专利在全球的销售打开了通路，从而使《阿凡达》在收获高昂票房的同时，从专利许可方面获得了大量的收益。

版权方为了保护节目模板，在销售组合包中纳入专利使用许可。《阿凡达》《黑客帝国》等特效突出的高票房电影在专利许可方面表现突出。然而，电视节目的专利许可的技术门槛一般较低，例如《中国好声音》的导师转椅。技术含量不高的椅子无法真正阻碍他人对节目的仿制。《中国好声音》摄录时，现场摆放了大量的摄像机等设备。Talpa 公司的专利使用许可，包含了一种材质特殊的遮挡布，这种布反光率低，能在演播室环境中有效地将摄像机从电视观众的视野中隐藏。

4. 节目原创团队的技术指导

节目模板售出后，版权方为了确保节目精准"再现"，往往会在合同中约定，由版权方派出技术指导。技术指导人员在节目制作过程中往往拥有较大的话语权，对景别、镜头运动、嘉宾笑容都有近乎苛刻的要求。然而，正是这些刻板要求，使模板节目在各国销售中能原汁原味地复制母版节目，并进而在各引进国获得较大的成功可能。

与21世纪前一些电视节目团队直接仿制他人的做法相比，进入21世纪后，我国电视节目行业在加强模板节目引进的同时，探索对节目创作团队的引进。部分财力雄厚的一线卫视频道，在激烈的收视率争夺中，积极引进中国台湾地区、韩国制作团队，以规避管理部门对模板节目购买、播出的限制。

二　从"为什么抄袭"到"为什么不抄袭"

电视节目受到版权保护，电视节目元素、模板难获版权保护。为此，电视节目模板销售，不得不以"模板包"的形式，通过节目模板手册、商标使用许可、专利使用许可、节目原创团队的技术指导等形式来促进。然而，浙江卫视从《中国好声音》到《中国好歌曲》的"华丽转身"以实践证明了"模板包"的脆弱。

基于此前论述可以发现，无论是从国际电视发展的漫长历史，还是电视节目知识产权保护的现行法律体系看，模仿、抄袭、仿制都是常态，而不抄袭则是一种近些年来才被大家提倡的克制、高尚做法。当网民愤怒地质问"为什么抄袭"之时，电视人应该首先弄清一个简单的问题，既然电视节目抄袭通常是不违法的，那么为什么还要去购买、引进。进入21世纪后，韩国时尚行业在亚洲迅速崛起，其电视节目在我国频频出现"山寨版"。为此，韩国电视人痛心不已，常常通过外交渠道表示不满、谴责。仔细观察不难发现，韩国电视人表达不满的渠道往往是外交部、新闻发布会、行业协会组织，而不是法院。这与前文论述相互映照，反映了世界电视行业目前存在的严重问题，即电视节目模板不受法律直接保护的同时，迅速地成为规模、利润庞大的国际贸易商品。其间的逻辑断裂十分显著，我国电视人、网民首先应该理清其中的关系，然后才能对电视节目创新、抄袭有更加理智、客观的认识，从而为电视节目创新培植恰当的土壤。

为什么在数十年的发展历史中，电视节目抄袭、借鉴可以被普遍接受，而近些年来则越来越污名化，被视为卑鄙行径呢？这些变化主要受到资本盈利意图的影响。在尚未获得法律直接保护的前提下，电视节目模板交易市场形成的原因大致如下。

第一，电视本土化的传播理念逐渐受到经济全球化和网络技术的削弱。好莱坞电影自一战后，由于市场规模优势、善讲故事等原因在欧洲流行。二战前，电视作为昂贵的玩具，基本处于大众传媒市场补充者的地位。二战后，帝国主义所带来的危害为各国人民所认识，本土化的传播理念深入人心。电视行业、电视广告的崛起，使电视区别于电影成为具备显著本地特征的文化产品。经济发展、长时期的和平环境、传播技术革新等原因，共同促进电视业的高速发展。

随着我国成功加入世贸组织，经济全球化的进程大大加快。庞大的中国市场，使好莱坞电影在中国获得庞大的票房市场。在此背景下，21 世纪前网络技术的民用化发展，使部分年轻、精英群体对外国电视节目的接触门槛迅速下降。以我国为例，在网络技术为大众所认知前，好莱坞电影作为优质娱乐内容已为一些年轻、精英群体所认知。随着网络技术的普及，这部分娱乐需求自然地顺延至电视娱乐，而我国在美国的众多华裔、留学生则为这种需求提供了免费的满足渠道。志愿结成的字幕小组，将美国电视节目中优质的、适合我国网络群体需要的内容翻译过来，放在网络论坛上免费播放。优质的内容，逐渐集结了大批的年轻、白领群体。随着网络门户视频网站的崛起，尤其是搜狐的"收编"，美国电视的优质内容成为各大门户视频网站的"吸睛"利器。

网络极大地降低了内容传播的成本，克里斯·安德森在《长尾理论》中对此有详尽论述。美国电视荧屏，就像我国电视荧屏那样，充斥大量平淡甚至无聊的内容。然而，网络、网民却可以将适合本国、本论坛、本群体收看的精彩电视节目翻译、搬运过来，从而以侵犯知识产权的形式，将美国、英国、韩国等国的电视节目，输送到不同的网络节点。侵犯知识产权的网民、论坛，以现身说法的形式，证明电视节目内容全球化传播的可能性。当众多电视节目被异国他乡的网民证实可以进行全球化传播之时，它一方面启迪了节目制片方进行全球传播的野心，另一方面为市场规范化运作奠定了受众市场规模的基础。

第二，电视节目模板销售是优势制片方的重要赢利方式。优势的电视节目制片方看中节目全球化传播的可行性和由此可能产生的庞大经济价值。受资本盈利诉求的鼓舞，优势制片方尝试探索电视节目的全球销售路径。电视节目内容的直接销售，在众多方面受到地域文化的限制。在抄袭、借鉴普遍的环境中，尝试节目模板销售不失为明智的方法：我可以教你、帮你抄袭我，只要你肯付钱。从这个角度看电视节目模板销售，或许可以更好地解释优势电视制片方在不受法律保护的前提下孜孜不倦地进行模板销售的冲动。

美国游戏节目的国际销售是现今电视节目模板交易的起点。二战后，欧洲电视一片荒芜，美国游戏节目，以及后来的喜剧类节目在西方国家中鹤立鸡群，为抚平战后人们心头的伤痛提供了重要的精神麻醉剂。20世纪70年代开始，随着马歇尔计划（欧洲复兴计划）的成功，消费主义崛起。娱乐类电视节目作为精神麻醉剂在欧美、澳大利亚、日本有广阔的市场。为此，现今大名鼎鼎的、贝塔斯曼集团旗下的 Fremantle 曾在20世纪70年代将一档儿童电视节目的模板销售到多国。

Fremantle 在节目模式销售方面的摸索和成功启发了后来人。20世纪90年代，英国、荷兰、美国、澳大利亚多家节目销售公司在版权销售方面不断成功，终于使节目版权销售突破游戏节目的类型窠臼，在真人秀节目领域大显身手。随着真人秀节目浪潮的兴起，与真人秀节目国际传播相匹配的节目模板销售在全球范围内高速发展。相对于其他类型的电视节目，真人秀天然地适合节目模板销售。显然，真人秀节目看点与其"秀"中包含的故事紧密相关，这就决定了人物设置的本土化十分重要，而模板所包含的戏剧冲突则可以促使节目轻松实现跨文化传播。

第三，节目模板销售建立在行业、协会共识的基础上。节目模板销售在世界大部分国家不受版权保护，但随着这一销售模式在文化输出的强势国家的建立、发展和繁荣，其成为行业、协会共识。这是电视节目模板销售在不受法律保护下能不断发展的主要原因。法律往往有滞后性，随着这一市场的不断发展，一些文化输出大国已开始探索在法律层面对电视节目模板的保护。

影视、新闻业在一定程度上都属于高度自治的行业，在行政管理外，还需要行业、协会内部规则来确保运行的畅通。因此，行业、协会自律是西方新闻传播业重要的运作规则。随着电视节目模板销售越来越有利可图，优势制片方往往是行业、协会中话语权的拥有者。此外，知识产权保护起源于西方资本主义的发展，这使欧美社会对知识产权保护普遍具有自律意识。这使节目模板销售在相关行业、协会内部作为正在建立的共识，受到认可。虽然法无禁止即可为，但行业、协会自律使节目抄袭、山寨变得越来越面目可憎。

随着市场经济的完善、网络技术的发展和网民数量的增加，知识产权保护问题在我国越来越受重视。网民、电视观众虽然不受电视行业、协会的直接约束，却接受了节目模板销售规则。他们从朴素的道德感出发，认为在不付费的情况下，直接将别人辛苦得来的创意拿来使用，是卑鄙行为，因而加以谴责。

在法律不惩罚、高额经济回报的诱使下，电视人纷纷模仿、借鉴、山寨、抄袭他人的作品，符合人的本性。克制"拿来主义"的冲动，礼貌地付费其实是一种高尚行为，但在行业、协会共识逐渐形成的环境中则是尊重行业规则的理性行为。当市场趋于公平之时，其中的主体皆会受益。例如，对欧美国家的电视台而言，当其放弃抄袭选择购买模板之时，也意味着创新动机的提高，而这又将转变为新的节目模板，并得以在市场上换取利润。

三　电视节目的"抄袭大法"

我们的电视节目、频道为什么要抄袭？首先是因为世界绝大部分国家都不支持对电视节目元素、模板进行版权的保护，其次是因为我国电视行业、协会尚未建立对节目元素、模板进行保护的共识。既然法律不禁止、行业不仇视，那么电视节目、频道的抄袭行为自然就倾向于泛滥了。这并不意味着，为了经济利益，电视行业就可以、应该将抄袭、山寨、模仿、仿造之风继续下去。无论是从观众情感看，还是从电视节目模板市场交易的趋势看，我国电视行业都应该加强对节目模板的创新，以便从日益完善的节目模板交易市场中分得一杯羹。在电视节目制作方面，我们或许需要更为发达的行业自律组织，才能为节目创新培植更加营养的土壤。

所谓"精准"模仿，无论如何相似，一旦嘉宾、地点、创作团队经过更换，即便同样的节目形式，也很难被认定为侵犯版权。从这种意义上讲，电视节目抄袭这一现象，主要是观众、原创节目的制片方对他人模仿而不满，并依据日常生活的逻辑所得出一种几乎没有法律依据的指责。因此，电视节目的抄袭、借鉴、模仿实际上往往是一回事，只是不同行为主体、利益各方对同一事物带有不同感情的描述。

在冷静看待电视节目抄袭现象的同时，必须得出这样一个与前述逻辑看似相反的观点：不能因为法律目前不保护电视节目元素、模板，一个国家、电视台、频道的电视节目就自甘模仿，永远捡拾别人的想法。法律没禁止，并不代表行业规则不需要被正视。在市场经济的环境中，行业规则往往是趋利避害的。这里的利，并不仅是直接的经济收益，还包含长远的、整体的行业利益。设想一下，如果我国电视行业普遍接受电视节目模板应是原创或付费购买的，那么首先是对整个电视行业良性发展的重大促进，其次是对电视人原创精神的充分鼓励，而这些对电视行业的稳定繁荣而言是必不可少的元素。正因此，越来越多国家的电视行业倾向于认可电视节目模板的原创者拥有收益权。

目前，我国电视频道众多，内部竞争激烈，外部面临新媒体对受众的分流，因此在抄袭、借鉴、模仿电视节目方面具备以下特征。

第一，一线卫视受版权引进节目相关管理规定的限制，对版权引进节目的热情下降，重新倾向于模仿欧美、韩日的高收视率节目。2012 年，《中国好声音》的火爆使浙江卫视、灿星在电视业炙手可热。这档节目一举使灿星成为央视的座上宾，使之得以凭借这一资历与央视多档新的综艺节目进行合作。同时，浙江卫视的"中国蓝"品牌宣传，因为《中国好声音》这样的"现象级"节目而变得饱满起来，成为电视行业鲜明的品牌标识。2012 年底湖南卫视版权引进节目《我是歌手》火爆。此后，版权引进节目成为行业热点，众多频道纷纷试水。一时间，热门综艺节目几乎成了版权引进节目的天下。针对这一现象，国家新闻出版广电总局鼓励原创节目，发布数个指令和管理规定，例如 2016 年发布的《关于大力推动广播电视节目自主创新工作的通知》。该通知要求，卫视黄金档的版权引进节目每年不得超过 2 个，而新引进的版权节目不能超过 1 个且不能放在黄金档播出。在版权引进节目风靡前，我国一线卫视频频模仿国际流行的高收视率节目。这个通知发布后，众多一线卫视重回过去的老路，选择直接模仿，而不是版权引进，这使此前几年渐渐在中国打开节目模板销路的公司、制片方不满。当前，我国电视制作力量非常强大，无论是版权引进节目还是借鉴而来的节目，在制作规模、视听精美程度方面往往更优质，例如江苏卫视《非诚勿扰》较之原版在视觉冲击方面更胜一筹。优质的制作实力使目前的节目仿制变得更为迅捷。2017 年初，韩国播出《尹食堂》。创意与之相近的《中餐厅》2017 年 7 月在湖南卫视播出，间隔不过数月，收视率表现不俗，并已计划于 2019 年播出第三季。由此可见，我国电视行业多么需要好的创意和模板。

　　第二，综艺节目中的游戏环节频频抄袭日本。1997 年，湖南卫视在全国刮起娱乐旋风，其《快乐大本营》《玫瑰之约》饱受关注。《快乐大本营》自播出后，成为一代年轻人钟爱的电视节目，其中频频更新换代而又与众不同的游戏节目，成为重要的"吸睛"力量。与湖南卫视后来饱受争议不同，当时的电视行业、学术界对湖南卫视《快乐大本营》的流行普遍持欢迎、赞赏态度。1999 年初，北京广播学院和湖南卫视在京举办了"电视游戏娱乐节目理论研讨会"，讨论由《快乐大本营》所引领的游戏娱乐节目潮流。这次研讨会是电视娱乐价值在我国的巅峰。"会上，有两种声音给人的印象最深：一种声音以电视节目策划人为代表，满怀激情地呼唤以电视娱乐节目为代表的大众文化的到来，认为作为大众文化的电视，其本质就是娱乐，娱乐节目的首要标准就是满足观众宣泄、好奇、刺激的需要，满足'过一把瘾'的感官享受，并主张雅俗分赏。另一种声音以专家、学者为代表，认为伴随大众文化的到来，电视的大众化不可避免，娱乐节目应在电视中占有一席之地，但应该坚信电视的社会功能是不能动摇的"。① 此后，湖南卫视、《快乐大本营》、电视娱乐饱受诟病，其中就包含对抄袭的指责。《快乐大本营》开办之初受益于台湾制作力量的支持。日本综艺节目因为常青树节目众多，积累了大量特别的、原创的游戏、故事桥段。台湾地区的综艺节目曾普遍抄袭日本综艺节目，而台湾地区综艺节目在大陆的流行，又使台湾地区综艺节目、日本综艺节目中的游戏、搞笑手法在我国综艺节目娱乐中频频出现，而游戏节目尤甚。

　　第三，大量非一线卫视频频模仿海外节目和我国一线卫视的节目，但因为影响力有限而鲜少被发现、指责。进入 21 世纪后，我国电视节目饱受抄袭的诟病，但这并不意味着 21 世纪前的节目都是原创的。恰恰相反，过去的电视节目在直接借鉴、模仿方面并不罕见。21 世纪前后舆论对电视节目抄袭的指责声突然放大，与网络的流行高度相关。《舌尖上的中国》第二季部分内容被指造假、抄袭，相关指责往往附有图文对比证据，令人瞠目结舌。时光倒流，回到 30 年前，那些指责的信息仅仅通过人际传播蔓延，其影响力在大众传播面前完全可以忽略不计。在网络发达的今天，节目抄袭似乎是一线卫视的"特权"，而非著名电视频道则鲜有被波及者，这是因为现今注意力稀缺，非一线卫视的关注度有限，不足以吸引人们来

　　① 李立：《"电视娱乐热"留给我们的思考》，《现代传播》2000 年第 4 期。

批评、围攻。

第四，对成功节目的仿制，从内容元素、叙事推进方式、包装、创意、制作技术等方面入手。《中餐厅》被指责抄袭韩国的《尹食堂》，制片方对此的解释是，两个节目都参考了日本的《海鸥食堂》。《中餐厅》《尹食堂》在创意、片头、道具使用方面高度相似，且皆为明星类美食真人秀，《海鸥食堂》则是文艺气息、治愈风格浓厚的小制作电影。一些观众对此解释并不买账，然而指责声并不妨碍《中餐厅》的热播。这也说明古人"嫌货才是买货人"的至理名言在今天仍没有落伍。值得注意的是，对成功节目的仿制，不限于模板。一个节目的模板往往包含了创意、叙事推进方式、包装、制作技术。内容元素方面的模仿，也频频出现在我们的荧屏上。贾玲在《春节联欢晚会》上出演的小品《喜乐街》，被一些人认为与韩国一流搞笑类真人秀节目《寻笑人》高度雷同。

必须注意的是，"嫌货才是买货人"对于抄袭现象而言仅仅适用于电视节目、网络节目。2015 年，著名学府复旦大学 110 周年校庆纪录片 *To My Light* 因为"精准模仿"日本东京大学宣传片 *Explore* 饱受指责，不得不公开道歉。与之形成鲜明对比的是，湖南卫视自 1997 年、1998 年播出《快乐大本营》《玫瑰之约》《还珠格格》以来，成为电视娱乐旋风的核心地带，饱受抄袭诟病。然而，湖南卫视安然无恙，且收视率成绩颇佳。这里核心的差别是，电视节目之于观众主要是消遣、娱乐之用，而身为象牙塔的大学则被观众认为是国之重器，肩负民族重任。对同样的行为，因为预设前提的不同，而采取截然不同的态度，普遍存在于人类社会。正因如此，节目策划在遵照法律、行业规则的前提下，必须兼顾大众、舆论的诉求。

第三节　制片方的"反抄袭大法"

2016 年，国家新闻出版广电总局针对国内卫视蜂拥购买国外节目的现象，下发了《关于大力推动广播电视节目自主创新工作的通知》。该通知鼓励原创节目，严格限制国外模板节目的播放时段，被戏称为"限模令"。此后，我国电视播出机构在国际电视节上购买外国节目版权的热情急剧下降，部分一线卫视抄袭的现象有增多之势。对于节目创意主要出口国以及雄心勃勃致力于节目海外输出的制片方而言，他们是如何对待节目抄袭，并制定对策的呢？

一　什么是原创节目

在挥舞道德大棒前，必须首先确定制片方内容抄袭、原创的判断标准。这是文化产业永恒的话题。电视节目作为文化产品，人们对其创新或抄袭的判断存在多重困难，原因如下。

第一，文化产业的内容是人类智力活动的直接产品，而人类思维有共同之处，因此绝不可能有百分之百的创新。世界上没有任何一档新电视节目，与现有的一切节目百分之百不同。法国符号学家克里斯蒂娃所提出的"互文性"早就将这一现实总结为学术理论。"互文性"认为，任何文本都是对其他文本转化、吸收而来，即建立在其他文本基础上或包含对其他文本的参照。我们可以笃定地讲：所有电视节目都存在共同之处。如果有一天蚂蚁拥有更加高级的智慧，并有了自己的电视台，那么蚂蚁的电视节目或许可以做到和人类百分之百不同，但人类自身的节目相互之间一定有相似之处。例如，众多节目都使用解说词、配乐、主持人串场、三点布光法、演播室、蓝绿抠图，这些是不是抄袭呢？如果不是，那么第一个想到这种方法的人是不是很"冤枉"呢，没能因为这么好的主意而从中获益。这么伟大而普遍应用的创新都没能从蓬勃的电视业中分得利润，那么其他"相形见绌"的情境小创意应不应该获得经济回报呢？这些情境小创意、系列小元素组合而成的节目模板，是否应该获得高额收益呢？如果比较通用的技术、形式、想法的特殊表达都受到知识产权保护的话，电视行业会因此受益还是受损呢？

近年来，韩国电视业对我国电视节目抄袭问题的种种指责多仅限于口头表达，而我国网民对节目抄袭的"痛心疾首"也往往流于表面。各国法律为什么不保护电视节目元素、模板？

大名鼎鼎的爱迪生，除了是伟大的发明家以外，还在历史洪流中以"专利流氓"的头衔名震四方。爱迪生之所以是伟大的发明家，除了因为热爱、擅长发明以外，还得益于他善于申请专利。1895年电影诞生后，电影制作技术的门槛较低，从照相机到摄影机的关键转折，横亘的主要是人类的思维而不是技术。当爱迪生抢先注册了与电影相关的各种专利后，便成为美国电影人的头号"杀手"。爱迪生一方面按法律控告那些自行研制设备而不向他付专利费的电影人，另一方面雇用流氓、打手物理攻击电影人。爱迪生的努力终于使其电影专利公司①称霸美国电影市场，那些自由电影人以及小的公司毫无还击之力。爱迪生的势力主要存在于经济发达的纽约、新泽西等美国东部。在反抗专利流氓的过程中，美国自由电影人以及小的制片公司逃到远离这些地方的美国西海岸。好莱坞原本是美国西海岸的一个小村落，其所在的加利福尼亚州民风彪悍，可以有效对抗爱迪生从美国东部派来的地痞流氓，因此吸引了大量的电影人。好莱坞周边地貌丰富，阳光充沛适合户外拍摄，最终成为美国商业电影的制作圣地。爱迪生以及其电影专利公司的恶行使欧美法律对文化产业的知识产权保护趋于谨慎、成熟。电视节目模板如果在各国轻易享有版权的话，会不会在电视行业诞生新的专利流氓呢？荧屏上巨头垄断以后会是什么情形，届时电视观众会不会怀念过去美好、自由的"抄袭"时光呢？

　　第二，电视节目创新或者抄袭的程度，难以量化。既然电视节目不能做到百分之百的创新，相应地也难以做到百分之百抄袭，除非是直接盗播，那这种行为就不叫做抄袭了。假设浙江卫视在黄金时段，未经授权，直接播出了湖南卫视的《中餐厅》，那么这种行为并不会被指责为抄袭，而是如同光天化日下打劫的盗播。浙江卫视绝不会这么做，一是便宜了湖南卫视，扩大了其节目传播影响力；二是作为竞争对手脸面尽失，毫无尊严；三是法律毫无疑问地会匡扶正义，浙江卫视必将付出代价。2018年世界杯期间，中央广播电视总台发布《中央广播电视总台2018年俄罗斯世界杯版权声明》，明确表示"根据与国际足联达成的协议，我台负有维护世界杯节目权益、打击盗版盗播行为的法律义务。为此，我台将联合各方加大维权力度，依法采取包括法律手段在内的有效措施坚决打击任何侵犯世界杯节目版权的盗版盗播行为。"②

　　电视节目既不能完全创新，也不能完全抄袭，那么节目创新、抄袭的程度能不能被量化呢？不能。目前，同为人类智力产品的论文可以查重复

①　电影专利公司（Motion Picture Patents Company，简称MPPC），1908年在爱迪生主导下由拥有多项电影技术专利的数家公司成立，利用法律和暴力为工具向其他电影人收取专利费用。该公司致力于完全控制美国电影生产的各个环节，作风蛮横、强硬，成为美国电影史上臭名昭著的公司。1915年，美国联邦法院判定电影专利公司违反了反垄断法，1918年该公司因为人心尽失、专利过期而解散。

②　中央广播电视总台：《央视发布2018世界杯版权声明：坚决打击盗版盗播》（2018-6-11），http://ent.ynet.com/2018/06/11/1246419t1254.html。

率，并以此简单粗暴地被认定为创新或抄袭。然而，这种方法目前为止绝不可能复制到电视节目创新率、抄袭率的检测上。一、论文查重复率时必须首先排除图表部分，而图像则是电视节目的重要组成部分。二、具备查重经验的人往往轻易发现目前查重算法的漏洞：明明是毫不相关领域的内容，却会被认定为存在抄袭。例如，新闻传播学论文某些句子很可能被认为与有关海底生态环境的论文存在高度相似。人工复检的话，很可能会深感诧异，不明白计算机是怎么认为这两者高度相似的。三、重复率检测是对单位字数内字词出现情况进行量化后，比较出来的计算结果，仅可用于书面语较强的学术著作。电视节目中的人声，往往以生活化、类型化的内容居多。不能因为多个电视节目使用了"大家好，今天是清明节。俗话说'清明时节雨纷纷，路上行人欲断魂'。今天早上醒来以后，大家很快便惊喜地发现，在持续了一个月之久的干旱后，终于下雨了！"，就被认为是抄袭。四、电视节目包含了文字、图片、音频、节目包装、主持人品牌形象、嘉宾出场方式等大量的内容与形式，这些元素大部分是无法量化的。虽然朱军和赵忠祥在节目中都穿了西装，但谁能为这两位主持人的包装相似度、创新程度打出分数呢？《我是歌手》《超级女声》同为歌唱类选秀节目，在内容和形式上差异明显，但要想对这两个节目的相似度给出量化评价，势必很难。将《我是歌手》与市场所有节目进行对比，从而得出其创新程度更是天方夜谭。

人们判断一个节目创新、抄袭程度时，往往是依据自身的认知范围：越是见多识广，越是不敢轻易地判定节目的创新与抄袭；越是专注于狭窄领域内的电视节目，越是容易在看到图像对比后，坚定地认定其为抄袭或者创新。从电视行业内部看，创新与抄袭是相对的、难以量化的。从目前的市场情况看，一些为国际电视节目交易市场提供信息咨询的公司，在判定节目是否具有流行潜质时，往往看中其独特之处。注意：一般而言，越是与现有节目有不同之处的新节目，越会被这些信息咨询公司看中而重点推介。电视节目创新的实际情况也是如此，越是不同于市场中现有的其他节目，只要在市场中存活下来，就越有可能突然流行。例如日本的《墙来了》，它与其他水上游戏类节目不同的地方只有一点，那就是让选手从各种造型的泡沫墙穿过。仅此一处与众不同，便使它在日本收视率较好后，得以卖到世界各地。

什么是原创节目？论坛网民好像个个都是专家，对此有鲜明的态度。

然而，从法律、行业现实和文化产品的规律看，永远都不会存在百分之百创新的节目，也不存在 89.2% 创新或抄袭的节目，你根本不可能将之量化！随着节目模板交易市场的发展与完善，"原创节目"一词越来越多地受到重视。既然节目模板交易市场目前主要建立在行业规则的基础上，那么不妨从行业共识角度来判断何为原创节目。

所谓原创节目，与感官上、数学上的四舍五入不同，并不是指大部分内容、形式元素与众不同的电视文化产品，而是指在某些内容或形式元素方面与市场中现有节目有突出的、显著的不同之处的电视文化产品。从这个概念出发，可以看到《幸存者》虽然与《老大哥》在创意和形式方面高度雷同，但它在当时市场中较为突出的、显著的创新就是室外生存冒险类真人秀。基于此，它可以并已被认定为真人秀发展历史上重要的原创节目。以此为参照，《中餐厅》或许难以称得上是原创节目。然而，基于前文论述不难发现，只要节目组不松口，它仍是湖南卫视宣传口径中的"原创节目"，并符合法律规定。那么原创节目的制片方又该如何维护自身利益呢？

二　怎样保护节目创新的收益权

电视学者贾森·米特尔（Jason Mittell）说："在电视网时代，传统的电视网系统通过'最不讨厌的节目设置'这一战略，使用程式化、创新重组和节目克隆等手法试图吸引观众。""电视节目的制作过程在执行司空见惯的节目程式时也鼓励细微的创新，这些创新立即导致所有主要广播电视网中流行节目类型出现明显的兴衰周期。这一模式从 20 世纪 50 年代出现三大电视网的垄断开始，一直到'有线电视时代'（从 20 世纪 70 年代中期到 90 年代初期）的大部分时间内，都普遍而明显地存在并经久不衰。"[①]原创节目并不是指在各个方面全部创新的节目，而是在局部与市场中现有节目有突出的、显著的不同之处的电视文化产品。

（一）节目仿造泛滥的情况下，为什么还有人致力于创新

所谓节目"抄袭"，包含着道德大棒下的鄙视与指责情绪。使用"仿造"一词或许可以使研究者从更为客观、旁观的角度对之加以评判。抄袭

---

① 〔美〕里·R. 埃杰顿：《美国电视史》，李银波译，中国人民大学出版社，2012，第 47页。

是难以判断的，而仿造则相对容易判断。无论是有心还是无意，只要新节目与其他节目有雷同之处，都可以认为是仿造。尤其是被仿造的对象是他人的知名作品时，更是如此。

知识产权之所以应该受到保护，就是为了鼓励人类在智力方面的创造精神，从而保持人类文化不断进步。如果想出好点子、新点子的人被"天打雷劈"，落得寂寞冷清结局的话，那么人类的创新精神就会被磨灭。从这个角度出发，资本主义在发展的过程中逐渐发明并规范了知识产权保护的种种做法。然而，电视节目似乎是一个相对独特的领域，大家频频仿造并没有使节目创新裹足不前，反倒是创新与抄袭并列成为电视节目市场中引人注目的现象，这又是为何呢？以韩国为例，韩国由于历史原因，近晚才比较开明，因此在发展初期频频仿造日本节目。这些尚未远去的历史，并没有妨碍韩国电视业在亚洲崛起后频频指责他人抄袭。过去韩国节目对日本的肆意仿造，和现在一些电视节目对韩国的大胆仿造，都不妨碍日本或韩国节目的创新激情。那些被频频仿造的制片方，似乎越挫越勇，在节目创新方面不断探索。究竟是什么样的精神，使一些人不远万里为另外一些人的电视节目仿造行为源源不断地提供新节目、好节目呢？

第一，喜新厌旧的观众需求是电视人永葆创新动力的根本原因。无论市场中是否存在节目仿造的行为，电视观众永远都是喜新厌旧的，永远都在追逐不同的、新的、更具视听感官审美的电视节目。无论是电视人，还是观众，都可以感受到电视节目市场潮流的存在与转换。就像流行服装和化妆方式那样，每隔几年，最能抓人眼球的节目潮流就会变换。人们对文化产品的追求，在消费主义的影响下，呈现不断变换的特征。为了争夺收视率，并进而获取广告商的青睐，电视人创新的动力始终因为取悦观众的需要而永久存在。因此，节目仿造在电视节目创新的强烈动机面前毫无阻碍，反而是频频的节目仿造会在更短时间内消耗同类节目的生命力，并促使电视人更快地更新节目。电视观众并不完全是节目抄袭的受害者。电视观众在节目仿造中颇有收益，不仅可以更为低成本地收看同类节目，也可因此面对一个竞争更加激烈、创新动力更加强劲的节目市场。

第二，创新对于流水线生产的文化产品而言，可以创造出海量的财富，这是电视节目创新的经济动力。假设没有富士康等代工厂，iPhone智能手机只是某个村落手工才能制作的产品，那么无论产品价格有多么的高昂，其团队的创新愿望都不如现在强烈。现代工业的流水线生产，较之封建时代的手工作坊，确实更为推崇创新。原因极为简单，越是手工作坊生产，产量就会越低，产品的品质控制越难以整齐划一。在这样的环境中，手工艺品的精准复制、一模一样是困难的，各自不同是简单易得的。工业大革命后，流水线生产完全改变了这一点，千篇一律是常态，与众不同是稀缺的。因此，一旦有了创新之处，开动宣传攻势和流水线生产，就可以迅速地将这点与众不同转化为真金白银。不难发现，越是流水线式的工业大生产流行的社会，越是鼓励创新。电视文化产业也是如此，其越是成熟，节目的类型化、模式化问题越严重。此时，一点点显著的创新，就显得与众不同，并通过电视文化产业的流水线变成吸引受众注意力的标准产品，从而以收视率的形式换取广告商的高额赞助。不妨以香皂为例，如果全人类的香皂都由一家公司生产，假以时日，它必定志得意满甚至趾高气扬，只需要看管好市场即可，创新动力会很快崩坏。正是因为香皂市场早已饱和，竞争激烈，所以各大厂家才新招频频。时至今日多种形状、香味、功能、色彩、包装、品牌形象的香皂同台竞技，百花争艳。

以上两点，共同决定，越是创新能力强的节目越会被仿造，而仿造的节目越多，电视人进行节目创新的动力就会越足。在经济全球化的今天，国际电视业呈现了这一特征。然而，对于一个国家、一家电视台、一个频道而言，必须立足于长远利益，从加强行业共识的构建入手，培育尊重原创节目的氛围。

（二）制片方应对节目仿造的方法

虽然荷兰、英国、美国、以色列、韩国、日本等一些国家在电视节目原创和版权销售方面做出了重要努力，但可预见的是，各国法律对电视节目元素、模板的态度短时间内不会改变。目前，原创节目的制片方除了知识产权诉讼以外，还普遍采用其他形式应对节目仿造所带来的困扰。

第一，鼓励不断地创新，争取永远走在节目时尚潮流的最前端。英国、美国、荷兰等国的优势制片团队普遍采用这一办法。《爸爸去哪儿》《中国好声音》《奔跑吧兄弟》等现象级电视节目的第一季往往最具影响力。一般而言，这是当前各国电视荧屏的普遍规律，凡是新节目要么没能引起受众的注意因此很快消亡，要么一夜之间火爆异常，而后续节目的影响力则边际递减。因此，应对节目仿造最好的办法就是不断地创新。这种方法是当今经济全球化背景下，包括文化产品、技术更新等多个领域应对山寨、仿造所普遍使用的思路。因此，那些"弯道超车"，以"山寨"、仿造为乐的公司、团队和个人往往只能在市场中处于从属地位，永远追赶他人。我国电视行业也是如此，如果甘心始终仿造国际流行节目，势必不能真正地培育创新精神。为此，广电管理机构近年来始终提倡节目创新，在多个场合包括在《新闻联播》上点名表扬优秀的原创文化类节目。

第二，以捆绑销售的方法，提高电视节目模板的交易价值。节目模板手册、商标使用许可、专利使用许可、节目原创团队的技术指导等共同构成的"模板包"，在加强服务的同时，确保节目原创团队能从模板销售中获利。我国电视行业购买"模板包"后，在宣传上反复提到"版权引进"一词，有舆论攻势方面的考虑。电视频道付费购买"模板包"并加大宣传力度后，便可以在观众那里获得认可，其他电视频道的仿造由于受众情感认知的负面效果而处于不利地位。

第三，品牌策略。原创节目的制片方可以将新节目迅速打造成鲜明的品牌标识，从而提高其他频道节目的仿造门槛，进而保护自身对该类型节目的绝对话语权。以《超级女声》为例，湖南卫视发挥"借鉴"的精神，仿造了当时在国际流行的电视节目，但这档节目由于在我国当时的电视市场中具有高度的辨识度，因此成为湖南卫视独特的节目品牌，其他一拥而上的仿造节目纷纷败北，无一能重复其成功模式。当前，我国一线卫视在引进版权节目后，纷纷宣传模板已得到正规授权，也出自品牌培养的策略。通过品牌培养，原创节目在观众中获得情感认可，并据此维持节目的生命力。

第四，以商标侵权、不正当竞争等名目对节目仿造提出控告。在各国法律不保护电视节目元素、模板的同时，逐渐兴起的电视节目模板交易采用了"模板包"销售和对商标侵权、不正当竞争采取诉讼的方法，确保电视节目模板交易作为行业规则在多国推广。行业规则不会凭空建立，节目原创国和强势制片方，目前普遍依据商标法、不正当竞争法为节目模板的销售保驾护航。电视节目元素、模板虽然没有版权，但不正当竞争法、不正当竞争条例倾向于保护知名商品、产品的权益，为电视节目模板销售提供了一种可能的保护路径。各国管控不正当竞争的法规，禁止生产与知名产品相似的、易混淆的同类产品。电视节目作为文化产品，似乎应该受到不正当竞争法的保护。这虽然为电视节目模板销售提供了一定的法律保障，但前提是欧美海洋法系判例的法律效应。正是因为欧美海洋法系的判例可以作为后续判案的依据，因此欧美各国对使用不正当竞争法来惩治电视节目仿造持有谨慎态度。此外，电视节目作为视听兼备的文化产品，在创新、抄袭程度方面难以量化的特点，也使不正当竞争法在保护电视节目模板方面的作用有限。

第十章　国际电视节目交易概况

近年来，国际电视节目交易规模不断扩大。自加入世贸组织以来，我国电视业与国际电视节目交易市场之间的互动愈来愈密切。国际电视节目交易已经成为我国电视业发展创新的重要环境因素。

第一节　国际电视节目交易市场

电视节目交易在国际市场上是一门庞大生意，涉及大量资金往来。在国际电视节目交易活动的推动下，优秀的电视节目创意，往往可以轻松变成巨额回报，这一方面助力传媒巨头的形成与发展，另一方面对国际文化的交流意义重大。

好的节目往往能跨越地域、国界、文化的限制，在全球范围内获得大量观众的认可。在市场经济发达的背景下，庞大的需求造就了国际电视节目交流的市场动力。目前，国际电视节目交易会已形成一定的格局，部分起步早的展会已成为国际电视节目交易中的佼佼者。

世界上规模最大、最具影响力的国际电视节目交易会当属法国戛纳电视节（MIP）。近年来它吸引 100 多个国家和地区的电视节目相关机构赴会，其中不乏中国电视节目的身影。戛纳电视节由戛纳春季电视片交易会（MIPTV）、戛纳春季纪录片交易会（MIPDOC）、戛纳节目模式交易会（MIPFORMAT）、戛纳秋季影视片交易会（MIPCOM）、戛纳秋季青少年影视片交易会（MIPCPM Junior）、墨西哥电视节（MIP Cancun）等构成。与戛纳电影节星光熠熠的盛会有所不同，戛纳电视节主要由节目制作、销售机构参加。它为世界各国、各地区的电视制作机构、专业人士提供交流沟通、分销采购的平台。戛纳电视节在包括中国在内的多个国家的电视业拥有巨大影响力，深度涉及全球电视节目的潮流演变。2012 年《中国好声音》获得极大成功后，模板引进节目渐成我国一线卫视的收视撒手锏，戛纳节目模式交易会广受国内电视制作、播出机构的关注。一家在戛纳节目模式交易会中扮演指挥棒角色的公司十分值得注意，即信息咨询公司 The Wit①。该公司在全球范围内追踪最新的节目形式和收视情况，从而对电视节目模板和收视趋势进行评估，用于指导电视节目的购买、广告销售等，在指导全球电视节目播出机构的购买行为方面，影响力不可小觑。

北美国际电视节（NATPE）创立于 1963 年，原本是美国本土节目的交易市场，后演变为国际电视节目交易会。好莱坞电影制作力量在美国电视行业不断发展，美国电视节目在全球的受欢迎程度提高。当前，该电视节是北美地区最具影响力的节目交易平台。随着美国电视节目在全球的流行度的提升，该电视节的规模逐渐扩大，吸引众多国际电视节目买家前往参会。

除戛纳电视节和北美国际电视节以外，还有一些影响力、规模相对较小的国际电视节目交流会。例如，印度全球内容市场（Global Content Bazar）、莫斯科世界内容市场交易会（World Content Market Moscow）、法国昂纳西国际动画节交易会（The Annecy International Animation Film Festival）、国际阳光纪录片节（Sunny Side of the Doc）、法国飞帕国际电视节（FIPA）、布达佩斯欧洲电视节（Natpe Budapest）、非洲电视节（DISCOP Africa）、迪拜电视节（My Content）、新加坡亚洲电视论坛及内容市场（Asia TV Forum & Market）、位于摩纳哥的蒙特卡罗国际电视节（Monte Carlo Television Festival）等。国家广播电视总局、中国国际电视总公司协助国内电视机构根据需要，前往参会。

我国也有国际电视节目交易会。创建于 1986 年的上海电视节，是我国首个国际电视节，每年吸引众多国内外影视制作机构参与。创办于 1991 年的四川电视节，以"金熊猫"国际电视纪录片评选单元在国际上有一定影响力。2003 年，国家广播电影电视总局、中国广播电影电视集团创办"中国国际广播影视博览会"，后更名为"中国国际影视节目展"②。香港国际影视展在亚洲地区拥有广泛影响。2007 年创办的北京电视节目交易会，主要从事国内电视节目交易。

---

① 节目信息咨询公司 The Wit 的公司网址：http://www.thewit.com。

② 中国国际影视节目展网址：http://citv.chnpec.com/citv/cn/index.html。

第二节　全球节目创意的主要出口国

电视节目、节目模板的进出口是国际知识产权交易中的重要组成部分，每年吸引大量国家和地区的相关人员参与。然而，从近年的节目出口情况看，荷兰、美国、英国原创的节目在国际交易中颇受欢迎。

一　荷兰

荷兰人口近两千万，使用荷兰语，该国人普遍精通英语，国土面积比我国甘肃省略大，是世界著名的高福利国家。虽属西欧，但它与北欧五国丹麦、瑞典、挪威、芬兰、冰岛同属观念前卫的国家。荷兰在以风车、郁金香、高福利闻名的同时，以对毒品、红灯区、安乐死、同性恋婚姻的开放态度受到瞩目。受基督教信仰的影响，欧美多国倾向于严格限制堕胎，荷兰独树一帜，允许女性对小于 21 周的胎儿流产，并由政府提供资助。在欧美多国，是否允许女性堕胎是社会核心政治议题，与党派竞选的关系密切。荷兰堪称资本主义世界中最为富裕、离经叛道的国家。

受社会环境影响，荷兰电视节目类型丰富、创意大胆，近年来在我国有重要影响。1991 年荷兰播出了真人秀节目《28 号》。节目组安排七名新生入住阿姆斯特丹某路 28 号的一幢学生公寓，此后客观记录这七位学生在公寓中的表现，每周剪辑 20 分钟左右的内容进行电视播出。这个节目的收视成绩不佳，仅播出一季。然而这个节目首创的两种手法为后来的真人秀普遍采用：第一，使用大量的配乐；第二，对参与者事后录制告解式的独白，并将之穿插到节目中。

《荷兰好声音》2010 年开播，至今仍作为王牌节目，在荷兰的 RTL 4 频道播出。该节目模板 2010 年卖至美国国家广播公司（NBC）；2011 年卖至乌克兰、阿尔巴尼亚、葡萄牙、比利时、阿根廷、德国、英国、墨西哥、罗马尼亚、土耳其、澳大利亚、爱尔兰；2012 年卖至西班牙、法国、中国、巴西、哥伦比亚、俄罗斯；2013 年卖至加拿大、印度尼西亚、菲律宾、秘鲁；2014 年卖至希腊；2015 年卖至印度、智利、冰岛。2012 年、2013 年是该节目销售的高峰期。

2012 年，浙江卫视开播的《中国好声音》，即是灿星公司花费约 40 万美元，从荷兰 Talpa 公司购买的《荷兰好声音》（*The Voice*）版权。《中国好声音》创造了收视率奇迹，成为"现象级"节目，在竞争激烈的收视市场中，帮助浙江卫视登上一线卫视的宝座。《中国好声音》第一季的独家冠名为 6000 万元，第二季时暴涨为 2 亿元，电视节目的"吸金"能力和版权引进节目可以带来的高额利润可见一斑。2016 年，该节目模板使用权在我国产生了严重争执。荷兰 Talpa 公司因为费用问题不再与灿星续约，转而以 6000 万美元的高价将节目模板使用权卖给唐德影视。此后 Talpa 公司、唐德影视、灿星、浙江卫视产生纠纷、诉讼。除《中国好声音》以外，我国荧屏上曾有多档节目购自荷兰，例如湖南卫视的《女人如歌》《以一敌百》、东方卫视的《我心唱响》、江苏卫视的《欢喜冤家》《非诚勿扰》、广东卫视的《完美暗恋》等。

在《荷兰好声音》前，荷兰电视节目制作已在世界范围内影响深远，表现最为突出的是 Endemol 公司生产的《老大哥》（*Big Brother*）。《老大哥》1999 年在荷兰播出后，迅速风靡世界，在众多国家产生多个版本，包括在法国因为色情内容引起巨大争议的《阁楼故事》。该节目的创作灵感来自欧美社会广为人知的著名小说《一九八四》。1948 年，英国作家乔治·奥威尔创作了一部科幻小说，幻想在未来的 1984 年，大独裁者"老大哥"如何通过无处不在的音视频监控、广播设备，进行无孔不入的恐怖统治。这部小说于 1949 年出版，描述科技进步可能带来的恐怖未来，令读者深感窒息。《老大哥》直接脱胎于这部小说，只是将小说幻想中的国家浓缩为一栋房屋，节目参与者在节目组摄录、广播设备的严密监控下生活一段时间。禁闭空间中的人性考验是节目核心看点，这档节目一边因为怂恿、满足人们的偷窥癖好而饱受诟病，一边因为同样的原因风靡全球。2015 年优酷土豆曾引进该节目，中国版名称为《室友一起宅》。

2000 年 Endemol 公司因为制作《老大哥》被控告抄袭《幸存者》（原名 Survive，后更名为 Survivor）。这两档节目的制作手法高度相似，核心创意皆是将参与者隔离后进行 24 小时全方位跟踪拍摄，区别无非是《老大哥》的封闭环境定位于室内，《幸存者》则定位于孤岛。最终，法院驳回了这一诉讼。

二　英国

1973 年，美国公营电视机构 PBS 播出 12 集系列纪录片《一个美国家庭》（*An American Family*）。该节目自 1971 年起跟踪拍摄路德一家，直至路德夫妇离婚。路德一家生活富裕，过着中上层阶级的生活，节目的播出引发美国大量观众的关注。1974 年英国 BBC 播出了类似的 12 集纪录片《家庭》（*The Family*），被拍摄的家庭来自工薪阶层。

1992 年，英国电视节目制片人查理·帕森（Charlie Parsons）想到了一个节目创意：将一群参与者隔离在孤岛上，使之在多类竞赛中艰难求生，摄像机全程记录这一过程，而最终的获胜者将获得高额奖励。从 1994 年开始，查理·帕森向各大电视台兜售这一创意，却无人问津，直至瑞典一家制作公司购买该创意后，于 1997 年制作并播出《鲁宾逊漂流记1997》。该节目在瑞典播出时，收视成绩中上，但由于第一个被淘汰出局的参与者在事后一个多月自杀而引起了巨大的争议。此后，该节目更名为《幸存者》（*Survivor*）并逐渐在国际市场上受到认可，版权卖至多个国家，其在部分国家的名称仍是"鲁滨逊漂流记"。目前，其最为成功的版本当属美国版《幸存者》。美国版《幸存者》每季将 20 个参赛者组合为数个相互竞争的部落，经过 39 天的考验和淘汰后，选出终极"幸存者"，而这位幸存者将获得高达一百万美元的奖励。

1998 年，英国电视网 ITV 播出《谁想成为百万富翁》（*Who Wants to Be a Millionaire*）。这档节目创意非常简单，即参赛者如果能正确地回答 15 个问题即可获得百万英镑的奖励。这档节目一经播出，即在欧美，继而在世界范围内掀起收视热潮，不仅为原创者带来了源源不断的版权收入，还刺激产生了在第 81 届奥斯卡金像奖上斩获多个奖项的电影《贫民窟的百万富翁》。这档节目在英国一直播出到 2014 年，并于 2018 年重新播出。看似简单的节目创意和高额的奖金对参赛者、观众形成了强大的吸引力，然而在英国播出的十几年中，该档节目中一共只有四位选手成功拿走百万英镑。1999 年，美国、澳大利亚、俄罗斯等国播出了本国版本的《谁想成为百万富翁》。2000 年，央视经济生活服务频道播出的《开心辞典》实为中国版的《谁想成为百万富翁》。《开心辞典》虽然已于 2013 年停播，但无法否认的是，它曾是中国电视荧屏上万千观众的宠儿。

2001 年，英国电视网 ITV 播出了《流行偶像》（*Pop Idol*），核心创意是由观众投票、互动决定参与者的晋级与否。该节目的创意人西门·福勒（Simon Fuller）后来将之改造为《X 因素》（*The X Factor*）。2002 年西门·福勒推出该节目的美国版，即《美国偶像》（*American Idol*）。虽然该系列节目曾在世界范围内的多个国家和地区播出，但最为成功的版本当属《美国偶像》。自 2002 年播出以来，《美国偶像》已播出了 16 季，其中前 15 季在福克斯播出，2018 年第 16 季在美国广播公司播出。2004 年，湖南卫视播出的《超级女声》即为《美国偶像》的中国仿造版。这档节目不仅改变了我国当时的电视生态，更为真人秀节目在中国连绵未绝的风行起到直接的推动作用。东方卫视播出的《中国梦之声》是《美国偶像》的版权引进节目。

2000 年时，英国电影协会曾评选 100 个最伟大的电视节目，BBC 独占 70 个。多年来，BBC 的电视剧、纪录片品质优良，在世界范围内是优质电视的代名词，从《纸牌屋》到《人类星球》无不如此，为英国带来了源源不断的称赞和经济收益。2015 年，英国原创的《潜行追踪》（*Hunted*）播出，成功销售到多个国家。

三　美国

19 世纪末 20 世纪初弗洛伊德（Sigmund Freud）的精神分析理论在欧美掀起巨大风浪，不仅向学术界开启心理学研究的全新领域，也将对人类行为、心理、动机研究的乐趣推广至更为广阔的人群。弗洛伊德成名后，其理论很快受到更具实证性的、科学素养的后来者所攻击。人们发现，弗洛伊德的磅礴理论在为人类拓展全新研究领域的同时，主要建立在主观推断而非客观研究的基础上。为此，行为主义心理学崛起，约翰·华生（John Watson）、克拉克·赫尔（Clark Hull）、爱德华·托尔曼（Edward Tolman）等人的研究迅速推进，心理学研究迅速科学化、实证化。此后的心理学研究强调以客观严谨的态度，分析、研究人类的行为和反应，并由之展开对人类心理的研判。到了 20 世纪 70 年代，这种研究渐入高峰，真人参与的社会情境实验被用于多种研究。例如，1971 年，美国心理学教师菲利普·津巴多（Philip George Zimbardo）出于教学目的，设计了一个情景实验。该情景实验效果离奇，以至被视为社会学研究的秘密而被刻意保守，直至该实验报告作为《路西法效应——一个普通人离杀人犯有多远》一书出版。这一实验以及相关报告启发了众多影视节目。行为主义心理学的迅速崛起，为真人秀节目在电视业的快速发展奠定了重要基础。

受 1973 年美国 PBS 节目《一个美国家庭》的启发，美国维亚康姆传媒集团旗下的 MTV 电视网于 1992 年研发了《真实世界》。《真实世界》采用荷兰真人秀《28号》的制作手法，引入大量音乐和事后式的告解式独白。该节目每次邀请数位年轻人住在一栋房子里，全程追踪拍摄。节目包含大量争议性内容，包括艾滋病、种族歧视、宗教信仰等，受到美国社会的广泛关注，此类节目所蕴含的收视率价值引起欧美电视行业的普遍注意。

美国经济的示范效应、多元化的民族结构以及好莱坞电影输出模式使美国电视节目的国际化传播具备得天独厚的优势。二战结束后，好莱坞电影受到逐渐兴起的电视的影响，面临受众分流的问题。20世纪60年代后，好莱坞在美国电视节目制作、发行环节成为重要力量。例如，曾风靡全世界的《老友记》，即为美国好莱坞电影巨头华纳兄弟公司的电视节目制作部门出品。20世纪70年代以后，美国高收视率价值的电视节目往往能在欧洲受到关注，进而引发模仿或引进潮流。湖南卫视《超级女声》受到《美国偶像》的直接启发，而《美国偶像》的版权购买自英国《流行偶像》，侧面说明了美国强大的电视节目输出能力。研究者可以发现一个有趣的现象，有诸多英国原创的节目，往往是先输出美国后，再经由美国的推介销售到世界各地，例如《幸存者》《谁想成为百万富翁》《达人秀》。

随着网络在我国的普及，制作精良的美剧受到网民的欢迎，从《老友记》《越狱》到《权力的游戏》《破产姐妹》均在我国网民群体中广有拥趸。部分网民赞叹美剧，而对国产节目多有非议。这种观点太过偏激，是典型的幸存者偏差。其实，美国电视荧屏充斥大量的低质节目，能漂洋过海卖到世界各地的节目往往质量上乘。凭借美国电视产业高度成熟的运作体制，好的故事能吸引一流的团队和丰厚资金的加持，从而使之最终孵化为高质量的电视剧。此外，美国经济发达，人口多达3亿，优质的电视剧可以在其国内收回投资甚至盈利。这些电视剧海外发行时完全可以低价倾销。这是好莱坞电影在一战后能成功抢占欧洲电影市场的重要原因。如今，同样的现象正在电视行业上演。当然，世界上众多国家从保护本国文化、价值观的目的出发，限制外国节目的播出。

美国商业电视剧、综艺节目、真人秀节目风靡世界的同时，其公营电视机构PBS生产的一些高质量公益、教育类节目在世界范围内也颇有影响，例如大名鼎鼎的《芝麻街》。《芝麻街》于1969年播出，延续至今，曾在150多个国家、地区播出，是目前世界上最为成功的少儿节目。它在销售至多个国家的同时，为适应本地化传播的需要，每期都有多个版本。

这档节目研发的目的是让那些因家庭贫困而无法入读幼儿园的小朋友，不至于在早期教育中落后。这一目的造就了《芝麻街》最大的特色，它生动、丰富、有趣、严谨，几乎可被视为高质量的幼儿园"电教班"。

受经济全球化影响，传媒行业的产权在经历复杂的重组、并购后实现了多元化、跨国化。曾为德国传媒巨鳄的贝塔斯曼集团，2008 年起成为索尼（美国）子公司的全资下属公司。贝塔斯曼集团旗下的 Fremantle Media 公司总部位于伦敦，是当前欧洲规模最大的电视节目制作公司，拥有强大的节目输出能力。

第三节　亚洲节目创意出口国之韩国、日本

制作并捧红了韩国节目《花样爷爷》《花样姐姐》的金牌制作人罗英石，自 2015 年捧出新作《三时三餐》以来，我国电视荧屏逐渐兴起了慢综艺、生活体验式、观察类的真人秀节目潮流。在国际电视节目市场中，韩国、日本表现突出。美国电视节目的成功与其庞大的国内市场不无关联，然而新近在全球电视市场中崛起的韩国、日本却独辟蹊径。韩国、日本在电视节目制作方面的成功，与其产业化运作模式紧密相关，其从创意之始，到团队的构建，再到拍摄、后期、宣传、营销，无不体现流水式作业的高效、科学。韩国、日本的电视市场高度成熟，由数家公司垄断。2016 年以后，我国明星高片酬问题引起管理部门高度关注。2018 年，崔永元在社交账号中曝光的明星片酬"大小合同"引发舆论对明星不合理高报酬的非议。在市场经济中，明星片酬之高低主要由市场、投资者决定，明星高片酬在一定程度上反映投资者一窝蜂押宝娱乐题材时对投资风险的非理性回避，但最重要的是反映了我国当前影视产业不够成熟的问题。

一　韩国电视

1997 年亚洲经济危机时，韩国遭受重创。韩国总统金大中 1998 年执政后提出文化立国战略，视文化产业为韩国 21 世纪的经济支柱，并加以政策上的支持和扶助。此后，韩国始终重视对文化产业的孵化和输出，并在亚洲地区取得显著成效。

20世纪90年代以后,韩国影视文化产业崭露头角,迅速成长为亚洲重要的流行文化源头。21世纪前夕,韩国歌唱类组合在我国收获大量粉丝,例如H. O. T、神话。进入21世纪,以演艺明星、电视剧、综艺节目为突破口,韩国电视产业在亚洲地区迅速成长。

韩国电视产业最为突出的特点是寡头公司控制明星培养、策划、剧本、融资、制作、发行、衍生品开发的各个环节。韩国荧屏明星的培植方式已从手工作坊式的"撞大运"模式,成长为专业经纪公司的流水线式的标准化生产。明星是经纪公司的流水线产品,可替代性极高,不得不依赖经纪公司的栽培以获得相应的资源,无法与经纪公司抗衡,进而漫天要价。韩国明星经纪公司众多,但绝大部分市场被少数几家上市经纪公司所控制,例如SM、YG、JYP、Cube、DspMedia、FNC。韩国的三大电视台KBS、MBC、SBS在电视行业具有垄断地位,其电视剧、综艺节目往往由自身生产,而非采购,这就强化了其控制力。在韩国,播出平台、节目制作、发行往往由金融财团控制,无论是明星、金牌编剧还是大牌制片人,都牢牢地被控制在投资方手中。为此,从耀眼明星到默默无闻的幕后工作人员,倾向于服从投资方的意愿。出于投资回报的考虑,资方的喜好和意愿往往是市场取向的。在寡头公司控制的体系下,从投资、内容、包装,到人员、技术、营销都紧密地围绕市场展开,使韩国电视产业的运作成为标准化制作的流水线,而个体在其中的作用并不显著。

韩国电视产业竞争激烈,不得不在加强海外拓展的同时,强化对内容、播出、衍生品牌开发的垄断控制。与我国电视行业从20世纪90年代开始追求的制播分离理念不同,韩国的电视行业竞争激烈,追求垄断式发展。韩国经济发达,但国土面积狭小,人口约5000万,国内市场的容纳量有限。在此背景下,高度发达的经纪公司、电视产业自然而然地选择海外输出。亚洲,尤其是东亚儒家文化圈具有显著的、共通的文化审美趋向,这使韩国电视业的海外输出具备了一定的可能性。韩国电视业的海外输出内容,最早是产品输出,例如唱片、电视剧等。随着韩国电视业海外输出需要的不断膨胀,韩国探索了一条更为复杂的输出路径:通过挖掘、培养外籍艺人的方式进入国外市场。进入21世纪,韩国首先将这种路径应用到日本市场的开发上。在亚洲地区,日本自身就拥有比较成熟的明星崇拜土壤,因此韩国这一运营方式在日本十分成功。无论是签约日籍培训生,还是让艺人在韩国、日本两国同时出道,都对韩国影视、演艺作品在日本的输出起到很好的促进作用。这一运营方式在如今的中国已为大众所熟知，韩庚、吴亦凡、鹿晗、黄子韬即是韩国经纪公司孵化的演艺明星，当这些明星受到中国市场认可后，纷纷活跃在中国电影、电视节目中，这正是韩国影视产业的标准做法。韩庚、吴亦凡、鹿晗、黄子韬等人在成名后，与韩国经纪公司解约，这在一定程度上反映了我国演艺行业中一线明星往往比专业公司更有话语权的现象。韩国专业经纪公司是为明星分配资源的主体，基于自身的利益不断地推陈出新，用新的明星、内容、平台牢牢地控制资源分配的权力。

2005 年韩国电视剧《大长今》在我国掀起收视热潮，这部电视剧此前在韩国播放时的收视率竟高达 50%。《大长今》在湖南卫视播出前，已席卷台湾、香港地区。亚洲电视行业的"韩流"已成为一股不可小觑的力量。1993 年，韩国电视节目在亚洲崭露头角时，央视引进并播出首部韩剧《嫉妒》。《嫉妒》具有韩剧的典型特征，以缓慢的节奏详尽展示年轻男女之间的爱情风浪。此前不久的 1990 年，国产电视剧《渴望》刚刚在中国创造了收视奇迹。这时的国人比较关注家庭中的现实生活，而对浪漫爱情风花雪月题材的需求较少，因此《嫉妒》没有引起较多关注。

2004 年，中央电视台播出《人鱼小姐》，引起轰动，韩剧在中国开始发力。《人鱼小姐》韩国原版多达 247 集，央视播出的版本为 164 集。我国电视剧一般集数较少，时至今日，大制作的电视剧也往往不过 70 集，而连篇累牍、叙事缓慢、家长里短式的《人鱼小姐》引起了我国观众的注意。此后，央视尤其是央视一套播出多部韩剧，例如《看了又看》《澡堂老板家的男人们》《青青草》《加油金顺》《可爱的你》《黄手帕》。《大长今》在大陆播出时，央视和湖南卫视激烈争夺播出权，最终花落湖南卫视。2005 年，湖南卫视播出大出风头的《大长今》和《超级女声》第二季，一时成为舆论焦点，广受关注。

韩国电视产业是其娱乐工业网络中的一根线条，与演艺、经纪、电影行业关系紧密，互动密切。相关行业巨头公司需要密切合作的同时，还需要应对激烈的竞争。积极地更新换代、推陈出新是保持优势的唯一选择。为此，韩国电视剧、综艺节目演化速度极快。在受众注意力稀缺的时代，"与众不同"是新节目突出重围最重要的筹码。因此，韩国电视剧、综艺节目在亚洲地区极受欢迎。韩国综艺节目《花样姐姐》、《拜托了，冰箱》、《两天一夜》、Running Man、《非首脑会谈》、《我们的星期天晚上：我是歌手》、《爸爸我们去哪儿》、《蒙面歌王》等纷纷以版权引进的形式进入我国一线卫视、视频门户网站。韩国电视剧《来自星星的你》《继承者们》等则以版权购买的形式，频频出现于我国荧屏。我国电视节目不乏以学习、借鉴形式直接借用、模仿韩国节目、环节设计的。韩国明星、流行时尚在我国的盛行，显见韩国电视产业、娱乐产业的影响力。

二　日本电视

日本的电视机构兼具公、私营两类。大名鼎鼎的 NHK 是公营播出机构，旗下包含广播与电视等业务，管理模式与 BBC 类似，并也像 BBC 那样在纪录片制作方面有突出的表现。日本私营电视台数量众多，但出于传媒业发展时机的原因，大型私营电视台往往为各大报业集团所掌控，例如最大的五家私营电视台日本电视台、朝日电视台、TBS 电视台（东京广播电视台）、富士电视台、东京电视台，分别为《读卖新闻》《朝日新闻》《每日新闻》《产经新闻》《日本经济新闻》所在的集团控制。

日本动漫产业发达，在亚洲地区广有影响力，但其电视剧、综艺节目、流行时尚方面的输出能力并未充分发挥。1990 年，美国哈佛大学教授约瑟夫·奈首次提出"软实力"（soft power）一词。与"制度实力"（institutional power）相对应，软实力指的是文化、理念、政策的实力、吸引力和号召力。此后，多国重视文化软实力输出，韩国、日本无不如此。2000 年，日本提出"Cool Japan"战略，立志推动日本文化的海外输出。为此，日本政府制定政策，积极培养、引进相关产业人才，对文化产业投资进行资金和政策方面的倾斜。

相对而言，日本电视业的垄断程度高于韩国，日本电视台牢牢地掌握着电视节目制作、播出的环节。韩国娱乐产业发达，在多个环节上皆有垄断性的大公司，但这些公司之间却可以相互竞争，争夺议价权，垄断与市场活力并存。在电视剧制作方面，日本电视台控制电视剧从策划到制作的各个环节，并对电视剧的播出和利润分配拥有绝对话语权。即便如此，日本电视剧中也不乏精品。20 世纪 80 年代在我国播出的日剧《排球女将》《姿三四郎》《血疑》曾形成万人空巷的收视热潮。电影巨匠黑泽明的首部作品《姿三四郎》改编为电视剧后，在我国热播，其男主角竹胁无我受到广泛关注，《血疑》的女主角山口百惠在我国是女神级的存在。20 世纪 90 年代后，日本电视"神剧"《奥特曼》热播于我国荧屏，几乎为全体国人所熟知。

日本黄金档电视剧的播出模式类似于美国，每周更新一集，并由此产生了日本电视产业中的一个专有名词——月九剧。月九剧指的是日本富士电视台每月曜日即周一的晚上九点播出的黄金档电视剧。月九剧一般关注城市男女的感情纠葛。1991 年，月九剧《东京爱情故事》播出，创造了日本电视剧的收视神话，使富士电视台这一时段的收视率一跃从百分之十几稳定居于百分之二十以上。《东京爱情故事》在创造收视奇迹的同时，使日本电视行业开始重视海外输出。在《东京爱情故事》前，富士电视台鲜有作品出口到海外，致力于对国内市场的开发。《东京爱情故事》播出后，包括香港卫视中文台在内的多家亚洲电视机构主动接洽，要求购买，这使《东京爱情故事》在亚洲影响广泛，成为日剧的传奇式经典。

2008 年，湖南卫视播出日本电视剧《大奥》。这部有关日本幕府女眷勾心斗角的大戏，因为部分内容血腥、暴力被大量删减，损害了叙事的连贯性。这部电视剧虽然在宣传方面做足了功课，但并未充分发挥收视率潜在价值。基于历史、文化原因，日本电视剧虽然在 20 世纪 80、90 年代受到了我国电视观众的收视率肯定，但进入 21 世纪后日本电视剧在我国鲜有播出，勿论上佳表现。在网络上，娱乐成分较高、远离严肃话题的日剧在部分网民群体中有较高的支持度，例如《世界奇妙物语》《深夜食堂》《孤独的美食家》。这些题材的日剧有共同特点：一是重娱乐、轻教化；二是单个故事的叙事体量小，二十分钟左右即可完成；三是蕴含了人文精神，展示多元化的审美、价值观。以上三点是部分日剧吸引我国年轻网民的重要因素。

日本文化强调克制，这或许使日本人对娱乐类精神文化产品有较多的需求，以释放压力。因此，日本综艺、游戏节目十分发达。晚会节目《红白歌会》自 1951 年起播出，每年一次，是日本电视业的年度盛事。另外还有大名鼎鼎的《超级变变变》《全能改造王》等。2012 年浙江卫视的版权引进节目《中国好声音》走红后，包括央视在内的一线卫视纷纷试水版权引进节目。即便如此，电视节目播出机构鲜有从日本购买节目版权者。富士电视台的《墙来了》曾卖到 27 个国家，而 TBS 的《极限体力王》也卖到 11 个国家。2010 年《墙来了》风头正劲，央视一套推出《正大综艺·墙来了》，取得不错的收视效果。版权节目在大陆受到欢迎后，台湾地区、韩国制作团队在大陆的电视综艺节目中频频出现，日本电视业很难从中分得一杯羹。

三 韩日节目在我国的流行与争议

韩国电视节目在我国电视、网络上较为盛行，乃至于人们专门发明了"韩流"一词来形容这一现象。日本电视节目则在网络上有较多的收视群体。

面对"喜新厌旧"的观众，电视行业的技术、内容与形式永远走在更新换代的道路上。在世界范围内，电视节目常青树因为数量少而显得弥足珍贵。目前，我国仍在播的、最"古老"的电视节目往往是改革开放之初首播的，例如 1978 年开播的《新闻联播》、1980 年开播的《天气预报》、1981 年开播的《动物世界》、1983 年开播的《春节联欢晚会》。接下来便是 20 世纪 90 年代前半期研发的一些节目，例如《经济半小时》《正大综艺》《东方时空》《焦点访谈》。《快乐大本营》作为老牌娱乐节目，开播于 1997 年，而《艺术人生》是进入 21 世纪后播出的。

相对而言，栏目型节目较难在岁月的历史长河中永葆青春，而晚会型节目和电视剧则相对更加容易。不少国家的电视频道在白天时播放肥皂剧、情景剧，这些剧集成本低廉，在收视率尚可的情况下可以持续拍摄并多年播出。美国哥伦比亚广播公司旗下的电视剧《荒野镖客》从 1955 年开播，至 1975 年停播，跨度长达 21 年。美国广播公司旗下的肥皂剧《综合医院》（*General Hospital*）则已从 1963 年播出至今。英国 ITV 播出的《加冕街》（*Coronation Street*）则从 1960 年开播至今。美国的长寿综艺节目《周六夜现场》（*Saturday Night Live*），1975 年由全国广播公司播出，由恶搞、讽刺式的系列喜剧小品组成，深受美国人的喜爱。

在长寿型节目方面，韩国与日本呈现两极分化的特征：韩国在播的长寿节目很少，且往往是进入 21 世纪以后才首播的节目；日本综艺性的长寿节目众多，并且往往是搞笑、娱乐类的。韩国的长寿节目《全国歌唱竞赛》由 KBS 电视台自 1972 年播出。1999 年 KBS 电视台播出了韩国目前最为长寿的戏剧节目《搞笑演唱会》（*Gag Concert*）。其他长寿节目则往往是进入 21 世纪后播出的。这与韩国的社会历史有密切关系。1993 年韩国首位文人总统就职，宣告了韩国多年的权威主义统治终结，社会开放度明显提高。此前，韩国总统多为军人政变上台，对社会管控度极高。1998 年金大中上台后，历届韩国总统大力提倡文化产业，并给予政策倾斜，使韩国影视行业、娱乐行业发生了翻天覆地的变化，节目的娱乐化程度、观点的尖锐程度显著加强。此前的电视节目则因不能适应市场的需要，纷纷被淘汰。

与世界多国不同，日本电视生态相对比较封闭，拥有大量长寿型的综艺、娱乐、游戏节目。综艺、娱乐、游戏类的电视节目，想要成为常青树就需要大量新鲜创意源源不断地注入。因此，众多国家、地区的综艺、娱乐、游戏类节目往往因为创意枯竭，难以维持，被"喜新厌旧"的观众抛弃而不得不停播。然而，日本在这方面的能力比较突出，往往可以将老牌综艺、娱乐、游戏节目连续多年办下去，从而积累了大量的、独特的创意，被我国网民称为"脑洞大开"。对于"脑洞大开"的创意，拿来主义总是比原创要容易得多，这对电视节目日常流水线式的生产而言是一种巨大的诱惑。因此，无论是韩国，还是我国大陆与台湾，不乏借鉴日本综艺、娱乐、游戏类节目的做法。1979 年开播的日本综艺节目《超级变变变》，以模仿、变装为核心创意，因戏剧性强广受欢迎。央视 2014 年播出的《看我 72 变》被一些人认为部分模仿了《超级变变变》。湖南卫视多档节目被指抄袭日本。例如，1997 年开播至今的《快乐大本营》自诞生以来就常常被指责抄袭日本众多综艺、游戏节目。《天天向上》也难逃抄袭指责的阴影，例如 2016 年节目中大张伟 PK 钱枫时"男人的帅气对决"桥段被指和日本综艺《交给岚吧》神似。

商业化、娱乐化的韩国节目比日本节目起步晚，过去曾频频借鉴日本节目，但进入 21 世纪后韩国频出原创节目，逐渐以原创节目在中国受到欢迎。在亚洲地区，韩国影视节目、娱乐行业、时尚相关行业已在多个方面超出日本，成为强势存在。*Running Man* 是韩国 SBS 电视台老牌综艺节目《星期天真好》的户外竞技单元，自 2010 年起播出。2014 年浙江卫视播出的《奔跑吧兄弟》即是韩国 *Running Man* 的版权引进节目。2017 年起，《奔跑吧兄弟》更名为《奔跑吧》。2018 年《奔跑吧》第二季于 4 月在浙江卫视播出，网络播出平台为腾讯视频和爱奇艺。然而，韩国的 *Running Man* 则被一些人认为抄袭、模仿了日本富士电视台自 2004 年播出的《全员逃走中》（*Run for Money*）。2015 年，*Running Man* 制片人林衡哲曾为其游戏片段抄袭日本富士电视台的《VS岚》公开解释。韩国老牌综艺节目《无限挑战》，由 MBC 电视台于 2005 年播出，也频频被指模仿了日本综艺节目。

一般而言，我国电视鲜少从日本购买版权节目，即便这样做了，往往在宣传时并不刻意高调公布。2015 年江苏卫视购买了日本版权节目《前往世界的尽头》，节目跟随旅游达人展现世界各地的风土人情。日本 NTV 电视台播出的原版叫作《前往世界的尽头 ITTEQ!》，在日本有不错的收视率。2014 年，金鹰卡通从日本 NTV 电视台引进了亲子益智闯关节目《疯狂的麦咭》。2018 年，《疯狂的麦咭》播出第五季。

随着韩国、日本电视节目在我国电视、网络上的频频出现，有关我国节目抄袭的争议、诉讼不断见诸新闻、论坛。2017 年，湖南经视频道晚间新闻节目《今夜 IMAX》被指精准抄袭了日本新闻节目《NEWS ZERO》。据部分网民观点，《今夜 IMAX》的抄袭是全方位的，甚至连《NEWS ZE-RO》演播室的地板砖都没有放过，"仿造得一模一样"。这件事情在 2017 年引发关注后，人们发现原来《今夜 IMAX》早在 2006 年即已开播，2013 年才有网民在论坛中指其抄袭。实际上这可能暗示了一个问题，即我国一些电视节目之所以近几年来频频被指责为抄袭，恐怕与网络的发达紧密相关。网络的发达，一是使网民见多识广，闭门居家即可接触海外节目；二是使眼光犀利的网民的见解可以永久保存在网络上，启迪他人。所以，有这样一种可能：过去的电视节目也有不少是借鉴国外后制作的，但在当时不为大众所知，而大众中个别见多识广的人，即便知道了真相也难以大范围传播这一信息。然而，在法律范畴内，电视行业规则下的节目抄袭与原创，并不像网民想象的那样。相关情况已在第九章做了详细阐释。

《开心辞典》《幸运 52》《中国达人秀》《年代秀》《谢天谢地你来啦》《我是歌手》《中国星跳跃》《星跳水立方》《奔跑吧兄弟》等皆为版权引进节目。一线卫视纷纷将收视率争夺赛押宝版权引进节目，导致广电管理机构针对版权引进节目的播放加强了规制、管控。当从韩国引进版权受限时，浙江卫视尝试引进日本老牌节目《vs 岚》，新节目命名为《高能少年团》。然而，日本版权引进节目并没有像一些人士预告的那样大量进入中国。在网民所戏称的"限娱令""限韩令"后，抄袭问题重新在网络上沸沸扬扬。

版权引进节目播出受限后，网民对我国电视抄袭、借鉴日韩节目的指责突然增多。2017 年，湖南卫视《神奇的孩子》被指抄袭韩国 SBS 电视台的《英才发掘团》，《向往的生活》被指抄袭了韩国 TVN 电视台的《三时三餐》，江苏卫视的《一唱到底》被指抄袭了韩国 KBS 的《神的声音》，湖南卫视的《中餐厅》被指抄袭韩国节目《尹餐厅》。2018 年，爱奇艺播出的《偶像练习生》被指从创意、海报到包装神似韩国节目《创造 101》（Produce 101）。截至 2018 年 6 月，这档节目单集点击量稳定在 2.5 亿次以上，部分集的点击量超过 3 亿次。

第四节　我国电视节目的海外传播

2004 年《超级女声》第一季播出，当时并未形成燎原之势。2005 年《超级女声》第二季播出，在全国引起广泛关注，获胜者李宇春、周笔畅、张靓颖等人至今仍在国内演艺行业有广泛影响。2005 年后，类似《超级女声》的歌唱类选秀节目泛滥，乃至县级电视台、区级电视台摆上两张桌子都可以仿造。在大强度的攻势下，观众对这一类型的节目迅速地产生了审美疲劳，以至后来的《超级女声》再难重现当年盛况，并被湖南卫视放弃。这种现象反映了一个至今仍在我国电视业存在的问题，即大家对借鉴、模仿习以为常，以至未能形成一个较为成熟的电视综艺节目交易市场。

根据国家统计局的数据，2009 年我国电视节目进口总额为 4.91 亿元，其中 1.21 亿元来自美国、0.16 亿元来自日本、0.7 亿元来自韩国；出口总额为 0.92 亿元，其中 0.11 亿元出口至美国、0.07 亿元出口至欧洲、0.05 亿元出口至非洲、0.04 亿元出口至日本、0.03 亿元出口至韩国。[1] 根据《中国广告年鉴》的数据，2009 年我国电视业的广告经营额为 536.19 亿元。按中商产业研究院的数据，2016 年我国电视节目进口总额为 20.99 亿元人民币，出口总额 3.69 亿元人民币。以上数据可以证实一个猜测，即电视节目进出口数据相对于我国庞大的受众市场、广告市场而言，规模较小。

除电视剧、动画片以外，国内其他类型节目的交易市场狭小。以国家统计局 2009 年的数据为例，我国电视节目国内销售总额为 31.7 亿元，其中电视剧为 21.3 亿元，动画片为 4 亿元。[2] 在"四级办电视"的政策下，

---

[1]　国家统计局：《国家数据》，http://www.stats.gov.cn/ztjc/ztsj/hstjnj/sh2009/201208/t20120831_73199.html。

[2]　国家统计局：《国家数据》，http://www.stats.gov.cn/ztjc/ztsj/hstjnj/sh2009/201208/t20120831_73198.html。

我国电视台格局清晰，中央、省、地市、县皆有同级电视台。1982 年，英国率先进行制播分离的尝试，一方面通过专业制片公司的相互竞争提高节目质量，另一方面电视台通过公开采购降低电视节目的成本。此后，英国、美国等国家迅速在法律、法规层面推进制播分离，以降低电视巨头对节目的垄断，提高本国节目的丰富度。制播分离理念认为，除新闻节目以外其他各类型的节目，都可以从专业制片公司采购。20 世纪 80、90 年代，我国开始推行制播分离理念，并从电视剧开始尝试。中国电视剧制作中心即在此背景下诞生。1989 年我国正式施行电视剧制作许可证制度，此后电视剧成为制播分离理念执行最为彻底的电视节目类型，以至湖南卫视近些年重新开始制作电视剧时，"自制剧"这一概念被拿出来作为营销点。光线传媒在电视综艺节目、娱乐资讯节目制作方面能力突出，取得市场认可。但总体而言，电视剧、动画片以外的类型节目仍由电视台或电视台旗下的公司完成。目前，一线卫视兴起的大制作的真人秀节目，更是如此。总之，电视台对电视剧、动画片以外的电视节目，尤其是高投资类型的节目，倾向于加大控制力度，而非直接采购。这导致国内电视节目交易市场比较小，版权销售理念、实践都不甚成熟，并对电视节目版权的海外销售形成了阻碍。

20 世纪的电视剧《西游记》《北京人在纽约》《三国演义》《宰相刘罗锅》《还珠格格》《永不瞑目》曾出口到日本、韩国、印尼、马来西亚、柬埔寨等国。进入 21 世纪，《康熙王朝》《乔家大院》《男才女貌》《金婚》《卧薪尝胆》《中国往事》《媳妇的美好时代》《美人心计》《杜拉拉升职记》《甄嬛传》《步步惊心》《北京青年》《虎妈猫爸》《琅琊榜》《芈月传》《伪装者》《女医明妃传》皆曾成功输出海外。其中《虎妈猫爸》通过 21 世纪福克斯在西方播出后，引起西方社会对东西方子女教育理念差异的讨论。2008 年播出的国产电视剧《李小龙传奇》得益于李小龙的明星效应，曾在世界上多个国家和地区播出。2010 年版本的《三国演义》成功卖到世界上 100 多个国家。

目前，我国电视剧、动画片出口到国外时依赖广电管理部门的推介。政府对文化产业的推动作用十分显著，因此中日韩政府都着力推动本国文化的海外输出。一般而言，管理部门对我国电视剧、动画片的推介，着眼于社会效益、国家形象的传播，而非从市场、经济回报的角度出发。国内电视行业、制片公司对政府推介的过度依赖导致了一些问题，例如我国电视节目版权出口时对经济回报的考虑较少，缺乏真正的市场动力。相对而言，我国的古装剧在世界上较受欢迎；现代题材的剧集在东南亚有一定市场，在欧美较难获得认可。当然，我国电视剧、动画片出口后的主要收视人群是当地的华人、华裔，而非所在国的主流人口。东亚儒家文化圈的审美具有共通性，这是韩国娱乐产业成功输出的文化基础。为此，我国电视文化产业的海外输出，可以更多地关注东南亚儒家文化圈的娱乐需求，以此为突破口，拓宽中国电视海外输出的通道。

在节目版权输出方面，我国电视还有较多提升空间。江苏卫视版权引进节目《非诚勿扰》通过举办海外专场的方式，将节目的影响力向海外拓展，不失为一种有益尝试。《非诚勿扰》的美国、英国、法国、加拿大、韩国、澳洲专场，在当地引起一定关注。我国电视人应当努力研发符合受众市场需要的新节目，并将之以版权出口的形式输出到海外，提高中国文化、故事的海外市场竞争力。

参考文献

［1］ 中国社会科学院语言研究所词典编辑室：《现代汉语词典》（第 6 版），商务印书馆，2012。

［2］ 世界知识产权组织：《知识产权纵横谈》，世界知识出版社，1992。

［3］〔美〕里·R. 埃杰顿：《美国电视史》，李银波译，中国人民大学出版社，2012。

［4］ 胡正荣：《传播学总论》，北京广播学院出版社，2002。

［5］ 欧阳宏生、段弘：《广播电视概论》，北京大学出版社，2013。

［6］ 高凤谦、方毅等：《辞源》（修订本），商务印书馆，1979。

［7］ 胡智锋：《电视节目策划学》，复旦大学出版社，2017。

［8］〔美〕迈克尔·塞勒：《移动浪潮》，邹韬译，中信出版社，2013。

［9］〔美〕道格拉斯·凯尔纳：《媒体奇观——当代美国社会文化透视》，安斌译，清华大学出版社，2003。

［10］〔以〕尤瓦尔·赫拉利：《人类简史：从动物到上帝》，林俊宏译，中信出版集团，2017。

［11］〔法〕让·鲍德里亚：《消费社会》，刘成福、全志刚译，南京大学出版社，2008。

［12］〔美〕菲利普·史密斯：《文化理论——导论》，张鲲译，商务印书馆，2008。

［13］〔美〕克里斯·安德森：《长尾理论 2.0》，乔江涛、石晓燕译，中信出版社，2009。

［14］ 常江：《中国电视史》，北京大学出版社，2018。

［15］ 刘建明：《世界广播电视史》，科学出版社，2019。

［16］ 高鑫：《电视艺术学》，北京师范大学出版社，1988。

［17］〔美〕H. H. 阿纳森：《西方现代艺术史：绘画·雕塑·建筑》，邹德农、巴竹师、刘珽译，天津人民美术出版社，1994。

［18］刘习良：《中国电视史》，中国广播电视出版社，2007。

［19］谭天：《电视节目策划实务》，暨南大学出版社，2018。

［20］项仲平：《电视节目策划》，中国广播影视出版社，2002。

［21］王井、智慧：《电视节目策划》，武汉大学出版社，2012。

［22］赵化勇：《中央电视台发展史（1958—1997）》，中国广播电视出版社，2008。

［23］陈卫星：《传播的观念》，人民出版社，2004。

［24］杨海军：《中外广告通史》，高等教育出版社，2012。

［25］朱庆礼：《娱乐的本性——电视娱乐节目的娱乐性研究》，光明日报出版社，2013。

［26］〔美〕索尔斯坦·凡勃伦：《有闲阶级论》，赵伯英译，陕西人民出版社，2011。

［27］〔美〕约瑟夫·塔洛著《今日传媒——大众传媒导论》，于海生译，华夏出版社，2011。

［28］李四达：《数字媒体艺术概论（第二版）》，清华大学出版社，2012。

［29］中国广告年鉴编辑部：《中国广告年鉴1988》，新华出版社，1988。

［30］中国广告年鉴编辑部：《中国广告年鉴1992》，新华出版社，1992。

［31］中国广告年鉴编辑部：《中国广告年鉴1994》，新华出版社，1995。

［32］中国广告年鉴编辑部：《中国广告年鉴1995》，新华出版社，1995。

［33］中国广告年鉴编辑部：《中国广告年鉴1996》，新华出版社，1997。

［34］中国广告年鉴编辑部：《中国广告年鉴1997》，新华出版社，1997。

［35］中国广告年鉴编辑部：《中国广告年鉴1998》，新华出版社，1999。

［36］中国广告年鉴编辑部：《中国广告年鉴1999》，新华出版社，2000。

［37］中国广告年鉴编辑部：《中国广告年鉴2001》，新华出版社，2001。

［38］中国广告年鉴编辑部：《中国广告年鉴2002》，新华出版社，2002。

［39］中国广告年鉴编辑部：《中国广告年鉴2003》，新华出版社，2003。

［40］中国广告年鉴编辑部：《中国广告年鉴2004》，新华出版社，2004。

［41］中国广告年鉴编辑部：《中国广告年鉴2005》，新华出版社，2005。

［42］中国广告年鉴编辑部：《中国广告年鉴2006》，新华出版社，2006。

［43］中国广告年鉴编辑部：《中国广告年鉴2007》，新华出版社，2007。

［44］中国广告年鉴编辑部：《中国广告年鉴2008》，新华出版社，2008。

［45］中国广告年鉴编辑部：《中国广告年鉴2009》，新华出版社，2009。

［46］中国广告年鉴编辑部：《中国广告年鉴2010》，新华出版社，2010。

［47］中国广告年鉴编辑部：《中国广告年鉴2011》，新华出版社，2011。

［48］中国广告年鉴编辑部：《中国广告年鉴2012》，新华出版社，2012。

［49］中国广告年鉴编辑部：《中国广告年鉴2013》，新华出版社，2013。

［50］王兰柱：《中国电视收视年鉴2003》，北京广播学院出版社，2003。

［51］王兰柱：《中国电视收视年鉴2004》，华夏出版社，2004。

［52］王兰柱：《中国电视收视年鉴2005》，中国传媒大学出版社，2005。

［53］王兰柱：《中国电视收视年鉴2006》，中国传媒大学出版社，2006。

［54］王兰柱：《中国电视收视年鉴2007》，中国传媒大学出版社，2007。

［55］王兰柱：《中国电视收视年鉴2008》，中国传媒大学出版社，2008。

［56］王兰柱：《中国电视收视年鉴2009》，中国传媒大学出版社，2009。

［57］王兰柱：《中国电视收视年鉴2010》，中国传媒大学出版社，2010。

［58］王兰柱：《中国电视收视年鉴2011》，中国传媒大学出版社，2011。

［59］王兰柱：《中国电视收视年鉴2012》，中国传媒大学出版社，2012。

［60］陈若愚：《中国电视收视年鉴2014》，中国传媒大学出版社，2014。

［61］陈若愚：《中国电视收视年鉴2015》，中国传媒大学出版社，2015。

［62］徐立军：《中国电视收视年鉴2016》，中国传媒大学出版社，2016。

［63］徐立军：《中国电视收视年鉴2017》，中国传媒大学出版社，2017。

［64］徐立军：《中国电视收视年鉴2018》，中国传媒大学出版社，2018。

［65］《中国广播电视年鉴》编辑委员会：《中国广播电视年鉴2001》，中国广播电视年鉴社，2001。

［66］《中国广播电视年鉴》编辑委员会：《中国广播电视年鉴2002》，中国广播电视年鉴社，2002。

［67］《中国广播电视年鉴》编辑部：《中国广播电视年鉴2016》，中国广播电视年鉴社，2016。

［68］牟春：《图像效果的发现与发明——论贡布里希的漫画研究》，《文艺理论研究》2018年第5期。

［69］李立：《"电视娱乐热"留给我们的思考》，《现代传播》2000年第4期。

［70］蒋建国：《市场经济背景下我国电视消费文化的发展及其娱乐化特征》，《社会科学战线》2011年第6期。

［71］雷启立：《主体隐匿的景观创制——论"后世博"时代的文化表

象》，《华东师范大学学报》（哲学社会科学版）2011 年第 7 期。

[72] 刘宏：《收视率：启动中国电视改革的一个有力杠杆》，《新闻战线》1999 年第 5 期。

[73] 广播电影电视部：《电影审查规定》，《新法规月刊》1997 年第 8 期。

[74] 国家广播电影电视总局：《广播电视节目制作经营管理规定》，《司法业务文选》2004 年第 8 期。

[75] 陈力丹：《美国"黄色新闻"潮的中国启示》，《新闻前哨》2010 年第 10 期。

[76] 阮若琳：《努力提高电视文艺节目的水平》，《电视文艺》1982 年第 2 期。

[77] 胡辛：《电视剧与小说缘分更深——兼谈〈蔷薇雨〉的改编》，《南昌大学学报》（社会科学版）1998 年第 1 期。

[78] 刘晓玲：《中国电视节目交易市场苦尽甘来》，《声屏世界》1995 年第 5 期。

[79] 黄承联：《关于中国电视节目市场的思考》，《当代电视》1998 年第 7 期。

[80] 壮春雨：《广播电视节目的几种形式》，《现代传播》1987 年第 4 期。

[81]《反对黄色戏曲和下流表演（短评）》，《戏剧报》1954 年第 11 期。

[82] 葛春霖：《建设和发展祖国的轻工业》，《科学大众》1952 年第 7 期。

[83] 何国瑞：《寓教于乐——艺术的辩证法之一》，《江汉论坛》1980 年第 3 期。

[84] 游洁：《电视娱乐本性的回归——从〈快乐大本营〉说起》，《现代传播》1999 年第 6 期。

[85] 周星：《论当前电视节目的假大空与浅薄俗——对中国电视节目病的分析批评》，《中国电视》1999 年第 5 期。

[86] 杨伟光：《坚持走民族化的道路　进一步繁荣电视文艺——在"星光奖"颁奖十周年研讨会上的讲话》，《中国电视》1997 年第 1 期。

[87] 鲁丹：《接近观众——电视宣传得天独厚的优势》，《新闻与写作》1986 年第 7 期。

[88] 郭镇之：《新时期中国电视的 10 年》，《新闻研究资料》1990 年第 2 期。

[89] 孙家正：《把握导向　多出精品促进广播电影电视工作迈上新的台

阶》，《中国广播电视学刊》1996年第3期。

[90] 梁晓涛、靳智伟、胡智锋：《2006：中国电视忧思录》，《现代传播》2007年第1期。

[91] 董育中：《让关心"三农"之情充满声画之间——对新时期农村电视节目的思考》，《新闻战线》2002年第10期。

[92] 周懿、张建平：《〈致富经〉对农业电视节目创作的启示》，《科技信息》2008年第4期。

[93] 居易：《论电视主持人节目（上）》，《新疆新闻界》1990年第4期。

[94] 张香山：《在全国电视节目会议上的讲话》，《现代传播》1979年第2期。

[95] 裴玉章：《办出电视的特色来》，《新闻战线》1979年第6期。

[96] 高鑫：《"电视纪录片"与"电视专题片"界说》，《中国广播电视学刊》1992年第3期。

[97] 孙忠瑞：《电视专题报道的魅力》，《新闻业务》1985年第12期。

[98] 张建堂：《电视专题节目刍议》，《中国广播电视学刊》1987年第2期。

[99] 郭镇之：《中国电视史略（1958—1978）》，《现代传播》1989年第2期。

[100] 赵群：《电视纪录片的新收获》，《中国电视》1993年第12期。

[101] 任远：《我国电视纪录片的发展和成熟》，《中国广播电视学刊》1996年第4期。

[102] 林青：《改进电视节目播出工作》，《新闻战线》1983年第10期。

[103] 谭天：《谁持彩练当空舞》，《中国电视》1997年第11期。

[104] 阎向平：《话说电视节目制片人制度》，《电视研究》1995年第3期。

[105] 岳淼：《中国电视新闻节目发展史研究1958—2008》，博士学位论文，厦门大学新闻与传播学院，2009。

[106] 邓小平：《在中国文学艺术工作者第四次代表大会上的祝辞》，《人民日报》1979年10月31日。

[107] 陆定一：《我们对于新闻学的基本观点》，《解放日报》1943年9月1日。

[108] 国家统计局：《国家数据》，http://www.stats.gov.cn/ztjc/ztsj/hstjnj/sh2009/201208/t20120831_73198.html。

［109］ 海淀法院：《〈著作权法〉并不保护思想》（2017 - 7 - 7），http：//
www. xinhuanet. com/zgjx/2017 - 07/07/c_136421914. htm。

［110］ 中央广播电视总台：《央视发布 2018 世界杯版权声明：坚决打击盗
版盗播》（2018 - 6 - 11），http：//ent. ynet. com/2018/06/11/124641-
9t1254. html。

［111］ 杨文杰：《收视率造假黑幕被坐实　电视剧买收视一集至少 30 万》
（2016 - 12 - 13），http：//media. people. com. cn/n1/2016/1213/
c40606 - 28943962. html。

［112］ 薛雯：《西安 2009 年度知识产权十大案件公布》（2010 - 4 - 27），
http：//news. 163. com/10/0427/01/6588J8L5000146BD. html。

［113］ 国家广电总局：《印发〈关于促进广播影视产业发展的意见〉的通
知》（2013 - 12 - 31），http：//www. chinafilm. org. cn/cinema/xingye-
biaozhun/201106/08 - 2782. html。

［114］ 国家广电总局：《广播影视科技"十五"计划和 2010 年远景规划》
（2001 - 11 - 13），http：//news. xinhuanet. com/zhengfu/2001 - 11/13/
content_113535. html。

［115］ 国务院：《广播电视管理条例》（2005 - 8 - 21），http：//www. gov. cn/
banshi/2005 - 08/21/content_25111. htm。

［116］ 国家广播电影电视总局：《电视剧内容管理规定》（2010 - 5 - 20），
http：//www. gov. cn/zhengce/2010 - 05/20/content_2603306. htm。

［117］ 新华社：《广电总局下发加强电视上星综合频道节目管理意见》
（2011 - 10 - 25），http：//www. gov. cn/jrzg/2011 - 10/25/content_1977-
909. htm。

［118］ 郑娜：《被"限娱"的电视会好起来吗?》（2013 - 10 - 25），http：//p-
aper. people. cn/rmrbhwb/html/2013 - 10/25/content_1314813. htm。

［119］ 法治郴州：《七年前那个卖肾买苹果手机的高中生，现在过得怎么样
了》（2018 - 8 - 14），http：//tech. ifeng. com/a/20180814/45119905_
0. shtml。

［120］《湖南省委书记责令湖南卫视整改〈花千骨〉播出问题》（2015 - 9 -
17），人民网，http：//ent. ifeng. com/a/20150917/42493784_0. shtml。

［121］ 东方早报（上海）：《节目丑陋　广电总局通报停播〈第一次心动〉》
（2007 - 8 - 16），http：//ent. 163. com/07/0816/07/3M0ITAG200031H2L.

html。

[122] 中广联合会评奖工作部：《关于2017年度中国广播影视大奖·广播电视节目奖·广播电视新闻类节目评奖工作的通知》（2018－6－29），http://www.carft.cn/2018－06－29/f0889d52－975f－fc1b－a725－2ec15151ce7d.html。

[123] 《江西一乡村小学校长自费为孩子"加餐"视频走红网络》（2019－1－2），人民网，http://gov.163.com/19/0102/17/E4HK78FA00239803.html。

[124] 李明远、王坤宁：《全国两会"部长通道"首次开启 记者提问获部长点赞》（2018－3－5），http://media.people.com.cn/n1/2018/0305/c40606－29848684.html。

[125] 中央电视台：《新闻联播文字版内容》（2018－10－3），http://xwlbo.com/18685.html。

[126] 中央电视台：《走近科学》（2018－11－12），http://tv.cctv.com/lm/zjkx。

[127] 证券日报：《电视剧〈人民的名义〉收益率达100%》（2017－4－11），http://finance.sina.com.cn/roll/2017－04－11/doc－ifyecezv3-002936.shtml。

[128] 郑晓龙：《三十年经典剧作的幕后推手》（2018－8－7），http://www.xinhuanet.com/ent/2018－08/07/c_1123231805.htm。

[129] 蒋肖斌：《2017国产影视剧产量超过1.5万集，播出不超过8000集》（2018－1－27），http://k.sina.com.cn/article_1726918143_66eeadff020004wvz.html。

[130] 楚天都市报：《当年豪掷巨款助拍红楼梦，商人如今瘫痪在床吃低保》（2015－5－28），http://news.163.com/15/0528/06/AQMBKA-UP00014Q4P.html。

[131] 北京晨报：《安徽广电原台长受贿400万 害怕被查退800万》（2015－11－4），https://new.qq.com/cmsn/20151104/20151104003-886。

[132] 国家广播电影电视总局：《〈广播电视广告播出管理办法〉的补充规定》（2011－11－28），http://www.gov.cn/flfg/2011－11/28/content_20051-38.htm。

［133］ 国家广电总局：《关于实行电视剧制作许可证制度的暂行规定》（2010 - 2 - 15），http：//www. shouxian. gov. cn/openness/detail/content/5a3db017592c20a02088904b. html。

［134］ 国家广播电影电视总局：《电视剧审查管理规定》（2004 - 9 - 29），http：//www. sxgd. org. cn/v - 1 - 7821. html。

［135］ 成都商报：《〈如懿传〉每集售价1500万，腾讯既是金主也是网络买家》（2016 - 3 - 16），http：//lady. 163. com/16/0316/03/BI8GQIF80-0264M4F. html。

［136］ 新华网：《少女发现被拐卖后反将人贩子卖掉》（2014 - 3 - 31），http：//www. xinhuanet. com/video/2014 - 03/31/c_126335673. htm。

［137］ Robin Meadow：Television Formats—The Search for Protection. *Califormia Law Review*，1970（2）.

［138］ Roel Puijk：Slow Television A Successful Innovation in Public Service Broadcasting. *Nordicom Review*，2015（6）.

附录　大型 3D 电视纪录片《黄岭古村落》节目策划案

目 录①

一　制作单位②

××市委市政府（拟定）

××电视传媒集团（拟定）

××科技股份有限公司

---

① 为方便行文，本页目录中的页码统一由"×"代替。

② 此处隐去了机构、组织的具体名称。在本文案中，黄岭古村落是××科技股份有限公司负责人的家乡，该公司确定会投资《黄岭古村落》，但文案尚需要说服当地市政府和某传媒集团进行投资。

二 背景分析①

古村落是我国数千年农耕文化的结晶，具有悠久的历史和深厚的文化底蕴，既凝聚着我国古老社会的文化精神和生活智慧，也体现传统时代人与社会、自然的关联。村落的规划、民房、桥梁、庙宇、名木古树，各类民风习俗、传统节日、民间信仰、传统技艺形成了中国独有的民俗文化现象，是物质文化遗产和非物质文化遗产的综合体。黄岭拥有古村落近百个，其中省级7个，是中国古村落文化的缩影，截止到目前还没有一部从人文的角度深度展现黄岭古村落的视听作品。

著名企业××科技股份有限公司董事长张××先生，作为一个地地道道的××人，对家乡始终有一种牵肠挂肚的情怀，多年来致力于与家乡人民一道弘扬地方文化精神的理想。随着企业的不断发展、壮大，本着感恩、回馈社会，造福黄岭的心态，公司希望充分利用自有资源，在社会各界的支持下，向全国乃至全球推广××及相关文化。

党的十九大标定了党和国家事业发展新的历史方位，中国特色社会主义进入新时代。新时代凝结着中华民族从站起来、富起来到强起来的伟大奋斗，承载着中国人民追求美好生活的伟大创造，书写着科学社会主义在当代中国的伟大实践。为充分发挥纪录片"国家相册"功能，真实记录奋进的新时代，展现新时代中国人民追求美好生活、实现中华民族伟大复兴中国梦的昂扬之气，国家广播电视总局将实施"记录新时代"纪录片创作传播工程，扶持鼓励带有鲜明时代印记、彰显时代精神的纪录片精品，为新时代新气象新作为留下真实鲜活、生动翔实的纪实影像。——2018 年 5月 30 日国家广播电视总局《关于实施"记录新时代"纪录片创作传播工程的通知》

立体文化市场需求巨大，目前全球电影制作普遍使用立体技术，而就电视媒介的硬件方面而言，2018 年 3D 电视零售现有市场份额已达 31%，预计年底将达到 45%；播放平台方面，继 2012 年年初开通中国 3D 试验频道后，已陆续有佛山、海南、吉安和西安开通了 3D 频道，同时广电还计划在五年内开通 10 个 3D 频道；预计未来三年内 3D 文化市场整体将达到

---

① 这部分的结构是：传统文化弘扬 + 出资企业精神宣扬 + 当下相关政策的解读 + 相关市场需求，其中第一、三、四部分的思路可以在众多节目策划案中通用。

上千亿元的水平，但由于文化建设需要沉淀的特性，市场度应该远远不能饱和，内容十分匮乏。自《舌尖上的中国》播出后，纪录片成为电视节目中的新兴热点，受到政策的扶持和市场的认可。有关古村落的影像展示，既与当下盛行的怀旧意识相契合，又可以填补当前市场中的空白。

三　制作目的

通过电视、网络、手机端的传播，让大众尤其是年轻人了解黄岭的风土人情，弘扬黄岭的特色文化。

通过文化与旅游的融合促进黄岭文化产业的发展，为黄岭尽快进入××发展第二梯队推波助澜。

通过海外发行，让世界各国的华裔、华人了解黄岭、了解中国、了解中国特有的传统文化，增强世界对中国的认知。

促进黄岭及中国 3D 文化产业的发展。

四　制作规格

片　　名：《黄岭古村落》（拟定）

片　　长：每集 30 分钟，共 5 集（拟定）

　　　　　用于网络传播的微视频每集 3 分钟，共 10 集（拟定）

类　　型：大型 3D 电视纪录片

技　　术：3D 数字

发　　行：3D 版、2D 版

五　制作团队

制片人：张××，×××科技股份有限公司董事长

制作总监：×××，中国电视艺术家协会 3D 委员会理事，资深行业媒体专家、立体影视制片人，×××科技股份有限公司 3D 文化传媒事业部总经理，中国 3D 电视频道内容合作方，2011—2018 年指导拍摄的代表性立体影视作品有：《××卫视跨年演唱会》全程 3D 实拍、沉浸式风景纪录片《×××××××》、××经济技术开发区 3D 宣传片《×××××》、3D 公益片《××××》等。

总编剧：×××，中央电视台高级编辑，中国传媒大学电视与新闻学院博士生导师，参与的项目有中国中央电视台大型纪录片《×××》，大

型纪录片《××××》《××××》《×××××》《×××》；出版的相关专著有《××××××》《××××》《×××》《×××》，多次获得国家级奖项。

总导演：×××，国家一级导演，中央电视台高级编辑，执导立体电视剧《××××》

被誉为："×××"，其导演的《××××》《××》《×××》《××》等多部影视剧在中央电视台播放，并获得过"五个一工程"奖、×届"金鹰"优秀奖、×届"飞天"二等奖、"奔马"一等奖。

统　筹：×××，资深 3D 专家、视觉传播博士，中国电视艺术家协会 3D 委员会×××职务，先后担任过×××届×××× 3D 版主持盛典总导演，中央电视台大型纪录片《×××》3D 技术总监，香港卫视大型纪录片《×××》3D 版总导演。

策划总监：×××，中国 3D 电视频道×××节目制片人，××广电集团 3D 项目总监，多年从事于传媒、互动新媒体行业，拥有丰富的节目创作经验，曾指导拍摄大型 3D 美食节目《×××》，3D 城市形象专题片《×××》，深圳卫视《×××》，×××等大型晚会类 3D 电视节目。原创制作的人文纪录片《××××》获得×××评奖活动优秀奖。

拍摄团队：××××科技股份有限公司 3D 文化传媒事业部××广播电视传媒集团（拟定）

六　内容风格

"不媚俗、不媚雅"是这部"古村落"文化纪录片制作的关键。我们切题的角度是，古村落，除去固有的居住属性，承载儒家文化、宗族伦理、民俗特色、人文伦理的精神气质，千年人文烙印在新农村建设中焕发现代面貌。

我们的创作在坚持古代文化现代新解的同时，深入浅出地描绘当下古村落所代表的历史印记。当前国内实物文化类纪录片比较僵化，《黄岭古村落》主创团队则力求打破常规，决心以不一样的视角，用纪实的叙事方式成就本片与众不同的风格，使它有别于同类型的题材。它不会是一部肃穆森然的科教片，更不会是一部风格小资的风景片。它以当代人文和古老建筑的结合，融合现代的故事化叙事与传统中国的儒雅审美，在满足观众对纪录片本身的求知欲的同时，更以适当的视听刺激唤起观众的沉思。

七 制作规划

调研小组（编剧、导演组及资料统筹）前期调研 1 个月（2019 年 3 月—9 月）

导演拟定分集大纲、撰稿编排等约 1 个月（2019 年 9 月—10 月）

进行拍摄（包括情景再现），约 2 个月（2019 年 10 月—11 月）

后期剪辑、配音、配乐、特效，约 2 个月（2019 年 12 月—2020 年 1 月）

八 推广方式

举行《黄岭古村落》开拍仪式并召开新闻发布会。

电视台首播：中国 3D 频道、央视纪录片频道

电视台二轮播出：全国各开路电视频道（卫视、本地频道）

海外市场：海外发行

音像市场：DVD 以及相关的电子产品。

数字电视：各有线电视台、付费电视频道

网络电视：土豆、优酷、乐视网等

申请奖项：世界 3D 大奖（Creative Arts Award）、中国纪录片奖

九 资金预算

项 目	金额预计（人民币，元）
人员费用预计	612000.00
设备费用预计	850000.00
后期制作	200000.00
其他费用	152000.00
合 计	1814000.00

×× 科技股份有限公司

2019 年 2 月

图书在版编目（CIP）数据

电视节目策划／乔新玉著. —— 北京：社会科学文
献出版社，2019.11（2023.9 重印）
（明伦新闻传播学研究书系）
ISBN 978 - 7 - 5201 - 5515 - 1

Ⅰ.①电…　Ⅱ.①乔…　Ⅲ.①电视节目制作 - 研究
Ⅳ.①G222.3

中国版本图书馆 CIP 数据核字（2019）第 192180 号

·明伦新闻传播学研究书系·

电视节目策划

著　　者／乔新玉

出 版 人／冀祥德
责任编辑／张建中

出　　版／社会科学文献出版社·政法传媒分社（010）59367126
　　　　　　地址：北京市北三环中路甲 29 号院华龙大厦　邮编：100029
　　　　　　网址：www. ssap. com. cn
发　　行／社会科学文献出版社（010）59367028
印　　装／唐山玺诚印务有限公司

规　　格／开　本：787mm×1092mm　1/16
　　　　　　印　张：18.5　字　数：311 千字
版　　次／2019 年 11 月第 1 版　2023 年 9 月第 3 次印刷
书　　号／ISBN 978 - 7 - 5201 - 5515 - 1
定　　价／89.00 元

读者服务电话：4008918866